KB134653

박문각 경찰
테마기출

박충신 헌법

박충신 편저

*58개의 주요 테마로
헌법 기출문제 완벽 분석!*

경찰공무원 시험을 준비하는 수험생들의 바람은 빨리 합격하는 것이다. 그런데 합격을 위해 공부해야 할 법학은 그리 만만치 않다. 우선 방대한 양에 주눅 들고, 법조문의 복잡함에 머리 아프고, 개념의 생소함에 난독증이 온다. 여기에 기본서, 기출문제, 판례, 동형모의고사 등등 배우고 익혀야 할 것들이 많아도 너무 많다. 이러한 어려움 속에 있는 수험생들과 시작부터 끝까지 함께 호흡하며, 고난도 기쁨도 함께한 박문각 경찰학원이 내놓은 해법이 바로 테마(theme) 강의이다. 테마 강의는 방대한 법학에서 자주 출제되는 논점을 테마로 선정해서, 각 테마별로 핵심이론과 핵심판례를 체계적으로 익히고, 이를 전제로 핵심 기출문제와 핵심 기출지문을 습득하게 하여 수험생들로 하여금 보다 수월하게 중요 논점을 파악하고 수험적응력을 높일 수 있게 하는 강의이다. 테마(theme) 헌법은 이러한 테마(theme) 강의의 일환으로 기획된 교재로 다음과 같은 특징을 가지고 있다.

1. 출제 빈도가 높은 테마의 선정

테마의 선정기준은 첫째 출제 빈도, 둘째 학문적 중요도, 셋째 독학의 곤란성이었다. 테마의 대부분은 첫째 기준에 따라 선정되었고, 이는 빠른 합격을 원하는 수험생들에게 학습의 양과 시간을 최소화할 수 있는 지침이 되리라 기대한다.

2. 핵심이론의 간결한 정리

핵심이론은 시험지문에서 출제될 수 있는 판례이론을 중심으로 정리하였으며, 판례의 핵심 키워드를 통해 헌법조문의 규범적 의미와 테마의 핵심논점을 보다 쉽게 접근하고 이해할 수 있도록 하였다.

3. 적중률 높은 핵심판례의 선정

판례의 중요성을 모르는 수험생은 없다. 그런데 판례공부의 가장 큰 어려움은 공부할 판례가 이미 가득한데, 새로운 판례도 계속해서 나온다는 것이다. 이런 수험생들의 부담을 덜어주고자 헌법시험에 자주 출제되었거나 앞으로 출제될 가능성이 높은 판례를 선정하였고, 그 결론을 수험생들이 알기 쉽게 정리하여 제시하였다.

4. 대표적인 핵심 기출문제 및 지문의 선정

객관식의 완성은 객관식에 있다. 즉 아무리 이론정리를 잘했어도 어떤 유형의 문제가 출제되는지를 모른다면 합격을 장담하기 어렵다. 따라서 어떤 유형으로 출제되는지를 아는 것은 조기 합격의 선결적 과제가 된다. 테마 헌법은 바로 이러한 시각에서 대표적인 기출문제와 지문을 선정하여 제시함으로써 수험생들의 시행착오를 줄이려 하였다.

테마(theme) 헌법의 특징을 한마디로 정리하면, 한눈에 헌법 시험의 출제 포인트와 경향을 알 수 있다는 것이다. 따라서 경찰공무원 시험공부를 이제 막 시작하여 '헌법이 뭐지?', '어떻게 공부하지?'라는 궁금증을 가진 수험생들과 지난 시험에서 아쉽게 합격의 영광을 얻지 못해 재시를 준비하는 수험생들이 빠른 시간 안에 헌법을 정상궤도로 올려놓고자 할 때 매우 유용한 교재가 되리라 믿는다. 경찰공무원을 꿈꾸는 모든 수험생들에게 영광이 있기를!

2022. 11. 19.

박문각 경찰학원 헌법교수 박충신(朴忠信)

01 핵심 이론

각 테마와 관련된 주요 이론을 명확하게 정리하여 방대한 헌법을 효율적으로 파악할 수 있도록 하였다.

02 출제경향 및 키워드

출제경향을 완벽하게 읽어줌으로써 시험에 필요한 내용을 중점적으로 학습하여 헌법 학습의 시간을 대폭 줄일 수 있도록 하였다. 테마별로 핵심적이고 연관성 있는 키워드들은 따로 정리하여 학습방향을 제대로 설정하고 학습해 나갈 수 있도록 구성하였다.

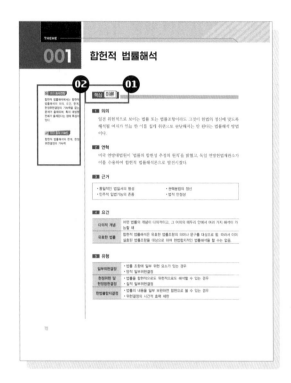

03 핵심 판례

판례 암기와 분석이 가장 중요한 과목인 만큼 핵심 판례도 수록하여 수험생들이 어느 것 하나 빼놓지 않고 시험에 대비할 수 있도록 하였다.

04 핵심 기출

최근 출제된 기출문제 가운데 핵심적인 문제를 선별하여 수록하였다. 각 테마별로 수록된 문제들을 통해서 헌법 학습의 방향을 수립할 수 있을 것이다.

05 핵심OX

핵심 기출을 풀어보는 데서 그치지 않고 본 교재는 핵심OX를 통해 헌법 학습을 깔끔하게 마무리하고자 한다. 답이 되지 않는 이유도 명료하게 풀이하여 학습에 도움이 되고자 하였다.

Contents
차 례

박문각 경찰
테마기출
박충신 헌법

경찰헌법
Theme 58

001

합헌적 법률해석

📑 **테마 출제경향**

합헌적 법률해석에서는 합헌적 법률해석의 의의, 요건, 한계, 한정위헌결정의 기속력을 묻는 문제가 출제되며, 특히 대법원 판례가 출제된다는 점에 특징이 있다.

🔑 **테마 출제 키워드**

합헌적 법률해석의 한계, 한정위헌결정의 기속력

핵심 이론

1 의의

일견 위헌적으로 보이는 법률 또는 법률조항이라도 그것이 헌법의 정신에 맞도록 해석될 여지가 있는 한 이를 쉽게 위헌으로 판단해서는 안 된다는 법률해석 방법이다.

2 연혁

미국 연방대법원이 '법률의 합헌성 추정의 원칙'을 밝혔고, 독일 연방헌법재판소가 이를 수용하여 합헌적 법률해석론으로 발전시켰다.

3 근거

- 통일적인 법질서의 형성
- 민주적 입법기능의 존중
- 권력분립의 정신
- 법적 안정성

4 요건

다의적 개념	어떤 법률의 개념이 다의적이고, 그 어의의 테두리 안에서 여러 가지 해석이 가능할 때
유효한 법률	합헌적 법률해석은 유효한 법률조항의 의미나 문구를 대상으로 함. 따라서 이미 실효된 법률조항을 대상으로 하여 헌법합치적인 법률해석을 할 수는 없음.

5 유형

일부위헌결정	• 법률 조항에 일부 위헌 요소가 있는 경우 • 양적 일부위헌결정
한정위헌 및 한정합헌결정	• 법률을 합헌적으로도 위헌적으로도 해석할 수 있는 경우 • 질적 일부위헌결정
헌법불합치결정	• 법률의 내용을 일부 보완하면 합헌으로 볼 수 있는 경우 • 위헌결정의 시간적 효력 제한

6 한계

문의적 한계	법률의 조항의 문구가 간직하고 있는 말의 뜻을 넘어서 말의 뜻이 완전히 다른 의미로 변질되지 아니하는 범위 내이어야 함.
법목적적 한계	입법권자가 그 법률의 제정으로써 추구하고자 하는 입법자의 명백한 의지와 입법의 목적을 헛되게 하는 내용으로 해석할 수 없음.

7 한정위헌결정의 기속력

헌법재판소	법률에 대한 위헌결정에는 단순위헌결정은 물론, 한정합헌, 한정위헌결정과 헌법불합치결정도 포함되고 이들은 모두 당연히 기속력을 가진다.
대법원	한정위헌결정에 표현되어 있는 헌법재판소의 법률해석에 관한 견해는 법률의 의미·내용과 그 적용범위에 관한 헌법재판소의 견해를 일응 표명한 데 불과하여 법원에 전속되어 있는 법령의 해석·적용 권한에 대하여 어떠한 영향을 미치거나 기속력도 가질 수 없다.

핵심 판례

▶ 사회보호법 제5조 제1항은 재범의 위험성을 보호감호의 명문의 요건으로 하지 않는 보호감호를 규정하고 있고, 법 제20조 제1항 다만 이하 부분은 법원에게 법 제5조 제1항 각호의 요건에 해당하는 한 보호감호를 선고하도록 규정하고 있다. 따라서 법 제5조 제1항의 요건에 해당되는 경우에는 법원으로 하여금 감호청구의 이유 유무 즉, 재범의 위험성의 유무를 불문하고 반드시 감호의 선고를 하도록 강제한 것임이 위 법률의 조항의 문의임은 물론 입법권자의 의지임을 알 수 있으므로 위 조항에 대한 합헌적 해석은 문의의 한계를 벗어난 것이다(헌재 1989. 7. 14. 88헌가5).

▶ 군인사법 제48조 제4항은 형사사건으로 기소되어 휴직명령을 받아 봉급의 반액을 지급받은 자는 '무죄의 선고를 받은 때' 그 차액을 소급하여 수령할 수 있도록 규정하고 있는바, 여기서 '무죄의 선고를 받은 때'라 함은 헌법이념에 합치되게 해석하여, 형식상 무죄판결뿐 아니라 공소기각재판을 받았다 하더라도 그와 같은 공소기각의 사유가 없었더라면 무죄가 선고될 현저한 사유가 있는 이른바 내용상 무죄재판의 경우까지로 확대 해석함이 상당하고 이는 법률의 문의적 한계 내의 합헌적 법률해석에 따른 정당한 것이다(대판 2004. 8. 20. 2004다22377).

✎ 핵심 기출 ┃┃┃

합헌적 법률해석에 대한 설명으로 가장 적절하지 <u>않은</u> 것은? (다툼이 있는 경우 판례에 의함)

2018 경정승진

① 어떤 법률의 개념이 다의적이고 그 어의의 테두리 안에서 여러 가지 해석이 가능할 때, 헌법을 최고법규로 하는 통일적인 법질서의 형성을 위하여 헌법에 합치되는 해석, 즉 합헌적인 해석을 택하여야 하며, 이에 의하여 위헌적인 결과가 될 해석은 배제하면서 합헌적이고 긍정적인 면은 살려야 한다는 것이 헌법의 일반법리이다.

② 헌법정신에 맞도록 법률의 내용을 해석·보충하거나 정정하는 헌법합치적 법률해석 역시 유효한 법률조항의 의미나 문구를 대상으로 하는 것이지, 이를 넘어 이미 실효된 법률조항을 대상으로 하여 헌법합치적인 법률해석을 할 수는 없는 것이어서, 유효하지 않은 법률조항을 유효한 것으로 해석하는 결과에 이르는 것은 헌법합치적 법률해석을 이유로도 정당화될 수 없다.

③ 「군인사법」 제48조 제4항 후단의 '무죄의 선고를 받은 때'의 의미와 관련하여, 형식상 무죄판결뿐 아니라 공소기각재판을 받았다 하더라도 그와 같은 공소기각의 사유가 없었더라면 무죄가 선고될 현저한 사유가 있는 이른바 내용상 무죄재판의 경우도 이에 포함된다고 해석하는 것은 법률의 문의적 한계를 벗어난 것으로서 합헌적 법률해석에 부합하지 아니한다.

④ 대법원은 한정위헌 결정에 표현되어 있는 헌법재판소의 법률해석에 관한 견해는 법률의 의미·내용과 그 적용범위에 관한 헌법재판소의 견해를 일응 표명한 데 불과하므로, 법원에 전속되어 있는 법령의 해석·적용 권한에 대하여 어떠한 영향을 미치거나 기속력도 가질 수 없다는 입장이다.

③ 대판 2004. 8. 20. 2004다 22377
① 헌재 1990. 4. 2. 89헌가113
② 헌재 2009. 3. 17. 2009헌 바123
④ 대판 1996. 4. 9. 95누11405

정답 ③

✓ 핵심 O·X

01 합헌적 법률해석이란 어떤 법률이 한 가지 해석방법에 의하면 헌법에 위배되는 것처럼 보이더라도 다른 해석방법에 의하면 헌법에 합치되는 것으로 볼 수 있다면 합헌으로 해석하여야 한다는 사법소극주의적인 법률 해석기술이다. ( )

02 합헌적 법률해석이란 법률이 외형상 위헌적으로 보일 경우라도 그것이 헌법의 정신에 맞도록 해석될 여지가 조금이라도 있는 한 이를 쉽사리 위헌이라고 판단해서는 안 된다는 헌법의 해석 지침을 말한다. ( )

03 합헌적 법률해석은 헌법재판소가 헌법과 법률을 해석·적용함에 있어서 입법자의 입법취지대로 해석하여야 한다는 것으로 민주주의와 권력분립원칙의 관점에서 입법자의 입법권에 대한 존중과 규범유지의 원칙에 의하여 정당화된다. ( )

04 합헌적 법률해석은 독일연방헌법재판소 판례를 통하여 처음 행해졌다. ( )

05 입법권자가 그 법률의 제정으로써 추구하고자 하는 입법자의 명백한 의지와 입법의 목적을 헛되게 하는 내용으로 법률조항을 해석할 수 없다는 법 목적에 따른 한계는 사법적 헌법해석기관에 의한 최종적 헌법해석권을 형해화할 수 있으므로 인정될 수 없다. ( )

정답
01 ○
02 × (법률해석)
03 × (법률을 해석·적용함에 있어)
04 × (미국연방대법원)
05 × (법 목적에 따른 한계 인정)

002 헌법의 개정

헌법 제128조
① 헌법개정은 국회재적의원 과반수 또는 대통령의 발의로 제안된다.
② 대통령의 임기연장 또는 중임변경을 위한 헌법개정은 그 헌법개정 제안 당시의 대통령에 대하여는 효력이 없다.

헌법 제129조 제안된 헌법개정안은 대통령이 20일 이상의 기간 이를 공고하여야 한다.

헌법 제130조
① 국회는 헌법개정안이 공고된 날로부터 60일 이내에 의결하여야 하며, 국회의 의결은 재적의원 3분의 2 이상의 찬성을 얻어야 한다.
② 헌법개정안은 국회가 의결한 후 30일 이내에 국민투표에 붙여 국회의원선거권자 과반수의 투표와 투표자 과반수의 찬성을 얻어야 한다.
③ 헌법개정안이 제2항의 찬성을 얻은 때에는 헌법개정은 확정되며, 대통령은 즉시 이를 공포하여야 한다.

핵심 이론

1 의의

헌법에 규정된 절차에 따라 기존의 헌법과 기본적 동일성을 유지하면서 헌법의 특정 조항을 의식적으로 수정 또는 삭제하거나 새로운 사항을 추가함으로써 헌법의 형식이나 내용에 변경을 가하는 행위를 말한다.

2 절차

제안	공고	의결	국민투표	공포
• 국회 재적의원 과반수 • 대통령	• 대통령 • 20일 이상	• 공고된 날로부터 60일 이내 • 재적의원 3분의 2 이상의 찬성 • 기명투표	• 국회 의결 후 30일 이내 • 국회의원 선거권자 과반수의 투표와 투표자 과반수의 찬성 • 확정	• 대통령 • 즉시
• 국민발안 : 2차~6차 • 대통령의 제안권 삭제 : 5차, 6차 • 국회 재적의원 과반수 발의 : 7차			• 헌법 개정안에 대한 필수적 국민투표 : 5차 • 헌법 개정절차의 이원화 : 7차 (대통령 제안 – 국민투표, 국회 제안 – 통일주체국민회의) • 국민투표무효의 소 : 투표인 10만인 이상, 중앙선관위원장을 피고로, 투표일로부터 20일 이내, 대법원에 제소	

3 한계

현행 헌법	헌법 제128조 제2항은 헌법개정의 한계조항 아님.
헌정사	2차~4차 개정헌법 : 1조의 민주공화국, 2조의 국민주권, 7조의2의 주권의 제약 등에 대한 국민투표 조항을 개폐할 수 없다고 하여 헌법개정의 실정법적 한계 규정

✎ 핵심 기출

헌법개정에 관한 설명으로 가장 적절한 것은? (다툼이 있는 경우 판례에 의함) 2022 경정승진

① 우리 헌법은 헌법개정의 한계에 관한 규정을 두고 있으며, 헌법의 개정을 법률의 개정과는 달리 국민투표에 의하여 이를 확정하도록 규정하고 있다.

② 국회는 헌법개정안이 공고된 날로부터 60일 이내에 의결하여야 하며, 국회의 의결은 무기명투표로 한다.

③ 헌법개정안이 국회가 의결한 후 30일 이내에 국민투표에 붙여 국회의원선거권자 과반수의 투표와 투표자 과반수의 찬성을 얻은 때에는 헌법개정은 확정되며, 대통령은 즉시 이를 공포하여야 한다.

④ 우리 헌법의 각 개별규정 가운데 무엇이 헌법제정규정이고 무엇이 헌법개정규정인지를 구분하는 것이 가능할 뿐만 아니라, 그 효력상의 차이도 인정할 수 있다.

③ 헌법 제130조 제2항, 제3항
① 현행 헌법은 헌법개정의 한계에 관한 규정을 두고 있지 않다.
② 국회의 헌법 개정안에 대한 표결방법은 기명투표이다(국회법 제112조 제4항).
④ 우리 헌법의 각 개별규정 가운데 무엇이 헌법제정규정이고 무엇이 헌법개정규정인지를 구분하는 것이 가능하지 아니할 뿐 아니라, 각 개별규정에 그 효력상의 차이를 인정하여야 할 형식적인 이유를 찾을 수 없다(헌재 1995. 12. 28. 95헌바3).

정답 ③

✓ 핵심 **O·X**

01 제안된 헌법개정안은 대통령이 30일 이상의 기간 이를 공고하여야 한다. ( )

02 헌법개정안은 국회가 의결한 후 20일 이내에 국민투표에 붙여 국회의원 선거권자 과반수의 투표와 투표자 과반수의 찬성을 얻어야 한다. ( )

03 대통령의 임기연장 또는 중임변경을 위한 헌법개정은 그 헌법개정 제안 당시의 대통령에 대하여도 효력이 있다. ( )

04 헌법개정은 국회재적의원 과반수 또는 국회의원선거권자 50만인 이상의 발의로 제안된다. ( )

05 헌법개정안은 헌법이 정한 기간 내에 국민투표에 붙여 헌법이 정한 수의 찬성을 얻은 때에 헌법으로 확정되는 것이지 대통령이 공포함으로써 확정되는 것은 아니다.

( )

06 국민투표의 효력에 관하여 이의가 있는 투표인은 투표인 10만인 이상의 찬성을 얻어 중앙선거관리위원회위원장을 피고로 하여 투표일로부터 30일 이내에 대법원에 제소할 수 있다. ( )

07 1954년 헌법은 "대한민국의 주권은 국민에게 있고 모든 권력은 국민으로부터 나온다."라고 한 헌법 제2조를 개폐할 수 없다고 규정하였다. ( )

08 1차 헌법개정은 정부안과 야당안을 발췌·절충한 개헌안을 대상으로 하여 헌법개정 절차인 공고절차를 그대로 따랐다. ( )

09 1972년 개정헌법에 따르면, 대통령이 제안한 헌법개정안은 국회의 의결을 거치지 않고 국민투표를 통하여 확정된다. ( )

10 관습헌법도 헌법의 일부로서 성문헌법의 경우와 동일한 효력을 가지기 때문에 그 법규범은 헌법개정의 방법에 의하여만 개정될 수 있다. ( )

정답▶
01 × (20일 이상)
02 × (30일 이내)
03 × (효력이 없다)
04 × (현행 헌법은 국민발안을 인정하고 있지 않다)
05 ○
06 × (20일 이내)
07 ○
08 × (1차 개정헌법은 발췌개헌으로 공고절차에 위반하였다)
09 ○
10 ○

003 헌법의 수호

핵심 이론

1 국가긴급권

(1) 의의

국가의 존립과 안전을 위태롭게 하는 비상사태가 발생한 경우에 국가원수가 헌법에 규정된 통상적인 절차와 제한을 무시하고 국가의 존립과 안전을 확보하기 위하여 필요한 긴급조치를 강구할 수 있는 비상적 권한이다.

(2) 합헌적 국가긴급권

구분	긴급재정경제명령	긴급명령	계엄
실질적 요건	• 내우 · 외환 · 천재 · 지변 또는 중대한 재정 · 경제상의 위기 • 국회의 집회를 기다릴 여유가 없을 때	• 중대한 교전상태 • 국회의 집회가 불가능	• 전시 · 사변 또는 이에 준하는 국가비상사태 • 병력으로써
절차적 요건	• 국회에 보고하여 승인을 얻어야 함. • 승인을 얻지 못한 경우 그때부터 효력 상실		• 국회에 통고 • 재적의원 과반수의 찬성으로 계엄의 해제 요구

(3) 초헌법적 국가긴급권

국가보위에 관한 특별조치법은 초헌법적인 국가긴급권을 대통령에게 부여하고 있다는 점에서 이는 헌법을 부정하고 파괴하는 반입헌주의, 반법치주의의 위헌법률이다(헌재 1994. 6. 30. 92헌가18).

(4) 한계

목적상 한계	위기상황의 직접적인 원인을 제거하는 데 필수불가결한 최소한도 내에서만 행사
시간상 한계	일시적 · 잠정적으로만 행사

테마 출제경향

헌법의 수호에서는 저항권과 방어적 민주주의를 중심으로 출제되며 저항권에 대한 대법원의 입장을 묻는 문제가 자주 출제된다.

테마 출제 키워드

저항권, 방어적 민주주의, 재판규범

2 저항권

의의	국가권력에 의하여 헌법의 기본원리에 대한 중대한 침해가 행하여지고 그 침해가 헌법의 존재 자체를 부인하는 것으로서 다른 합법적인 구제수단으로는 목적을 달성할 수 없을 때에 국민이 자기의 권리·자유를 지키기 위하여 실력으로 저항하는 권리(헌재 1997. 9. 25. 97헌가4)
인정 여부	우리 헌정사에서 저항권에 관해 명문 규정을 둔 경우 없음.

3 방어적 민주주의

의의	민주주의가 그 자체를 폐지하기 위한 수단으로 악용되는 것을 막고 헌법적 자유에 의해서 오히려 자유권 그 자체가 말살되는 것을 방지하기 위한 방어적 또는 전투적 민주주의	
등장	민주주의의 상대주의적 가치중립성에 대한 자제론 내지 한계 이론으로 등장	
입법례	독일	• 기본권 상실제도 • 위헌정당해산제도
	우리나라	• 위헌정당해산제도

⚖ 핵심 판례

▶ 국가보위에 관한 특별조치법은 초헌법적인 국가긴급권을 대통령에게 부여하고 있다는 점에서 이는 헌법을 부정하고 파괴하는 반입헌주의, 반법치주의의 위헌법률이다(헌재 1994. 6. 30. 92헌가18).

▶ 시민단체의 특정 후보자에 대한 낙선운동이 시민불복종운동으로서 헌법상의 기본권 행사 범위 내에 속하는 정당행위이거나 형법상 사회상규에 위반되지 아니하는 정당행위 또는 긴급피난의 요건을 갖춘 행위로 볼 수는 없다(대판 2004. 4. 27. 2002도315).

▶ 저항권이 실정법에 근거를 두지 못하고 오직 자연법에만 근거하고 있는 한 법관은 이를 재판규범으로 원용할 수 없다(대판 1980. 5. 20. 80도306).

▶ 국회가 법률을 제정·개폐함에 있어 입법절차를 무시한 하자가 있다고 하더라도 이는 저항권 행사의 대상이 되지 않는다(대판 2000. 9. 5. 99도3865).

▶ 국회법 소정의 협의 없는 개의시간의 변경과 회의일시를 통지하지 아니한 입법과정의 하자는 저항권 행사의 대상이 되지 아니한다(헌재 1997. 9. 25. 97헌가4).

✎ 핵심 기출 ||||||||||||||||||||||||||||||||||||||||||||||||||||||||

저항권에 대한 설명으로 가장 적절하지 않은 것은? (다툼이 있는 경우 판례에 의함)

2018 경정승진

① 헌법재판소는 저항권이란 국가권력에 의하여 헌법의 기본원리에 대한 중대한 침해가 행하여지고 그 침해가 헌법의 존재 자체를 부인하는 것으로서 다른 합법적인 구제 수단으로는 목적을 달성할 수 없을 때 국민이 자기의 권리·자유를 지키기 위하여 실력으로 저항하는 권리라고 개념 정의하고 있다.

② 1948년 이래 우리 헌법에는 저항권을 인정하는 명문 규정이 없다.

③ 「국회법」 소정의 협의 없는 개의 시간의 변경과 회의일시를 통지하지 아니한 입법과정의 하자는 저항권 행사의 대상이 되지 아니한다.

④ 대법원은 저항권을 일종의 자연법상의 권리로서 인정할 수 있고, 이러한 저항권이 인정된다면 재판규범으로서의 기능을 배제할 근거가 없다는 입장이다.

④ 대판 1980. 5. 20. 80도306
① ③ 헌재 1997. 9. 25. 97헌가4
② 우리 헌정사에서 저항권에 관해 명문 규정을 둔 경우는 없다.

정답 ④

✓ 핵심 O·X ||||||||||||||||||||||||||||||||||||||||||||||||||||||||

01 방어적 민주주의는 민주주의의 자기방어적인 성격을 갖는 것으로서 가치상대주의 내지 다원주의에 대한 한계로서 인정된 것이다. ( )

02 방어적 민주주의를 위한 장치로 위헌정당해산제도와 기본권 실효제도를 들 수 있는데 이 중 우리는 독일과 달리 위헌정당해산제도만을 도입하고 있다. ( )

03 우리나라에서는 정당이 그 목적이나 활동이 반민주적이고 헌법 적대적이라는 이유로 헌법재판소에 의하여 강제해산된 예가 있다. ( )

04 방어적 민주주의의 실현수단으로서 위헌정당해산제도는 1960년 제3차 개정헌법에 최초로 규정되었으며, 이와 함께 기본권 실효제도를 최초로 도입하였다. ( )

정답
01 ○
02 ○
03 ○
04 × (기본권 실효제도는 도입하지 않았다)

004 헌정사

📑 **테마 출제경향**

헌정사에서는 제헌헌법부터 현행 헌법에 이르기까지 헌법 전문, 기본권, 헌법질서, 헌법제도의 변화를 묻는 문제가 출제되고 있다.

🔑 **테마 출제 키워드**

사전검열금지의 원칙, 사생활의 자유, 범죄피해자구조청구권, 형사보상청구권, 환경권, 행복추구권

핵심 이론

1 제정 및 개정헌법의 특징

(1) 제헌헌법(1948. 7. 17.)

제정 경과	유진오 안과 권승렬 안 모두 정부형태를 의원내각제로 하였으나 국회의장 이승만의 반대 등으로 단원제 국회, 대통령중심제로 변경
총강	• 영토조항(4조) • 지방자치제도(96조, 97조) • 통제경제를 주축으로 한 자연 자원의 원칙적 국유화(85조)
기본권	• 근로3권(18조①) • 근로자의 이익분배균점권(제5차 개정에서 삭제) • 생활무능력자의 보호, 가족의 건강보호(19조, 20조)
통치구조	• 단원제 국회 • 가부동수일 때 의장의 결정권(제5차 개정에서 삭제) • 가예산제도(94조) • 대통령과 부통령 : 국회 간선제(53조①) • 의결기관으로서의 국무원 • 헌법위원회와 탄핵재판소

(2) 제1차 개정헌법(1952. 7. 7. 발췌개헌)

개정 경과	국회의원들을 강제 연행하여 의사당에 연금하는 등 공포 분위기를 조성한 뒤 정부의 직선제 개헌안과 야당의 국무원 불신임제가 절충된 발췌 개헌안 통과 → 공고절차의 하자
통치구조	• 양원제 국회 : 민의원과 참의원(31조②) • 대통령과 부통령 : 직선제(53조①)

(3) 제2차 개정헌법(1954. 11. 29. 사사오입 개헌)

개정 경과	1954년 11월 27일 민의원 표결 결과 1표가 부족하여 부결선포. 이틀 후 자유당 의원들만 참석한 가운데 부결선포를 취소하고 개헌안 가결을 선포
총강	• 필수적 국민투표: 주권의 제약, 영토의 변경 등(7조의2) • 국민발안제: 헌법 개정안, 민의원선거권자 50만 이상(98조①) • 헌법개정의 실정법적 한계(98조⑥) • 자유시장경제체제로 전환(88조 등)
통치구조	• 초대 대통령에 대한 중임제한 철폐(부칙④) • 국무총리제도 폐지(순수한 미국식 대통령제로 변경, 44조 등)

(4) 제3차 개정헌법(1960. 6. 15. 제2공화국의 성립)

개정 경과	1960년 3·15 부정 선거(제4대 대통령 선거)에 대해 학생을 중심으로 국민적 저항이 일어나자 이승만은 4월 27일 대통령직을 사임하였고, 5월 2일 허정(許政)을 대통령 직무대행으로 하는 과도정부 수립
총강	• 정당 조항 및 위헌정당해산제도 도입(13조②) • 공무원의 정치적 중립성 및 신분보장(27조②) • 경찰의 중립 보장(75조②)
기본권	• 일반적 법률유보 조항(28조②) • 기본권의 본질적 내용 침해금지 조항 신설(28조②) • 언론출판에 대한 허가 및 검열과 집회결사에 대한 허가제 금지 조항 신설(28조②)
통치구조	• 준예산제도(94조) • 대통령 국회 간선제 • 행정권의 국무원 귀속(68조①) • 중앙선거위원회 신설(75조의2①) • 대법원장과 대법관: 선거인단에서 선거(78조①) • 헌법재판소 신설

(5) 제4차 개정헌법(1960. 11. 29.)

개정 경과	반민주행위자 처벌을 위해 소급입법의 근거 마련을 위한 헌법개정
통치구조	• 3·15 부정선거에 관여한 반민주행위자의 처벌과 공민권 제한을 위한 특별법 • 부정축재자 처리를 위한 특별법

(6) 제5차 개정헌법(1962. 12. 26. 제3공화국의 성립)

개정 경과	1961년 5·16 쿠데타에 의해 정권을 잡은 군부는 국가재건최고회의를 설치하고, 6월 6일 국가재건비상조치법을 제정·공포. 1962년 12월 6일 국가재건최고회의의 의결을 거쳐 12월 17일 국민투표로 확정
총강	• 헌법 전문 개정(헌법 전문은 5차, 7차, 8차, 9차 헌법에서 개정) • 극단적 정당국가 조항 • 헌법개정에 대한 필수적 국민투표제(121조①)
기본권	• 인간의 존엄과 가치 조항 신설(8조) • 인간다운 생활을 할 권리 신설(30조①) • 직업선택의 자유 신설(13조)
통치구조	• 국회의원의 겸직 제한 : 대통령, 국무총리, 국무위원, 지방의회의원, 기타 법률이 정하는 공사의 직(39조) • 국무총리, 국무위원에 대한 해임건의권(59조) • 대통령 : 직선제(64조①) • 대법원의 위헌법률심판권(102조①), 정당해산심판권(7조③) • 탄핵심판위원회 신설(62조①)

(7) 제6차 개정헌법(1969. 10. 21. 3선 개헌)

개정 경과	여당은 박정희 대통령의 연임회수 연장을 주요 내용으로 하는 헌법 개정안을 1969년 8월 7일 국회에 제출, 10월 17일 국민투표로 확정
통치구조	• 국회의원의 겸직 제한 완화 : 법률로 정하는 공사의 직(39조) • 대통령의 계속 재임을 3기로 연장(69조③)

(8) 제7차 개정헌법(1972. 12. 27. 제4공화국의 성립)

개정 경과	1972년 10월 17일 박정희는 전국에 비상계엄 선포, 약 2개월간 헌법의 일부 조항의 효력을 중지시키는 비상조치 선언. 개헌안은 11월 21일에 국민투표를 통해 확정
총강	• 평화통일 조항 신설(전문) • 헌법개정절차의 이원화
기본권	• 구속적부심사제 폐지 • 군인 등의 국가배상청구권 제한(26조②) • 기본권 제한의 목적으로 국가안전보장 추가(32조②)
통치구조	• 통일주체국민회의 신설 : 대통령 선출권, 국회의원 3분의 1 선출권 • 대통령 : 통일주체국민회의에서 간선(39조①) • 대통령의 긴급조치권(53조①) • 대통령의 국회해산권(59조①) • 대통령의 국회의원 정수의 3분의 1 추천권 • 국회의 국정감사권 삭제 • 국무총리, 국무위원에 대한 해임의결권(97조①) • 헌법위원회 : 위헌법률심판, 탄핵심판, 정당해산심판(109조①)

(9) 제8차 개정헌법(1980. 10. 27. 제5공화국의 성립)

개정 경과	1979년 10월 26일 박정희 대통령의 급서(10·26 사태) 후 12·12 군사 반란(12·12 사태)에 성공한 군부 세력이 학생시위를 빌미로 계엄을 전국으로 확대하는 5·17 사태를 일으켜 헌정 중단. 헌법 개정안이 1980년 9월 29일 공고되고 10월 22일 국민투표를 통해 확정
총강	• 전문에서 4·19 의거와 5·16 혁명 이념 삭제 • 재외국민보호 조항 신설(2조②) • 국군의 국가 안전보장의무 조항 신설(4조②) • 정당의 국고보조금 조항 신설(7조③) • 전통문화의 창달 규정 신설(8조)
기본권	• 행복추구권 신설(9조) • 연좌제 금지조항 신설(12조③) • 사생활의 비밀과 자유 조항 신설(16조) • 형사피고인의 무죄추정의 원칙 규정(26조④) • 적정임금 조항 신설(30조①) • 환경권 조항 신설(33조) • 소비자보호운동권 신설
통치구조	• 대통령 : 대통령선거인단에 의한 간선제(39조①) • 국정조사권 신설(97조)

(10) 제9차 개정헌법(1987. 10. 29. 제6공화국의 성립)

개정 경과	1987년 박종철 고문살인 사건으로 촉발된 6월 항쟁의 승리로 전두환 정권이 종말을 맞게 되자 여당은 6·29선언을 통해 직선제개헌 수용, 9월 18일 여야 합의로 대통령 직선제 헌법 개정안이 국회에 발의되고 10월 12일 국회의 의결을 거쳐 10월 27일 국민투표로 확정
총강	• 대한민국임시정부의 법통과 불의에 항거한 4·19 민주이념 계승 • 재외국민에 대한 국가의 보호의무 조항 신설(2조②) • 자유민주적 기본질서에 입각한 평화적 통일정책의 수립·추진 신설(4조) • 국군의 정치적 중립성 준수 명시(5조②)
기본권	• 적법절차 조항 신설(12조①, ③) • 구속이유 고지 및 통지의무 규정 신설(12조⑤) • 표현의 자유에 대한 허가제와 검열제 금지 부활(21조②) • 형사피해자의 재판절차진술권 신설(27조⑤) • 형사보상청구권의 주체를 피의자에게까지 확대(28조) • 범죄피해자에 대한 국가구조제도 신설(30조) • 최저임금제 신설(32조①) • 쾌적한 주거생활권 보장(35조③) • 모성보호규정 신설(36조②)
통치구조	• 국정감사권 및 국정조사권(61조①) • 국무총리·국무위원에 대한 해임건의권(63조①) • 대통령 : 직선제(67조①) • 헌법재판소

✎ 핵심 **기출** |||||||||||||||||||||||||||||||||||||||||||||||||||||||||||||||||||||||||||||||||||

우리나라 헌정사에 대한 설명으로 가장 적절하지 않은 것은?   2021 경정승진

① 제헌헌법(1948년)에서는 영리를 목적으로 하는 사기업 근로자의 이익분배균점권, 생활 무능력자의 보호를 명시하였다.

② 제2차 개정헌법(1954년)에서는 주권의 제약 또는 영토의 변경을 가져올 국가안위에 관한 중대사항은 국회의 가결을 거친 후 국민투표에 붙여 결정하도록 하였다.

③ 제7차 개정헌법(1972년)에서는 대통령에게 국회의원 정수의 2분의 1의 추천권을 부여하였다.

④ 제8차 개정헌법(1980년)에서는 깨끗한 환경에서 생활할 권리인 환경권을 처음으로 규정하였다.

③ 통일주체국민회의는 국회의원 정수의 3분의 1에 해당하는 수의 국회의원을 선거한다(제7차 개정헌법 제40조 제1항).
① 제헌헌법 제18조 제2항, 제헌헌법 제19조
② 제2차 개정헌법 제7조의2 제1항
④ 제8차 개정헌법 제33조

정답 ③

✓ 핵심 **O·X** |||||||||||||||||||||||||||||||||||||||||||||||||||||||||||||||||||||||||

01 1962년 헌법은 인간의 존엄과 가치를 명시하고, 행복추구권을 기본권으로 신설하였다.
( )

02 1972년 헌법은 대통령이 제안한 헌법개정안은 국민투표로 확정되며, 국회의원이 제안한 헌법개정안은 국회의 의결을 거쳐 통일주체국민회의의 의결로 확정된다고 규정함으로써 헌법개정절차를 이원화하였다.
( )

03 1987년 헌법은 체포·구속 시 이유고지 및 가족통지제도를 추가하였고, 범죄피해자구조청구권을 기본권으로 새로 규정하였다.
( )

04 1962년 헌법 및 1969년 헌법은 대통령뿐만 아니라 국회의원 선거권자 50만인 이상의 국민에게도 헌법개정의 제안을 인정하였다.
( )

05 1954년 헌법, 1960년 6월 헌법 및 1960년 11월 헌법에서는 일부 조항의 개정을 금지하는 규정을 둔 바 있다.
( )

07 1962년 헌법은 국가재건최고회의의 의결을 거쳐 국민투표로 확정되었다.   ( )

08 헌법개정의 제안에 국회재적의원 과반수의 발의가 요구된 것은 1972년 헌법부터이다.
( )

09 1954년 개정헌법(제2차 개헌)은 같은 헌법 공포 당시의 대통령에 한하여 중임제한을 철폐하고, 대통령의 궐위시에는 국무총리가 그 지위를 계승하도록 하였다. ( )

10 1962년 개정헌법(제5차 개헌)은 국무총리·국무위원에 대한 국회의 해임건의가 있을 때에는 대통령은 특별한 사유가 없는 한 이에 응하도록 규정하였다.   ( )

11 1980년 개정헌법(제8차 개헌)은 임기 7년의 대통령을 국회에서 무기명투표로 선거하도록 하고 위헌법률심판과 탄핵심판을 담당하는 헌법위원회를 규정하였다. ( )

정답
01 × (행복추구권은 1980년 헌법에서 신설하였다)
02 ○
03 ○
04 × (제3공화국 헌법에서는 대통령의 헌법개정안 제안권을 삭제하였다)
05 ○
07 ○
08 ○
09 × (부통령)
10 ○
11 × (대통령선거인단)

12 건국헌법은 임기 4년의 대통령과 부통령을 1차에 한하여 중임할 수 있도록 하였고, 대통령과 부통령을 국회에서 무기명투표로써 각각 선거하도록 규정하였다. (   )

13 1960년 제3차 개정헌법에서 정당조항을 신설하였고, 1962년 제5차 개정헌법은 대통령과 국회의원의 입후보에 소속정당의 추천을 받도록 규정하였다. (   )

14 1962년 제5차 개정헌법은 인간으로서의 존엄과 가치 조항을 신설하고, 위헌법률심사권을 법원의 권한으로 규정하였다. (   )

15 1952년 헌법에는 국무총리제를 폐지하고 국무위원에 대한 개별적 불신임제를 채택하였다. (   )

16 1962년의 제5차 개헌은 국회의 의결 없이 국가재건최고회의가 의결하여 국민투표로 확정하였으나, 이는 제2공화국 헌법의 헌법개정절차에 따른 개정이 아니었다. (   )

17 1987년 제9차 개헌에서는 근로자의 적정임금 보장, 재외국민보호의무 규정을 신설하고 형사보상청구권을 피의자까지 확대 인정하였다. (   )

18 1948년 제헌헌법부터 지방자치제도에 관한 헌법규정이 존재하였다. (   )

19 1980년 제8차 개정헌법에서 소비자보호가 처음으로 규정되었다. (   )

20 1987년 제9차 개정헌법에서 범죄피해자구조청구권이 처음으로 규정되었다. (   )

Theme 04

정답
12 ○
13 ○
14 ○
15 × (1954년 헌법)
16 ○
17 × (적정임금 보장규정은 1980년 헌법에서 신설하였다)
18 ○
19 ○
20 ○

005 국민

📑 **테마 출제경향**

국민에서는 국적 취득의 요건과 시기, 복수국적자의 지위, 국적 상실의 시기 등을 묻는 문제가 출제되므로, 국적법을 체계적으로 이해하는 것이 필요하다.

🔍 **테마 출제 키워드**

출생에 의한 국적 취득, 귀화, 국적회복, 복수국적, 국적 상실

헌법 제2조
① 대한민국의 국민이 되는 요건은 법률로 정한다.

핵심 이론

1 국민과 국적

국민	영토, 주권과 더불어 국가의 3대 구성요소 중의 하나로, 그 나라의 국적을 가진 사람
국적	국가와 구성원 간의 법적유대이고 보호와 복종관계

2 국적의 취득

(1) 취득의 유형

선천적 취득 (출생)	원칙	• 출생 당시에 부 또는 모가 대한민국의 국민인 자 • 출생하기 전에 부가 사망한 경우에는 그 사망 당시에 부가 대한민국의 국민이었던 자
	예외	• 부모가 모두 분명하지 아니한 경우나 국적이 없는 경우에는 대한민국에서 출생한 자 • 대한민국에서 발견된 기아는 대한민국에서 출생한 것으로 추정
후천적 취득	인지	• 대한민국의 민법상 미성년 • 출생 당시에 부 또는 모가 대한민국의 국민 • 법무부장관에게 신고한 때에 대한민국 국적 취득
	귀화	• 대한민국 국적을 취득한 사실이 없는 외국인 • 법무부장관의 귀화허가 • 법무부장관 앞에서 국민선서를 하고 귀화증서를 수여받은 때에 대한민국 국적 취득
	수반취득	• 외국인의 자로서 대한민국의 민법상 미성년 • 부 또는 모가 귀화허가를 신청할 때 함께 국적 취득 신청 • 부 또는 모가 대한민국 국적을 취득한 때에 함께 대한민국 국적 취득
	국적회복	• 대한민국의 국민이었던 외국인 • 법무부장관의 국적회복허가 • 법무부장관 앞에서 국민선서를 하고 국적회복증서를 수여받은 때에 대한민국 국적 취득

(2) 귀화의 유형 및 요건

일반귀화		• 5년 이상 계속하여 대한민국에 주소 • 대한민국에서 영주할 수 있는 체류자격 • 대한민국의 「민법」상 성년 • 법령을 준수하는 등 법무부령으로 정하는 품행 단정 • 자신이나 생계를 같이하는 가족에 의하여 생계를 유지할 능력 • 국어능력 등 대한민국 국민으로서의 기본 소양 • 국가안전보장·질서유지 또는 공공복리를 해치지 아니한다고 법무부장관이 인정
간이귀화	3년 이상 계속하여 주소	• 부 또는 모가 대한민국의 국민이었던 사람 • 대한민국에서 출생한 사람으로서 부 또는 모가 대한민국에서 출생한 사람 • 대한민국 국민의 양자(養子)로서 입양 당시 대한민국의 「민법」상 성년이었던 사람
	2년 또는 1년 이상 계속하여 주소	• 혼인한 상태로 대한민국에 2년 이상 계속하여 주소가 있는 사람 • 혼인 후 3년이 지나고 혼인한 상태로 대한민국에 1년 이상 계속하여 주소가 있는 사람 • 혼인한 상태로 대한민국에 주소를 두고 있던 중 그 배우자의 사망이나 실종 또는 그 밖에 자신에게 책임이 없는 사유로 정상적인 혼인 생활을 할 수 없었던 사람으로서 잔여기간을 채웠고 법무부장관이 상당하다고 인정하는 사람 • 혼인에 따라 출생한 미성년의 자(子)를 양육하고 있거나 양육하여야 할 사람으로서 잔여기간을 채웠고 법무부장관이 상당하다고 인정하는 사람
특별귀화	주소	• 부 또는 모가 대한민국의 국민인 사람(대한민국의 민법상 성년이 된 후에 입양된 사람 제외) • 대한민국에 특별한 공로가 있는 사람(특별한 공로자) • 과학·경제·문화·체육 등 특정 분야에서 매우 우수한 능력을 보유한 사람으로서 대한민국의 국익에 기여할 것으로 인정되는 사람(우수한 능력자)

(3) 국적회복의 제외 대상

- 국가나 사회에 위해를 끼친 사실이 있는 사람
- 품행이 단정하지 못한 사람
- 병역을 기피할 목적으로 대한민국 국적을 상실하였거나 이탈하였던 사람
- 국가안전보장·질서유지 또는 공공복리를 위하여 법무부장관이 국적회복을 허가하는 것이 적당하지 아니하다고 인정하는 사람

⑷ 국적 취득자의 외국 국적 포기 또는 서약 의무

외국 국적 포기		대한민국 국적을 취득한 날부터 1년 내
외국 국적 포기 또는 서약 의무	귀화	• 배우자와 혼인한 상태로 대한민국에 2년 이상 계속하여 주소가 있는 사람 • 배우자와 혼인한 후 3년이 지나고 혼인한 상태로 대한민국에 1년 이상 계속하여 주소가 있는 사람 • 특별한 공로자 • 우수한 능력자
	국적회복	• 국적회복허가를 받은 자로서 특별한 공로자 또는 우수한 능력자 • 대한민국의 「민법」상 성년이 되기 전에 외국인에게 입양된 후 외국 국적을 취득하고 외국에서 계속 거주하다가 국적회복허가를 받은 자 • 외국에서 거주하다가 영주할 목적으로 만 65세 이후에 입국하여 국적회복허가를 받은 자
	기타	본인의 뜻에도 불구하고 외국의 법률 및 제도로 인하여 외국 국적 포기 의무를 이행하기 어려운 자로서 대통령령으로 정하는 자
불이행의 효과		• 외국 국적 포기 의무를 이행하지 아니한 자는 그 기간이 지난 때에 대한민국 국적 상실 • 대한민국 국적을 상실한 자가 그 후 1년 내에 그 외국 국적을 포기하면 법무부장관에게 신고한 때에 대한민국 국적 재취득

3 복수국적자의 처우 등

처우		대한민국의 법령 적용에서 대한민국 국민으로만 처우
국적 선택 의무	원칙	• 만 20세가 되기 전에 복수국적자가 된 자는 만 22세가 되기 전까지 • 만 20세가 된 후에 복수국적자가 된 자는 그때부터 2년 내 • 법무부장관에게 대한민국에서 외국 국적을 행사하지 아니하겠다는 뜻을 서약한 복수국적자는 제외
	병역준비역 편입자	편입된 때부터 3개월 이내
	이른바 원정출산자	현역·상근예비역·보충역 또는 대체역으로 복무를 마치거나 마친 것으로 보게 되는 경우, 전시근로역에 편입된 경우, 병역면제 처분을 받은 경우에만 국적이탈신고 가능

4 국적의 상실

상실 시기	자진	외국 국적을 취득한 때 대한민국 국적 상실
	혼인 등	외국 국적을 취득한 때부터 6개월 내에 법무부장관에게 대한민국 국적을 보유할 의사가 있다는 뜻을 신고하지 아니하면 그 외국 국적을 취득한 때로 소급하여 대한민국 국적 상실
권리 변동		대한민국의 국민만이 누릴 수 있는 권리 중 대한민국의 국민이었을 때 취득한 것으로서 양도할 수 있는 것은 그 권리와 관련된 법령에서 따로 정한 바가 없으면 3년 내에 대한민국의 국민에게 양도하여야 함.

🔬 핵심 판례

▶ 국적은 국가의 생성과 더불어 발생하고 국가의 소멸은 국적의 상실 사유이다(헌재 2014. 6. 26. 2011헌마502).

▶ 헌법 제2조 제1항은 대한민국 국적의 취득뿐만 아니라 국적의 유지, 상실을 둘러싼 전반적인 법률관계를 법률에 규정하도록 위임하고 있다(헌재 2014. 6. 26. 2011헌마502).

▶ 헌법의 위임에 따라 제정되는 국적법의 내용은 국가의 구성요소인 국민의 범위를 구체화, 현실화하는 헌법사항을 규율하고 있다(헌재 2000. 8. 31. 97헌가12).

▶ 일반적으로 외국인인 개인이 특정한 국가의 국적을 선택할 권리가 자연권으로서 또는 우리 헌법상 당연히 인정된다고는 할 수 없다(헌재 2006. 3. 30. 2003헌마806).

▶ 법무부장관은 귀화를 허가할 것인지 여부에 관하여 재량권 인정된다(대판 2015. 9. 24. 2010두6496).

▶ 병역준비역에 편입된 자의 국적이탈을 제한하고 있는 국적법 제12조 제2항 본문 등은 청구인의 국적이탈의 자유를 침해한다(헌재 2020. 9. 24. 2016헌마889 헌법불합치).

▶ 대한민국 국민이 자진하여 외국 국적을 취득한 경우 대한민국 국적을 상실하도록 한 국적법 제15조 제1항이 청구인의 거주·이전의 자유 및 행복추구권을 침해한다고 볼 수 없다(헌재 2014. 6. 26. 2011헌마502).

▶ 법무부장관으로 하여금 거짓이나 그 밖의 부정한 방법으로 귀화허가를 받은 자에 대하여 그 허가를 취소할 수 있도록 규정하면서도 그 취소권의 행사기간을 따로 정하고 있지 아니한 국적법 제21조 부분은 청구인의 거주·이전의 자유 및 행복추구권을 침해하지 아니한다(헌재 2015. 9. 24. 2015헌바26).

✏️ 핵심 기출

국적에 대한 설명으로 가장 적절하지 않은 것은?　　　　　2019 경정승진

① 대한민국에서 출생한 사람으로서 부 또는 모가 대한민국에서 출생한 외국인은 대한민국에 3년 이상 계속하여 주소가 있는 경우 간이귀화허가를 받을 수 있다.

② 대한민국에 특별한 공로가 있는 외국인은 대한민국에 주소가 있는 경우 특별귀화허가를 받을 수 있다.

③ 외국인의 자(子)로서 대한민국의 「민법」상 미성년인 사람은 부 또는 모가 귀화허가를 신청할 때 함께 국적 취득을 신청할 수 있다.

④ 대한민국 국적을 상실한 자가 그 후 1년 내에 그 외국 국적을 포기하면 법무부장관의 허가를 받아 대한민국 국적을 재취득할 수 있다.

④ 대한민국 국적을 상실한 자가 그 후 1년 내에 그 외국 국적을 포기하면 법무부장관에게 신고함으로써 대한민국 국적을 재취득할 수 있다(국적법 제11조 제1항).
① 국적법 제6조 제1항 2호
② 국적법 제7조 제1항 2호
③ 국적법 제8조 제1항

정답 ④

✓ 핵심 O·X

01 외국인이 귀화허가를 받기 위해서는 '품행이 단정할 것'의 요건을 갖추도록 한 「국적법」 조항은 명확성 원칙에 위배된다. ( )

02 대한민국의 국민으로서 자진하여 외국 국적을 취득한 자는 그 외국 국적 취득 신고를 한 때에 대한민국 국적을 상실한다. ( )

03 헌법 제2조 제1항은 '대한민국의 국민이 되는 요건은 법률로 정한다'고 하여 대한민국 국적의 취득에 관하여 위임하고 있으나, 국적의 유지나 상실을 둘러싼 전반적인 법률관계를 법률에 규정하도록 위임하고 있는 것으로 풀이할 수는 없다. ( )

04 외국인의 자(子)로서 대한민국의 「민법」상 미성년인 사람은 부 또는 모가 귀화허가를 신청할 때 함께 국적 취득을 신청할 수 있고, 이에 따라 국적 취득을 신청한 사람은 부 또는 모가 대한민국 국적을 취득한 때에 함께 대한민국 국적을 취득한다. ( )

05 부모가 모두 분명하지 아니한 경우 대한민국에서 출생한 자는 출생과 동시에 대한민국 국적을 취득한다. ( )

06 일반적으로 외국인인 개인이 특정한 국가의 국적을 선택할 권리가 자연권으로서 또는 우리 헌법상 당연히 인정된다고는 할 수 없다. ( )

07 국적은 국가의 생성과 더불어 발생하지만, 국가의 소멸이 바로 국적의 상실 사유가 되는 것은 아니다. ( )

08 대한민국 국민이 자진하여 외국 국적을 취득한 경우 대한민국 국적을 상실하도록 하는 것은 거주·이전의 자유 및 행복추구권을 침해하지 않는다. ( )

09 대한민국 국적을 취득한 사실이 없는 외국인은 법무부장관의 귀화허가를 받아 대한민국 국적을 취득할 수 있다. ( )

10 법무부장관은 귀화신청인이 귀화요건을 갖추었다 하더라도 귀화를 허가할 것인지 여부에 관하여 재량권을 가진다. ( )

11 「국적법」에 따라 귀화허가를 받은 사람은 법무부장관 앞에서 국민선서를 하고 귀화증서를 수여받은 때에 대한민국 국적을 취득하며, 법무부장관은 연령, 신체적·정신적 장애 등으로 국민선서의 의미를 이해할 수 없거나 이해한 것을 표현할 수 없다고 인정되는 사람에게는 국민선서를 면제할 수 있다. ( )

12 법무부장관은 거짓이나 그 밖의 부정한 방법으로 귀화허가를 받은 자에 대하여 그 허가를 취소할 수 있으며, 법무부장관의 취소권 행사기간은 귀화허가를 한 날로부터 6개월 이내이다. ( )

13 대한민국의 국민으로서 자진하여 외국 국적을 취득한 자는 그 외국 국적을 취득한 날로부터 6개월이 지난 때에 대한민국 국적을 상실한다. ( )

정답

01 × (명확성 원칙에 위배되지 않는다)
02 × (외국 국적을 취득한 때)
03 × (국적에 관한 전반적인 법률관계를 규정하도록 위임하고 있는 것으로 풀이할 수 있다)
04 ○
05 ○
06 ○
07 × (국가의 소멸은 국적의 상실 사유가 된다)
08 ○
09 ○
10 ○
11 ○
12 × (법무부장관의 취소권 행사기간은 제한이 없다)
13 × (외국 국적을 취득한 때)

14 대한민국 국적을 상실한 자는 국적을 상실한 때부터 대한민국의 국민만이 누릴 수 있는 권리를 향유할 수 없으며, 이들 권리 중 대한민국의 국민이었을 때 취득한 것으로서 양도할 수 있는 것은 그 권리와 관련된 법령에서 따로 정한 바가 없으면 3년 내에 대한민국의 국민에게 양도하여야 한다. ( )

15 외국인의 자(子)로서 대한민국의 「민법」상 성년인 사람은 부 또는 모가 귀화허가를 신청할 때 함께 국적 수반취득을 신청할 수 있다. ( )

16 출생 당시에 부(父)가 대한민국의 국민인 자만 출생과 동시에 대한민국 국적을 취득한다. ( )

정답
14 ○
15 × (미성년인 사람)
16 × (부 또는 모)

Theme
05

006 | 대한민국의 영역

📋 **테마 출제경향**

대한민국의 영역에서는 영토조항과 평화통일조항의 관계에서 도출되는 북한의 지위, 북한 주민의 지위를 중심으로 출제되고 있다.

🔑 **테마 출제 키워드**

대화와 협력의 동반자, 반국가단체, 영토권, 한일어업협정

> **헌법 제3조**
> 대한민국의 영토는 한반도와 그 부속도서로 한다.

핵심 이론

1 대한민국의 영토

우리 헌법 제3조에서 영토조항을 두고 있는 이상 대한민국의 헌법은 북한지역을 포함한 한반도 전체에 효력이 미치고 따라서 북한지역은 당연히 대한민국의 영토가 된다(헌재 2005. 6. 30. 2003헌바114).

2 북한의 지위

북한은 조국의 평화적 통일을 위한 대화와 협력의 동반자임과 동시에 적화통일노선을 고수하면서 우리의 자유민주주의 체제를 전복하고자 획책하는 반국가단체라는 성격도 아울러 가지고 있다(헌재 1993. 7. 29. 92헌바48).

3 북한 주민의 지위

조선인을 부친으로 하여 출생한 자는 남조선과도정부법률 제11호 국적에 관한 임시조례의 규정에 따라 조선 국적을 취득하였다가 제헌헌법의 공포와 동시에 대한민국 국적을 취득하였다 할 것이고, 설사 그가 북한법의 규정에 따라 북한 국적을 취득하여 중국 주재 북한대사관으로부터 북한의 해외공민증을 발급받은 자라 하더라도 북한지역 역시 대한민국의 영토에 속하는 한반도의 일부를 이루는 것이어서 대한민국의 주권이 미칠 뿐이고, 대한민국의 주권과 부딪치는 어떠한 국가단체나 주권을 법리상 인정할 수 없는 점에 비추어 볼 때, 그러한 사정은 그가 대한민국 국적을 취득하고 유지함에 있어 아무런 영향을 끼칠 수 없다(대판 1996. 11. 12. 96누1221).

4 영해와 배타적 경제수역

영해	• 기선으로부터 측정하여 그 바깥쪽 12해리의 선까지에 이르는 수역 • 대통령령으로 정하는 바에 따라 일정수역의 경우에는 12해리 이내에서 영해의 범위를 따로 정할 수 있음(영해법 제1조).
배타적 경제수역	협약에 따라 「영해 및 접속수역법」 제2조에 따른 기선으로부터 그 바깥쪽 200해리의 선까지에 이르는 수역 중 대한민국의 영해를 제외한 수역(배타적 경제수역법 제2조 제1항)

핵심 판례

▶ 국민의 개별적 기본권이 아니라도 기본권 보장의 실질화를 위하여 영토조항만을 근거로 하여 독자적으로는 헌법소원을 청구할 수 없다 할지라도 모든 국가권능의 정당성의 근원인 국민의 기본권 침해에 대한 권리구제를 위하여 그 전제조건으로서 영토에 관한 권리를 영토권이라 구성하여 헌법소원의 대상인 기본권의 하나로 간주하는 것은 가능하다(헌재 2001. 3. 21. 99헌마139).

▶ 남북합의서는 남북관계를 "나라와 나라 사이의 관계가 아닌 통일을 지향하는 과정에서 잠정적으로 형성되는 특수관계"임을 전제로 하여 이루어진 합의문서인바, 이는 한민족공동체 내부의 특수관계를 바탕으로 한 당국간의 합의로서 남북당국의 성의있는 이행을 상호 약속하는 일종의 공동성명 또는 신사협정에 준하는 성격을 가짐에 불과하다(헌재 1997. 1. 16. 92헌바6).

▶ 국가보안법과 남북교류협력에 관한 법률은 상호 그 입법목적과 규제대상을 달리하고 있는 관계로 구 국가보안법 제6조 제1항 소정의 잠입·탈출죄에서의 "잠입·탈출"과 남북교류법 제27조 제2항 제1호 소정의 죄에서의 "왕래"는 그 각 행위의 목적이 다르다고 해석되고, 따라서 두 죄는 각기 그 구성요건을 달리하고 있다고 보아야 할 것이므로, 위 두 법률조항에 관하여 형법 제1조 제2항의 신법우선의 원칙이 적용될 수 없다(헌재 1993. 7. 29. 92헌바48).

▶ 우리 헌법이 영토조항을 두고 있는 이상 북한을 "외국"으로, 북한의 주민 또는 법인 등을 "비거주자"로 바로 인정하기는 어렵지만, 개별 법률의 적용 내지 준용에 있어서는 남북한의 특수관계적 성격을 고려하여 북한지역을 외국에 준하는 지역으로, 북한주민 등을 외국인에 준하는 지위에 있는 자로 규정할 수 있다(헌재 2005. 6. 30. 2003헌바114).

▶ 북한의 의과대학이 헌법 제3조의 영토조항에도 불구하고 국내대학으로 인정될 수 없고 또한 보건복지부장관이 인정하는 외국의 대학에도 해당하지 아니하므로, … 따라서 탈북의료인에게 국내 의료면허를 부여할 것인지 여부는 입법자가 그의 입법형성권의 범위 내에서 규율한 사항이지, 헌법조문이나 헌법해석에 의하여 바로 입법자에게 국내 의료면허를 부여할 입법의무가 발생한다고 볼 수는 없다(헌재 2006. 11. 30. 2006헌마679).

▶ 외국환거래의 일방 당사자가 북한의 주민일 경우 그는 이 사건 법률조항의 '거주자' 또는 '비거주자'가 아니라 남북교류법의 '북한의 주민'에 해당하는 것이다. 그러므로, 당해 사건에서 아태위원회가 외환거래법 제15조 제3항에서 말하는 '거주자'나 '비거주자'에 해당하는지 또는 남북교류법상 '북한의 주민'에 해당하는지 여부는 법률해석의 문제에 불과한 것이고, 헌법 제3조의 영토조항과는 관련이 없다(헌재 2005. 6. 30. 2003헌바114).

Theme

06

✍ 핵심 **기출** ||||||||||||||||||||||||||||||||||||||||||||||||||||||||||||||

영토조항 및 평화통일조항에 대한 설명으로 옳지 않은 것은? (다툼이 있는 경우 판례에 의함)

2021 국가직 7급

① 우리 헌법이 영토조항(제3조)을 두고 있는 이상 대한민국의 헌법은 북한지역을 포함한 한반도 전체에 그 효력이 미치고 따라서 북한지역은 당연히 대한민국의 영토가 된다.

② 남북합의서는 남북관계를 '나라와 나라 사이의 관계가 아닌 통일을 지향하는 과정에서 잠정적으로 형성되는 특수관계'임을 전제로 하여 이루어진 합의문서인바, 이는 한민족 공동체 내부의 특수관계를 바탕으로 한 당국 간의 합의로서 남북당국의 성의 있는 이행을 상호 약속하는 일종의 공동성명 또는 신사협정에 준하는 성격을 가진다.

③ 개별 법률의 적용 내지 준용에 있어서는 남북한의 특수관계적 성격을 고려하여 북한지역을 외국에 준하는 지역으로, 북한 주민 등을 외국인에 준하는 지위에 있는 자로 규정할 수 있다.

④ 헌법상의 여러 통일관련 조항들은 국가의 통일의무를 선언한 것이므로, 그로부터 국민 개개인의 통일에 대한 기본권, 특히 국가기관에 대하여 통일과 관련된 구체적인 행위를 요구하거나 일정한 행동을 할 수 있는 권리도 도출된다.

④ 헌법상의 통일관련 조항들은 국가의 통일의무를 선언한 것이기는 하지만, 그로부터 국민 개개인의 통일에 대한 기본권, 특히 국가기관에 대하여 통일과 관련된 구체적인 행동을 요구하거나 일정한 행동을 할 수 있는 권리가 도출된다고 볼 수 없다(헌재 2000. 7. 20. 98헌바63).

①③ 헌재 2005. 6. 30. 2003헌바114

② 헌재 1997. 1. 16. 92헌바6

정답 ④

✓ 핵심 **O·X**

01 북한은 조국의 평화적 통일을 위한 대화와 협력의 동반자임과 동시에, 대남적화노선을 고수하며 우리의 자유민주체제 전복을 획책하는 반국가단체라는 이중적 성격을 함께 가진다. ( )

02 1992년 발효된 '남북 사이의 화해와 불가침 및 교류·협력에 관한 합의서'는 국가간의 조약이라기보다는 남북당국의 성의 있는 이행을 상호 약속하는 일종의 신사협정에 불과하다. ( )

03 「남북교류협력에 관한 법률」과 「국가보안법」의 상호관계에 대해서, 헌법재판소는 양 법률의 규제대상이 동일한 점을 들어 일반법과 특별법의 관계로 파악하고 있다.

( )

04 독도 등을 중간수역으로 정한 「대한민국과 일본국 간의 어업에 관한 협정」은 배타적 경제수역을 직접 규정한 것이 아니고, 독도의 영유권 문제나 영해 문제와는 직접적인 관련을 가지지 아니하기 때문에 헌법상 영토조항에 위반되지 않는다. ( )

05 1954년 헌법은 영토의 변경을 가져올 국가안위에 관한 중대사항에 관하여 국회의 가결을 거친 후 국민투표로 결정하도록 규정하였다. ( )

06 대한민국의 영토는 한반도와 그 부속도서로 하며, 대한민국의 영해는 기선으로부터 측정하여 그 바깥쪽 12해리의 선까지에 이르는 수역으로 하되, 대통령령으로 정하는 바에 따라 일정수역의 경우에는 12해리 이내에서 영해의 범위를 따로 정할 수 있다. ( )

07 북한주민은 「대일항쟁기 강제동원 피해조사 및 국외강제동원 희생자 등 지원에 관한 특별법」상 위로금 지급 제외대상인 '대한민국 국적을 갖지 아니한 사람'에 해당한다. ( )

정답
01 ○
02 ○
03 × (양 법률은 규제대상과 보호법익이 달라 일반법과 특별법의 관계로 파악할 수 없다)
04 ○
05 ○
06 ○
07 × (북한주민은 대한민국 국적을 갖지 아니한 사람에 해당하지 아니한다)

Theme **06**

007 헌법 전문

헌법 전문에서는 헌법 전문의 개정과 헌법 전문의 내용 그리고 헌법 전문의 규범적 효력을 묻는 문제가 출제된다. 특히 헌법 전문의 내용 중에 대한민국임시정부의 법통계승과 관련한 국가의 의무를 묻는 문제가 자주 출제되고 있다.

🔍 테마 출제 키워드

재판규범성, 대한민국임시정부의 법통계승

전문

유구한 역사와 전통에 빛나는 우리 대한국민은 3·1운동으로 건립된 대한민국임시정부의 법통과 불의에 항거한 4·19민주이념을 계승하고, 조국의 민주개혁과 평화적 통일의 사명에 입각하여 정의·인도와 동포애로써 민족의 단결을 공고히 하고, 모든 사회적 폐습과 불의를 타파하며, 자율과 조화를 바탕으로 자유민주적 기본질서를 더욱 확고히 하여 정치·경제·사회·문화의 모든 영역에 있어서 각인의 기회를 균등히 하고, 능력을 최고도로 발휘하게 하며, 자유와 권리에 따르는 책임과 의무를 완수하게 하여, 안으로는 국민생활의 균등한 향상을 기하고 밖으로는 항구적인 세계평화와 인류공영에 이바지함으로써 우리들과 우리들의 자손의 안전과 자유와 행복을 영원히 확보할 것을 다짐하면서 1948년 7월 12일에 제정되고 8차에 걸쳐 개정된 헌법을 이제 국회의 의결을 거쳐 국민투표에 의하여 개정한다.

핵심 이론

1 헌법 전문의 의의

헌법 전문은 헌법의 이념 내지 가치를 제시하고 있는 헌법규범의 일부로서 헌법으로서의 규범적 효력을 나타내기 때문에 구체적으로는 헌법소송에서의 재판규범인 동시에 헌법이나 법률해석에서의 해석기준이 되고, 입법형성권 행사의 한계와 정책결정의 방향을 제시하며, 모든 국가기관과 국민이 존중하고 지켜가야 하는 최고의 가치규범이다(헌재 2006. 3. 30. 2003헌마806).

2 헌법 전문의 규범적 효력

(1) 3·1 정신

헌법 전문에 기재된 3·1정신은 우리나라 헌법의 연혁적·이념적 기초로서 헌법이나 법률해석에서의 해석기준으로 작용한다고 할 수 있지만, 그에 기하여 곧바로 국민의 개별적 기본권성을 도출해낼 수는 없다(헌재 2001. 3. 21. 99헌마139).

(2) 독립유공자에 대한 예우

국가는 일제로부터 조국의 자주독립을 위하여 공헌한 독립유공자와 유족에 대하여는 응분의 예우를 하여야 할 헌법적 의무를 지닌다. 다만 이 의무는 국가가 독립유공자의 인정절차를 합리적으로 마련하고 독립유공자에 대한 기본적 예우를 해주어야 한다는 것을 뜻할 뿐이며, 당사자가 주장하는 특정인을 반드시 독립유공자로 인정하여야 하는 것을 뜻할 수는 없다(헌재 2005. 6. 30. 2004헌마859).

(3) 친일행위에 대한 진상 규명

일제강점기에 우리 민족을 부정한 친일반민족행위자들의 친일행위에 대하여 그 진상을 규명하고 그러한 친일행위의 대가로 취득한 재산을 공적으로 회수하는 등 일본제국주의의 식민지로서 겪었던 잘못된 과거사를 청산함으로써 민족의 정기를 바로세우고 사회정의를 실현하며 진정한 사회통합을 추구해야 하는 것은 헌법적으로 부여된 임무라고 보아야 한다(헌재 2011. 3. 31. 2008헌바141).

(4) 위안부 할머니들의 훼손된 인간의 존엄성 회복

일제강점기에 일본군위안부로 강제동원되어 인간의 존엄과 가치가 말살된 상태에서 장기간 비극적인 삶을 영위하였던 피해자들의 훼손된 인간의 존엄과 가치를 회복시켜야 할 의무는 대한민국임시정부의 법통을 계승한 지금의 정부가 국민에 대하여 부담하는 가장 근본적인 보호의무에 속한다(헌재 2011. 8. 30. 2006헌마788).

(5) 강제동원 근로자들의 훼손된 인간의 존엄성 회복

비록 우리 헌법이 제정되기 전의 일이라 할지라도 국가가 국민의 안전과 생명을 보호해야 할 가장 기본적인 의무를 수행하지 못한 일제강점기에 강제동원되어 강제노동에 처해졌고 그 노동의 대가까지 잃었던 자들의 훼손된 인간의 존엄과 가치를 회복시켜야 할 의무는 대한민국임시정부의 법통을 계승한 지금의 정부가 국민에 대하여 부담하는 가장 근본적인 보호의무에 속한다(헌재 2019. 12. 27. 2012헌마939).

✒ 핵심 판례

▶ 국가가 국가의 재정부담능력 등을 고려하여 일반적으로 강제동원으로 인한 정신적 고통이 더욱 크다고 볼 수 있는 국외 강제동원자 집단을 우선적으로 처우하는 것이 객관적으로 정의와 형평에 반한다거나 자의적인 차별이라고 보기는 어렵다(헌재 2012. 7. 26. 2011헌바352).

▶ 자발적으로 외국 국적을 취득하여 결과적으로 대한민국 국민으로서의 법적 지위와 권리·의무를 스스로 포기한 유족을 위로금 지급 대상에서 제외하였다고 하여 이를 현저히 자의적이거나 불합리한 것으로서 평등원칙에 위배된다고 볼 수 없다(헌재 2015. 12. 23. 2011헌바139).

▶ 국제전범재판소의 판결은 국제법적으로 유효하며 국내의 국가기관이 존중하여야 한다. 따라서 한국인 BC급 전범들이 국제전범재판에 따른 처벌로 입은 피해와 관련하여 외교부장관에게 청구권 협정 제3조에 따른 분쟁해결절차에 나아가야 할 구체적 작위의무가 인정된다고 보기 어렵다(헌재 2021. 8. 31. 2014헌마888).

✏ 핵심 기출 |||||||||||||||||||||||||||||||||||||||||||||||||||||||

헌법 전문(前文)에 대한 설명으로 옳은 것은? (다툼이 있는 경우 판례에 의함) 2017 국가직 7급

① 1948년 헌법 전문에는 3·1운동으로 건립된 대한민국임시정부의 법통과 독립정신을 규정하고 있으며, 안으로는 국민생활의 균등한 향상을 기하고 밖으로는 국제평화의 유지에 노력할 것을 언급하고 있다.

② 현행 헌법 전문은 "1948년 7월 12일에 제정되고 9차에 걸쳐 개정된 헌법을 이제 국회의 의결을 거쳐 국민투표에 의하여 개정한다"라고 규정하고 있다.

③ 헌법 전문에 기재된 3·1정신은 우리나라 헌법의 연혁적·이념적 기초로서 헌법이나 법률해석에서의 해석기준으로 작용할 뿐만 아니라 곧바로 국민의 개별적 기본권성을 도출해 내어, 예컨대 '영토권'을 헌법상 보장된 기본권으로 인정할 수 있다.

④ '3·1운동으로 건립된 대한민국임시정부의 법통을 계승'한다는 것은 대한민국이 일제에 항거한 독립운동가의 공헌과 희생을 바탕으로 이룩된 것임을 선언한 것으로, 국가는 자주독립을 위하여 공헌한 독립유공자와 그 유족에 대해 응분의 예우를 해야 할 헌법적 의무를 지닌다.

✓ 핵심 O·X _____

01 제헌헌법부터 존재하던 헌법 전문은 1972년 <u>제7차 헌법개정에서 최초로</u> 개정이 이루어졌다. ( )

02 헌법재판소 결정에 의하면 헌법 전문은 헌법규범의 일부로서 헌법으로서의 규범적 효력을 나타내기 때문에 구체적으로는 헌법소송에서의 재판규범이 된다. ( )

03 현행 헌법의 전문에는 헌법의 성립유래만이 아니라, 헌법의 기본이념과 가치도 제시되어 있다. ( )

04 1972년 제7차 개정헌법의 전문에서는 3·1운동의 숭고한 독립정신과 4·19 의거 및 5·16 혁명의 이념을 계승한다고 규정하였다. ( )

05 우리 헌법은 전문에서 모든 사회적 폐습과 불의를 타파한다고 규정하고 있다. ( )

06 일제강점기에 일본군위안부로 강제 동원되어 인간의 존엄과 가치가 말살된 상태에서 장기간 비극적인 삶을 영위하였던 피해자들의 훼손된 인간의 존엄과 가치를 회복시켜야 할 의무는 대한민국임시정부의 법통을 계승한 지금의 정부가 국민에 대하여 부담하는 가장 근본적인 보호의무에 속한다. ( )

008 명확성 원칙

핵심 이론

1 의의

법령을 명확한 용어로 규정함으로써 적용대상자, 즉 수범자에게 그 규제내용을 미리 알 수 있도록 공정한 고지를 하여 장래의 행동지침을 제공하고, 동시에 법 집행자에게 객관적 판단지침을 주어 차별적이거나 자의적인 법 해석 및 집행을 예방하기 위한 원칙이다(헌재 2021. 4. 29. 2020헌바328).

2 적용 범위

모든 법률은 법치국가적 법적 안정성의 관점에서 행정과 사법에 의한 법 적용의 기준으로서 명확해야 한다(헌재 2007. 10. 4. 2006헌바91).

3 요청 정도

(1) 최소한의 명확성

법규범의 문언은 어느 정도 일반적·규범적 개념을 사용하지 않을 수 없기 때문에 기본적으로 최대한이 아닌 최소한의 명확성을 요구하는 것으로서, 법 문언이 법관의 보충적인 가치판단을 통해서 그 의미 내용을 확인할 수 있고, 그러한 보충적 해석이 해석자의 개인적인 취향에 따라 좌우될 가능성이 없다면 명확성 원칙에 반한다고 할 수 없다(헌재 2013. 5. 30. 2011헌바201).

(2) 부담적 성격과 수익적 성격

명확성의 원칙은 모든 법률에 있어서 동일한 정도로 요구되는 것은 아니고 개개의 법률이나 법 조항의 성격에 따라 요구되는 정도에 차이가 있을 수 있으며 각각의 구성요건의 특수성과 법률이 제정되게 된 배경이나 상황에 따라 달라질 수 있다. 일반론으로는 어떠한 규정이 부담적 성격을 가지는 경우에는 수익적 성격을 가지는 경우에 비하여 명확성의 원칙이 더욱 엄격하게 요구되고, 죄형법정주의가 지배하는 형사 관련 법률에서는 명확성의 정도가 강화되어 더 엄격한 기준이 적용되지만, 일반적인 법률에서는 명확성의 정도가 그리 강하게 요구되지 않기 때문에 상대적으로 완화된 기준이 적용된다(헌재 2005. 6. 30. 2005헌가1).

테마 출제경향

명확성 원칙에서는 명확성 원칙의 심사기준, 판단대상과 특히 구체적인 판단의 결과를 묻는 문제가 출제되고 있다.

테마 출제 키워드

예측가능성, 자의적 집행작용의 배제, 죄형법정주의의 명확성 원칙

Theme
08

(3) 규율대상이 지극히 다양하거나 수시로 변화하는 경우

기본권 제한 입법이라 하더라도 규율대상이 지극히 다양하거나 수시로 변화하는 성질의 것이어서 입법기술상 일의적으로 규정할 수 없는 경우에는 명확성의 요건이 완화되어야 할 것이다(헌재 1999. 9. 16. 97헌바73).

4 판단기준

법규범이 명확한지 여부는 그 법규범이 수범자에게 법규의 의미 내용을 알 수 있도록 공정한 고지를 하여 예측 가능성을 주고 있는지 여부 및 그 법규범이 법을 해석·집행하는 기관에게 충분한 의미 내용을 규율하여 자의적인 법 해석이나 법 집행이 배제되는지 여부, 다시 말하면 예측 가능성 및 자의적 법 집행 배제가 확보되는지 여부에 따라 이를 판단할 수 있다(헌재 2021. 4. 29. 2020헌바328).

5 판단대상

당해 규정이 명확한지 여부는 그 규정의 문언만으로 판단할 것이 아니라 관련 조항을 유기적·체계적으로 종합하여 판단하여야 한다(헌재 1999. 9. 16. 97헌바73).

⚖ 핵심 판례

▶ 청원경찰의 징계사유로서 '품위손상행위'란 '청원경찰이 경찰관에 준하여 경비 및 공안업무를 하는 주체로서 직책을 맡아 수행해 나가기에 손색이 없는 인품에 어울리지 않는 행위를 함으로써 국민이 가지는 청원경찰에 대한 정직성, 공정성, 도덕성에 대한 믿음을 떨어뜨릴 우려가 있는 행위'라고 해석할 수 있으므로 명확성 원칙에 위배되지 않는다(헌재 2022. 5. 26. 2019헌바530).

▶ 재직기간 합산제도는 재직기간이 단절된 경우 그 재직기간을 합산하여 연금을 받을 수 있도록 하는 제도이나, 연금재정이 제한되어 있어 이를 무한정 인정하기는 어려운 점, 재직기간 합산신청 기한에 관한 입법연혁을 살펴보면, 재직기간 합산조항은 재직 중인 공무원만이 재직기간 합산신청을 할 수 있다는 뜻으로 해석되므로 명확성 원칙에 위배되지 않는다(헌재 2016. 3. 31. 2015헌바18).

▶ 지방공무원법 제58조 소정의 '공무 외의 일을 위한 집단 행위'는 언론·출판·집회·결사의 자유를 보장하고 있는 헌법 제21조 제1항과 국가공무원법의 입법 취지, 국가공무원법상의 성실의무와 직무전념의무 등을 종합적으로 고려할 때, '공익에 반하는 목적을 위하여 직무전념의무를 해태하는 등의 영향을 가져오거나 공무에 대한 국민의 신뢰에 손상을 가져올 수 있는 공무원 다수의 결집된 행위'를 말하는 것으로 한정 해석되므로 명확성 원칙에 위반된다고 볼 수 없다(헌재 2014. 8. 28. 2011헌바50).

▶ 모의총포의 기준을 규정하고 있는 총포화약법 시행령 조항에서 '범죄에 악용될 소지가 현저한 것'은 진정한 총포로 오인·혼동되어 위협 수단으로 사용될 정도로 총포와 모양이 유사한 것을 의미하고, '인명·신체상 위해를 가할 우려가 있는 것'은 사람에게 상해나 사망의 결과를 가할 우려가 있을 정도로 진정한 총포의 기능과 유사한 것을 의미한다. 따라서 이 사건 시행령 조항은 문언상 그 의미가 명확하므로, 죄형법정주의의 명확성 원칙에 위반되지 않는다(헌재 2018. 5. 31. 2017헌마167).

▶ '여러 사람의 눈에 뜨이는 곳에서 공공연하게 알몸을 지나치게 내놓거나 가려야 할 곳을 내놓아 다른 사람에게 부끄러운 느낌이나 불쾌감을 준 사람'을 처벌하는 경범죄 처벌법 조항은 알몸을 '지나치게 내놓는' 것이 무엇인지 그 판단기준을 제시하지 않아 무엇이 지나친 알몸 노출 행위인지 판단하기 쉽지 않고, '가려야 할 곳'의 의미도 알기 어렵다. 그리고 '부끄러운 느낌이나 불쾌감'은 사람마다 달리 평가될 수밖에 없고, 노출되었을 때 부끄러운 느낌이나 불쾌감을 주는 신체 부위도 사람마다 달라 '부끄러운 느낌이나 불쾌감'을 통하여 '지나치게'와 '가려야 할 곳' 의미를 확정하기도 곤란하다. 따라서 심판대상 조항은 죄형법정주의의 명확성 원칙에 위배된다(헌재 2016. 11. 24. 2016헌가3).

▶ '공중도덕상 유해한 업무'에 취업시킬 목적으로 근로자를 파견한 사람을 형사처벌하도록 한 구 파견법 조항에서 '공중도덕'은 시대상황, 사회가 추구하는 가치 및 관습 등 시간적 · 공간적 배경에 따라 그 내용이 얼마든지 변할 수 있는 규범적 개념이므로, 그것만으로는 구체적으로 무엇을 의미하는지 설명하기 어렵다. 파견법은 '공중도덕상 유해한 업무'에 관한 정의조항은 물론 그 의미를 해석할 수 있는 수식어를 두지 않았으므로, 심판대상조항이 규율하는 사항을 바로 알아내기도 어렵다. 결국, 심판대상조항의 입법목적, 파견법의 체계, 관련조항 등을 모두 종합하여 보더라도 '공중도덕상 유해한 업무'의 내용을 명확히 알 수 없다. 심판대상조항은 건전한 상식과 통상적 법감정을 가진 사람으로 하여금 자신의 행위를 결정해 나가기에 충분한 기준이 될 정도의 의미내용을 가지고 있다고 볼 수 없으므로 죄형법정주의의 명확성 원칙에 위배된다(헌재 2016. 11. 24. 2015헌가23).

🖋 핵심 기출

명확성 원칙에 대한 헌법재판소 결정으로 옳은 것은? 2015 국가직 7급

① 법률사건의 수임에 관하여 알선의 대가로 금품을 제공하거나 이를 약속한 변호사를 형사처벌하는 구 변호사법 조항 중 '법률사건'과 '알선'은 처벌법규의 구성요건으로 그 의미가 불분명하기에 명확성 원칙에 위배된다.

② 방송통신심의위원회의 직무의 하나로 '건전한 통신윤리의 함양을 위하여 필요한 사항으로서 대통령령이 정하는 정보의 심의 및 시정요구'를 규정하고 있는 방송통신위원회의 설치 및 운영에 관한 법률 조항 중 '건전한 통신윤리'라는 부분은 각 개인의 가치관에 따라 달리 해석될 수 있기에 명확성 원칙에 위배된다.

③ 의료인이 '치료효과를 보장하는 등 소비자를 현혹할 우려가 있는 내용의 광고'를 한 경우 형사처벌하도록 규정한 의료법 규정은 오로지 의료서비스의 긍정적인 측면만을 강조하여 의료소비자를 혼란스럽게 하고 합리적인 선택을 방해할 것으로 걱정되는 광고를 의미하는 것으로 충분히 해석이 가능하기에 명확성 원칙에 위배되지 않는다.

④ 공무원의 '공무 외의 일을 위한 집단행위'를 금지하는 국가공무원법 규정은 어떤 행위가 허용되고 금지되는지를 예측할 수 없으므로 명확성 원칙에 위배된다.

③ '소비자를 현혹할 우려가 있는 내용의 광고'란, '광고 내용의 진실성 · 객관성을 불문하고, 오로지 의료서비스의 긍정적인 측면만을 강조하는 취지의 표현을 사용함으로써 의료소비자를 혼란스럽게 하고 합리적인 선택을 방해할 것으로 걱정되는 광고'를 의미하는 것으로 해석할 수 있으므로, 심판대상조항은 죄형법정주의의 명확성 원칙에 위배되지 아니한다(헌재 2014. 9. 25. 2013헌바28).

① '법률사건'이란 '법률상의 권리 · 의무의 발생 · 변경 · 소멸에 관한 다툼 또는 의문에 관한 사건'을 의미하고, '알선'이란 법률사건의 당사자와 그 사건에 관하여 대리 등의 법률사무를 취급하는 상대방 사이에서 양자 간에 법률사건이나 법률사무에 관한 위임계약 등의 체결을 중개하거나 그 편의를 도모하는 행위를 말하는바, 이 사건 법률조항에 의하여 금지되고, 처벌되는 행위의 의미가 문언상 불분명하다고 할 수 없으므로 이 사건 법률조항은 죄형법정주의의 명확성 원칙에 위배되지 않는다(헌재 2013. 2. 28. 2012헌바62).

② 이 사건 법률조항 중 '건전한 통신윤리'란, 전기통신회선을 이용하여 정보를 전달함에 있어 우리 사회가 요구하는 최소한의 질서 또는 도덕률을 의미하고, '건전한 통신윤리의 함양을 위하여 필요한 사항으로서 대통령이 정하는 정보'란 이러한 질서 또는 도덕률에 저해되는 정보로서 심의 및 시정요구가 필요한 정보를 의미한다고 할 것이며, 정보통신영역의 광범위성과 빠른 변화속도, 그리고 다양하고 가변적인 표현형태를 문자화하기에 어려운 점을 감안할 때, 위와 같은 함축적인 표현은 불가피하다고 할 것이어서, 이 사건 법률조항이 명확성의 원칙에 반한다고 할 수 없다(헌재 2012. 2. 23. 2011헌가13).

④ 이 사건 심판대상조항의 '공무 외의 일을 위한 집단행위'는 '공익에 반하는 목적을 위하여 직무전념의무를 해태하는 등의 영향을 가져오거나 공무에 대한 국민의 신뢰에 손상을 가져올 수 있는 공무원 다수의 결집된 행위'를 말하는 것으로 한정 해석되므로 명확성 원칙에 위반된다고 볼 수 없다(헌재 2014. 8. 28. 2011헌바50).

정답 ③

✓ 핵심 O·X

01 모의총포의 기준을 구체적으로 정한 총포화약법 시행령 조항에서 '범죄에 악용될 소지가 현저한 것'은 진정한 총포로 오인·혼동되어 위협 수단으로 사용될 정도로 총포와 모양이 유사한 것을 의미하므로 죄형법정주의의 명확성 원칙에 위반되지 않는다. ( )

02 취소소송 등의 제기 시 「행정소송법」 조항의 집행정지의 요건으로 규정한 '회복하기 어려운 손해'는 건전한 상식과 통상적인 법감정을 가진 사람이 심판대상조항의 의미 내용을 파악하기 어려우므로 명확성 원칙에 위배된다. ( )

03 어린이집이 시·도지사가 정한 수납한도액을 초과하여 보호자로부터 필요경비를 수납한 경우, 해당 시·도지사는 「영유아보육법」에 근거하여 시정 또는 변경 명령을 발할 수 있는데, 이 시정 또는 변경 명령 조항의 내용으로 환불명령을 명시적으로 규정하지 않았다고 하여 명확성 원칙에 위배된다고 볼 수 없다. ( )

04 정당한 이유 없이 이 법에 규정된 범죄에 공용될 우려가 있는 흉기나 그 밖의 위험한 물건을 휴대한 사람을 처벌하도록 규정한 「폭력행위 등 처벌에 관한 법률」 조항에서 '공용될 우려가 있는'은 흉기나 그 밖의 위험한 물건이 '사용될 위험성이 있는'의 뜻으로 해석할 수 있으므로 죄형법정주의의 명확성 원칙에 위배되지 않는다. ( )

05 전문과목을 표시한 치과의원은 그 표시한 '전문과목'에 해당하는 환자만을 진료하여야 한다고 규정한 「의료법」 조항은 명확성 원칙에 위배되지 않는다. ( )

06 '공중도덕상 유해한 업무'에 취업시킬 목적으로 근로자를 파견한 사람을 형사처벌하도록 한 구 「파견근로자보호 등에 관한 법률」 조항은 명확성 원칙에 위배되지 않는다. ( )

07 구 개발제한구역법 조항 중 허가를 받지 아니한 '토지의 형질변경' 부분은 개발제한구역 지정 당시의 토지의 형상을 사실상 변형시키고 또 그 원상회복을 어렵게 하는 행위를 의미하는 것이므로, 명확성 원칙에 위배되지 않는다. ( )

08 건설업자가 부정한 방법으로 건설업의 등록을 한 경우, 건설업 등록을 필요적으로 말소하도록 규정한 「건설산업기본법」 조항 중 '부정한 방법' 개념은 모호하여 법률해석을 통하여 구체화될 수 없으므로 명확성 원칙에 위배된다. ( )

09 '여러 사람의 눈에 뜨이는 곳에서 공공연하게 알몸을 지나치게 내놓거나 가려야 할 곳을 내놓아 다른 사람에게 부끄러운 느낌이나 불쾌감을 준 사람'을 처벌하는 「경범죄 처벌법」 조항은 그 의미를 알기 어렵고 그 의미를 확정하기도 곤란하므로 명확성 원칙에 위배된다. ( )

10 품목허가를 받지 아니한 의료기기를 수리·판매·임대·수여 또는 사용의 목적으로 수입하는 것을 금지하는 구 「의료기기법」 조항은 수리·판매·임대·수여 또는 사용의 목적이 있는 경우에만 품목허가를 받지 않은 의료기기의 수입을 금지하는 것으로 일의적으로 해석되므로 명확성 원칙에 위배되지 않는다. ( )

정답
01 ○
02 × (위배되지 않는다)
03 ○
04 ○
05 ○
06 × (위배된다)
07 ○
08 × (위배되지 아니한다)
09 ○
10 ○

009 신뢰보호원칙

핵심 이론

1 의의

법률의 제정이나 개정 시 구법 질서에 대한 당사자의 신뢰가 합리적이고도 정당하며 법률의 제정이나 개정으로 야기되는 당사자의 손해가 극심하여 새로운 입법으로 달성하고자 하는 공익적 목적이 당사자의 신뢰의 파괴를 정당화할 수 없다면, 그러한 새 입법은 허용될 수 없다는 원칙을 말한다(헌재 2003. 9. 25. 2001헌마93).

2 근거

법치국가원리의 한 측면인 법적 안정성은 객관적 요소로서 법질서의 신뢰성·항구성·법적 투명성과 법적 평화를 의미하고, 이와 내적인 상호연관관계에 있는 법적 안정성의 주관적 측면은 한번 제정된 법규범은 원칙적으로 존속력을 갖고 자신의 행위기준으로 작용하리라는 개인의 신뢰보호원칙이다(헌재 1996. 2. 16. 96헌가2).

3 심사기준

신뢰보호원칙의 위반 여부를 판단함에 있어서는, 한편으로는 침해받은 신뢰이익의 보호가치, 침해의 중한 정도, 신뢰가 손상된 정도, 신뢰침해의 방법 등과 다른 한편으로는 새로운 입법을 통해 실현하고자 하는 공익적 목적을 종합적으로 비교·형량하여야 한다(헌재 2012. 11. 29. 2011헌마786).

4 헌법상 보호되는 신뢰

국민이 가지는 모든 기대 내지 신뢰가 헌법상 권리로서 보호될 것은 아니고, 신뢰의 근거 및 종류, 상실된 이익의 중요성, 침해의 방법 등에 의하여 개정된 법규·제도의 존속에 대한 개인의 신뢰가 합리적이어서 권리로서 보호할 필요성이 인정되어야 한다(헌재 2003. 6. 26. 2000헌바82).

📋 테마 출제경향

신뢰보호의 원칙에서는 신뢰보호원칙의 근거, 신뢰보호원칙의 심사기준, 보호가치 있는 신뢰, 구체적인 판단의 결과를 묻는 문제가 출제되고 있다.

🔍 테마 출제 키워드

법적 안정성, 사익과 공익의 비교형량, 유인된 신뢰

Theme

09

5 신뢰이익에 대한 보호가치

개인의 신뢰이익에 대한 보호가치는 법령에 따른 개인의 행위가 '국가에 의하여 일정방향으로 유인된 신뢰의 행사인지', 아니면 단지 '법률이 부여한 기회를 활용한 것으로서 원칙적으로 사적 위험부담의 범위에 속하는 것인지' 여부에 따라 달라진다. 만일 법률에 따른 개인의 행위가 단지 법률이 반사적으로 부여하는 기회의 활용을 넘어서 국가에 의하여 일정 방향으로 유인된 것이라면 특별히 보호가치가 있는 신뢰이익이 인정될 수 있고, 원칙적으로 개인의 신뢰보호가 국가의 법률개정이익에 우선된다고 볼 여지가 있다(헌재 2002. 11. 28. 2002헌바45).

핵심 판례

▶ '개성공단의 정상화를 위한 합의서'에는 국내법과 동일한 법적 구속력을 인정하기 어렵고, 과거 사례 등에 비추어 개성공단의 중단 가능성은 충분히 예상할 수 있었으므로, 개성공단 전면중단 조치는 신뢰보호원칙을 위반하여 개성공단 투자기업인 청구인들의 영업의 자유와 재산권을 침해하지 아니한다(헌재 2022. 1. 27. 2016헌마364).

▶ 개정된 성폭력처벌법 시행 전 행하여진 성폭력 범죄로 아직 공소시효가 완성되지 아니한 것에 대하여도 공소시효에 관한 특례의 개정규정을 적용하도록 한 '성폭력처벌법' 부칙 제3조 부분은 대처능력이 현저히 미약하여 범행대상이 되기 쉽고 범행에 따른 피해의 정도도 더 큰 13세 미만의 사람에 대한 강제추행 등 죄질이 매우 나쁜 성폭력 범죄에 대해서는 가해자가 살아있는 한 처벌할 수 있도록 하고, 미성년자에 대한 성폭력 범죄에 대해서도 피해자인 미성년자가 성년이 되었을 때부터 공소시효를 진행하게 하는 조항을 그 시행 전에 이루어진 사건에도 적용하여 형사처벌의 가능성을 연장함으로써, 그 범죄로 인해 훼손된 불법적인 상태를 바로잡아 실체적 정의를 실현하는 것을 그 목적으로 한다. 심판대상 조항이 형사소송법의 공소시효에 관한 조항의 적용을 배제하고 새롭게 규정된 조항을 적용하도록 하였다고 하더라도, 이로 인하여 제한되는 성폭력 가해자의 신뢰이익이 공익에 우선하여 특별히 헌법적으로 보호해야 할 가치나 필요성이 있다고 보기 어렵다. 따라서 심판대상 조항은 신뢰보호원칙에 반한다고 할 수 없다(헌재 2021. 6. 24. 2018헌바457).

▶ 실종기간이 구법 시행기간 중에 만료되는 때에도 그 실종이 개정민법 시행일 후에 선고된 때에는 상속에 관하여 개정민법의 규정을 적용하도록 한 민법 부칙조항은 상속인의 범위나 상속분 등의 변경에 따른 법률관계의 불안정을 제거하여 법적 안정성을 추구하고, 실질적으로 남녀 간 공평한 상속이 가능하도록 개정된 민법상의 상속규정을 개정민법 시행 후 실종이 선고되는 부재자에게까지 확대 적용함으로써 얻는 공익이 매우 크므로, 신뢰보호원칙에 위배하여 재산권을 침해하지 아니한다(헌재 2016. 10. 27. 2015헌바203).

▶ 2013. 1. 1.부터 판사임용자격에 일정 기간 법조경력을 요구하는 법원조직법 부칙조항은 법원조직법 개정 당시 이미 사법연수원에 입소한 사람들에게도 반드시 시급히 적용해야 할 정도로 긴요하다고는 보기 어렵고, 종전 규정의 적용을 받게 된 사법연수원 2년차들과 개정 규정의 적용을 받게 된 사법연수원 1년차들인 청구인들 사이에 위 공익의 실현 관점에서 이들을 달리 볼 만한 합리적인 이유를 찾기도 어려우므로, 법원조직법 개정 당시 이미 사법연수원에 입소한 사람들에게 적용되도록 한 것은 신뢰보호원칙에 반한다(헌재 2012. 11. 29. 2011헌마786).

✎ 핵심 [기출] |||||||||||||||||||||||||||||||||||||||||||||||||||||||||||||

헌법상 신뢰보호원칙에 대한 설명으로 가장 적절하지 않은 것은? (다툼이 있는 경우 판례에 의함)

2021 경정승진

① 신뢰보호원칙은 헌법상 법치국가원리로부터 도출되는 것으로, 법률이 개정되는 경우 구법질서에 대한 당사자의 신뢰가 합리적이고도 정당하며 법률의 제정이나 개정으로 야기되는 당사자의 손해가 극심하여 새로운 입법으로 달성하고자 하는 공익적 목적이 그러한 당사자의 신뢰의 파괴를 정당화할 수 없다면, 그러한 새로운 입법은 신뢰보호원칙상 허용될 수 없다.

② 법적 안정성의 객관적 요소로서 신뢰보호원칙은 한번 제정된 법규범은 원칙적으로 존속력을 갖고 자신의 행위기준으로 작용하리라는 헌법상 원칙이다.

③ 신뢰보호원칙의 위반 여부는 한편으로는 침해되는 이익의 보호가치, 침해의 정도, 신뢰의 손상 정도, 신뢰침해의 방법 등과 또 다른 한편으로는 새로운 입법을 통하여 실현하고자 하는 공익적 목적 등을 종합적으로 형량하여야 한다.

④ 법률에 따른 개인의 행위가 단지 법률이 반사적으로 부여하는 기회의 활용을 넘어서 국가에 의하여 일정 방향으로 유인된 것이라면 특별히 보호가치가 있는 신뢰이익이 인정될 수 있고, 이러한 경우 원칙적으로 개인의 신뢰보호가 국가의 법률개정이익에 우선된다고 볼 여지가 있다.

② 법치국가원리의 한 측면인 법적 안정성은 객관적 요소로서 법질서의 신뢰성·항구성·법적 투명성과 법적 평화를 의미하고, 이와 내적인 상호연관관계에 있는 법적 안정성의 주관적 측면은 한번 제정된 법규범은 원칙적으로 존속력을 갖고 자신의 행위기준으로 작용하리라는 개인의 신뢰보호원칙이다(헌재 1996. 2. 16. 96헌가2).

① 헌재 2003. 9. 25. 2001헌마93

③ 헌재 2012. 11. 29. 2011헌마786

④ 헌재 2002. 11. 28. 2002헌바45

정답 ②

✓ 핵심 **O·X**

01 입법자는 새로운 인식을 수용하고 변화한 현실에 적절하게 대처해야 하기 때문에, 국민은 현재의 법적 상태가 항상 지속되리라는 것을 원칙적으로 신뢰할 수 없다.
(　　)

02 개정된 법규·제도의 존속에 대한 개인의 신뢰가 합리적이어서 권리로서 보호할 필요성이 인정되어야 그 신뢰가 헌법상 권리로서 보호될 것이다.　　(　　)

03 실종기간이 구법 시행기간 중에 만료되는 때에도 그 실종이 개정「민법」시행일 후에 선고된 때에는 상속에 관하여 개정「민법」의 규정을 적용하도록 한「민법」부칙의 조항은 재산권 보장에 관한 신뢰보호원칙에 위배된다고 볼 수 없다.　　(　　)

04 공소시효제도가 헌법 제12조 제1항 및 제13조 제1항에 정한 죄형법정주의의 보호범위에 바로 속하지 않는다면, 소급입법의 헌법적 한계는 법적 안정성과 신뢰보호원칙을 포함하는 법치주의의 원칙에 따른 기준으로 판단하여야 한다.　　(　　)

05 임차인의 계약갱신요구권 행사 기간을 10년으로 규정한 상가건물 임대차보호법의 개정법 조항을 개정법 시행 후 갱신되는 임대차에 대하여도 적용하도록 규정한 동법 부칙의 규정은 신뢰보호원칙에 위배되어 임대인의 재산권을 침해한다고 볼 수 없다.
(　　)

06 광명시가 고등학교 비평준화 지역으로 남아 있을 것이라는 신뢰는 헌법상 보호하여야 할 가치나 필요성이 있다고 보기 어려우며, 교육감이 추첨에 의하여 고등학교를 배정하는 지역에 광명시를 포함시킨 것은 신뢰보호원칙에 위반되지 아니한다.
(　　)

07 PC방 전체를 금연구역으로 지정하고 부칙조항을 통해 공포 후 2년이 경과한 날부터 시행하도록 유예한「국민건강증진법」은 신뢰보호원칙에 위반되지 아니한다. (　　)

08 무기징역의 집행 중에 있는 자의 가석방 요건을 종전의 '10년 이상'에서 '20년 이상' 형 집행 경과로 강화한 개정「형법」조항을「형법」개정 당시에 이미 수용 중인 사람에게도 적용하는「형법」부칙 조항은 신뢰보호원칙에 위반된다.　　(　　)

정답
01 ○
02 ○
03 ○
04 ○
05 ○
06 ○
07 ○
08 × (위배되지 아니한다)

010 소급입법금지원칙

📋 **테마 출제경향**

소급입법금지의 원칙에서는 소급입법의 종류와 소급입법이 허용되는 경우, 부진정소급입법의 한계를 묻는 문제가 출제되고 있다.

🔑 **테마 출제 키워드**

진정소급입법, 부진정소급입법, 신뢰보호의 원칙

핵심 이론

1 의의

이미 종결된 사실관계 또는 법률관계를 규율하는 내용의 새로운 법률의 제정이나 개정은 원칙적으로 금지된다(헌재 1999. 7. 22. 97헌바76).

2 종류

소급입법은 신법이 이미 종료된 사실관계에 작용하는지(과거에 완성된 사실 또는 법률관계를 규율대상으로 하는지), 아니면 과거에 시작되었으나 아직 완성되지 아니하고 현재 진행 중에 있는 사실관계에 작용하는지에 따라 진정소급입법과 부진정소급입법으로 구분한다(헌재 1995. 10. 26. 94헌바12).

3 허용 여부

진정소급입법	기존의 법에 의하여 형성되어 이미 굳어진 개인의 법적 지위를 사후입법을 통하여 박탈하는 것 등을 내용으로 하는 진정소급입법은 개인의 신뢰보호와 법적안정성을 내용을 하는 법치국가원리에 의하여 특단의 사정이 없는 한 헌법적으로 허용되지 아니하는 것이 원칙이며, 진정소급입법이 허용되는 예외적인 경우로는 ① 국민이 소급입법을 예상할 수 있었거나 법적상태가 불확실하고 혼란스러웠거나 하여 보호할 만한 신뢰의 이익이 적은 경우, ② 소급입법에 의한 당사자의 손실이 없거나 아주 경미한 경우, ③ 신뢰보호의 요청에 우선하는 심히 중대한 공익상의 사유가 소급입법을 정당화하는 경우 등을 들 수 있다(헌재 1998. 9. 30. 97헌바38).
부진정소급입법	부진정소급입법은 원칙적으로 허용된다. 다만 소급효를 요구하는 공익상의 사유와 신뢰보호의 요청 사이의 교량과정에서 신뢰보호의 관점이 입법자의 형성권에 제한을 가하게 된다(헌재 1996. 2. 16. 96헌가2).

핵심 판례

▶ 친일재산을 그 취득·증여 등 원인행위시에 국가의 소유로 하도록 규정한 친일재산귀속법 조항은 진정소급입법에 해당하지만, 친일반민족행위자측으로서는 친일재산의 소급적 박탈을 충분히 예상할 수 있었고, 친일재산 환수 문제는 그 시대적 배경에 비추어 역사적으로 매우 이례적인 공동체적 과업이므로 이러한 소급입법의 합헌성을 인정한다고 하더라도 이를 계기로 진정소급입법이 빈번하게 발생할 것이라는 우려는 충분히 불식될 수 있다. 따라서 이 사건 귀속조항은 진정소급입법에 해당하나 헌법 제13조 제2항에 반하지 않는다(헌재 2011. 3. 31. 2008헌바141).

▶ 공무원의 퇴직연금 지급 개시 연령을 제한한 공무원연금법 조항은 현재 공무원으로 재직 중인 자가 퇴직하는 경우 장차 받게 될 퇴직연금의 지급시기를 변경한 것으로, 아직 완성되지 아니한 사실 또는 법률관계를 규율대상으로 하는 부진정소급입법에 해당되는 것이어서 원칙적으로 허용되고, 입법목적으로 달성하고자 하는 연금재정 안정 등의 공익이 손상되는 신뢰에 비하여 우월하다고 할 것이어서 신뢰보호원칙에 위배된다고 볼 수 없다(헌재 2015. 12. 23. 2013헌바259).

핵심 기출

소급입법금지원칙에 대한 설명으로 옳지 않은 것은? (다툼이 있는 경우 판례에 의함)

2019 경정승진

① 진정소급입법은 개인의 신뢰보호와 법적 안정성을 내용으로 하는 법치국가원리에 의하여 특단의 사정이 있어 예외적으로 허용되는 경우를 제외하고는 헌법적으로 허용되지 아니하는 것이 원칙이다.

② 진정소급입법이 허용되는 예외적인 경우로는 일반적으로, 국민이 소급입법을 예상할 수 있었거나, 법적 상태가 불확실하고 혼란스러웠거나 하여 보호할 만한 신뢰의 이익이 적은 경우와 소급입법에 의한 당사자의 손실이 없거나 아주 경미한 경우, 그리고 신뢰보호의 요청에 우선하는 심히 중대한 공익상의 사유가 소급입법을 정당화하는 경우를 들 수 있다.

③ 신법이 이미 종료된 사실관계나 법률관계에 적용되는 부진정소급입법에 있어서는 소급효를 요구하는 공익상의 사유와 신뢰보호 요청 사이의 교량과정에서 신뢰보호의 관점이 입법자의 형성권에 제한을 가하게 된다.

④ 신법이 피적용자에게 유리한 경우에는 이른바 시혜적인 소급입법이 가능하지만, 그러한 소급입법을 할 것인지의 여부는 그 일차적인 판단이 입법기관에 맡겨져 있다.

③ 신법이 이미 종료된 사실관계나 법률관계에 적용되는 경우는 진정소급입법이다(헌재 1995. 10. 26. 94헌바12).
①② 헌재 1998. 9. 30. 97헌바38
④ 헌재 1995. 12. 28. 95헌마196

정답 ③

✓ 핵심 O·X

01 부당환급받은 세액을 징수하는 근거규정인 개정조항을 개정된 법 시행 후 최초로 환급세액을 징수하는 분부터 적용하도록 규정한 법인세법 부칙 조항은 이미 완성된 사실·법률관계를 규율하는 진정소급입법에 해당하나, 이를 허용하지 아니하면 위 개정조항과 같이 법인세 부과처분을 통하여 효율적으로 환수하지 못하고 부당이득 반환 등 복잡한 절차를 거칠 수밖에 없어 중대한 공익상 필요에 의하여 예외적으로 허용된다.

( )

02 형벌불소급원칙이란 형벌법규는 시행된 이후의 행위에 대해서만 적용되고 시행 이전의 행위에 대해서는 소급하여 불리하게 적용되어서는 안 된다는 원칙인바, 개정된 법률 이전의 행위를 소급하여 형사처벌하도록 규정하고 있는 것이 아니라 형사처벌을 규정하고 있던 행위시법이 사후 폐지되었음에도 신법이 아닌 행위시법에 의하여 형사처벌하도록 규정한 것은 헌법 제13조제1항의 형벌불소급원칙 보호영역에 포섭되지 아니한다.

( )

03 디엔에이신원확인정보의 수집·이용은 수형인 등에게 심리적 압박으로 인한 범죄예방효과를 가진다는 점에서 보안처분의 성격을 지니지만, 처벌적인 효과가 없는 비형벌적 보안처분으로서 소급입법금지원칙이 적용되지 않는다.

( )

04 과거의 사실관계 또는 법률관계를 규율하기 위한 소급입법의 태양에는 이미 과거에 완성된 사실·법률관계를 규율의 대상으로 하는 이른바 진정소급효의 입법과 이미 과거에 시작하였으나 아직 완성되지 아니하고 진행과정에 있는 사실·법률관계를 규율의 대상으로 하는 이른바 부진정소급효의 입법이 있다.

( )

05 진정소급입법은 허용되지 않는 것이 원칙이며 특단의 사정이 있는 경우에만 예외적으로 허용될 수 있는 반면, 부진정소급입법은 원칙적으로 허용되지만 소급효를 요구하는 공익과 신뢰 보호의 요청 사이의 교량과정에서 신뢰보호의 관점이 입법자의 형성권에 제한을 가하게 된다.

( )

06 친일재산이라고 하더라도 그 당시의 재산법 관련 법제에 의하여 확정적으로 취득된 재산이므로 친일재산을 그 취득·증여 등 원인행위시에 국가의 소유로 하도록 하는 것은 헌법에 반한다.

( )

정답
01 × (허용되지 아니한다)
02 ○
03 ○
04 ○
05 ○
06 × (반하지 아니한다)

Theme

10

011

사회국가원리

📋 테마 출제경향

사회국가원리에서는 사회적 시장경제질서와 관련한 헌법 제119조부터 제127조까지의 조문과 이와 관련한 중요헌재결정을 묻는 문제가 출제되고 있다.

🔎 테마 출제 키워드

적정한 소득의 분배, 경제민주화, 경자유전의 원칙, 사영기업 불간섭원칙

핵심 이론

1 의의

사회정의의 이념을 헌법에 수용한 국가, 사회현상에 대하여 방관적인 국가가 아니라 경제·사회·문화의 모든 영역에서 정의로운 사회질서의 형성을 위하여 사회현상에 관여하고 간섭하고 분배하고 조정하는 국가이며, 궁극적으로는 국민 각자가 실제로 자유를 행사할 수 있는 그 실질적 조건을 마련해 줄 의무가 있는 국가를 말한다(헌재 2002. 12. 18. 2002헌마52).

2 수용 방법

우리 헌법은 사회국가원리를 명문으로 규정하지 않고, 헌법 전문, 인간다운 생활을 할 권리를 비롯한 사회적 기본권의 보장, 경제 영역에서 적극적으로 계획하고 유도하고 재분배하여야 할 국가의 의무를 규정하는 경제에 관한 조항 등을 통하여 간접적으로 사회국가원리를 수용하고 있다(헌재 2004. 10. 28. 2002헌마328).

3 내용

(1) 우리나라의 경제질서

> **헌법 제119조**
> ① 대한민국의 경제질서는 개인과 기업의 경제상의 자유와 창의를 존중함을 기본으로 한다.
> ② 국가는 균형 있는 국민경제의 성장 및 안정과 적정한 소득의 분배를 유지하고, 시장의 지배와 경제력의 남용을 방지하며, 경제주체 간의 조화를 통한 경제의 민주화를 위하여 경제에 관한 규제와 조정을 할 수 있다.

(2) 경자유전의 원칙

> **헌법 제121조**
> ① 국가는 농지에 관하여 경자유전의 원칙이 달성될 수 있도록 노력하여야 하며, 농지의 소작제도는 금지된다.
> ② 농업생산성의 제고와 농지의 합리적인 이용을 위하거나 불가피한 사정으로 발생하는 농지의 임대차와 위탁경영은 법률이 정하는 바에 의하여 인정된다.

(3) 지역경제의 육성

> **헌법 제123조**
> ② 국가는 지역 간의 균형 있는 발전을 위하여 지역경제를 육성할 의무를 진다.

(4) 중소기업의 보호

> **헌법 제123조**
> ③ 국가는 중소기업을 보호·육성하여야 한다.

(5) 자조조직의 육성

> **헌법 제123조**
> ⑤ 국가는 농·어민과 중소기업의 자조조직을 육성하여야 하며, 그 자율적 활동과 발전을 보장한다.

(6) 소비자보호운동의 보장

> **헌법 제124조**
> 국가는 건전한 소비행위를 계도하고 생산품의 품질향상을 촉구하기 위한 소비자보호운동을 법률이 정하는 바에 의하여 보장한다.

(7) 경영권 불간섭의 원칙

> **헌법 제126조**
> 국방상 또는 국민경제상 긴절한 필요로 인하여 법률이 정하는 경우를 제외하고는, 사영기업을 국유 또는 공유로 이전하거나 그 경영을 통제 또는 관리할 수 없다.

(8) 기타

> **헌법 제120조**
> ① 광물 기타 중요한 지하자원·수산자원·수력과 경제상 이용할 수 있는 자연력은 법률이 정하는 바에 의하여 일정한 기간 그 채취·개발 또는 이용을 특허할 수 있다.
> ② 국토와 자원은 국가의 보호를 받으며, 국가는 그 균형있는 개발과 이용을 위하여 필요한 계획을 수립한다.
>
> **헌법 제122조**
> 국가는 국민 모두의 생산 및 생활의 기반이 되는 국토의 효율적이고 균형있는 이용·개발과 보전을 위하여 법률이 정하는 바에 의하여 그에 관한 필요한 제한과 의무를 과할 수 있다.

Theme

11

헌법 제123조

① 국가는 농업 및 어업을 보호·육성하기 위하여 농·어촌종합개발과 그 지원 등 필요한 계획을 수립·시행하여야 한다.
④ 국가는 농수산물의 수급균형과 유통구조의 개선에 노력하여 가격안정을 도모함으로써 농·어민의 이익을 보호한다.

헌법 제125조

국가는 대외무역을 육성하며, 이를 규제·조정할 수 있다.

헌법 제127조

① 국가는 과학기술의 혁신과 정보 및 인력의 개발을 통하여 국민경제의 발전에 노력하여야 한다.
② 국가는 국가표준제도를 확립한다.
③ 대통령은 제1항의 목적을 달성하기 위하여 필요한 자문기구를 둘 수 있다.

⚖ 핵심 판례

▶ 우리나라 헌법상의 경제질서는 사유재산제를 바탕으로 하고 자유경쟁을 존중하는 자유시장경제질서를 기본으로 하면서도 이에 수반되는 갖가지 모순을 제거하고 사회복지·사회정의를 실현하기 위하여 국가적 규제와 조정을 용인하는 '사회적 시장경제질서'로서의 성격을 띠고 있다(헌재 1996. 4. 25. 92헌바47).

▶ 헌법 제119조는 헌법상 경제질서에 관한 일반조항으로서 국가의 경제정책에 대한 하나의 헌법적 지침일 뿐 그 자체가 기본권의 성질을 가진다거나 독자적인 위헌심사의 기준이 된다고 할 수 없다(헌재 2017. 7. 27. 2015헌바278).

▶ 헌법 제119조 제1항은 시장경제의 원리에 입각한 경제체제임을 천명하였는바, 이는 기업의 생성·발전·소멸은 어디까지나 기업의 자율에 맡긴다는 기업자유의 표현이며 국가의 공권력은 특단의 사정이 없는 한 이에 대한 불개입을 원칙으로 한다는 뜻이다(헌재 1993. 7. 29. 89헌마31).

▶ 헌법 제119조 제2항은 국가가 경제영역에서 실현하여야 할 목표의 하나로서 "적정한 소득의 분배"를 들고 있지만, 이로부터 반드시 소득에 대하여 누진세율에 따른 종합과세를 시행하여야 할 구체적인 헌법적 의무가 조세입법자에게 부과되는 것이라고 할 수 없다. 오히려 입법자는 사회·경제정책을 시행함에 있어서 소득의 재분배라는 관점만이 아니라 서로 경쟁하고 충돌하는 여러 목표, 예컨대 "균형있는 국민경제의 성장 및 안정", "고용의 안정" 등을 함께 고려하여 서로 조화시키려고 시도하여야 하고, 끊임없이 변화하는 사회·경제상황에 적응하기 위하여 정책의 우선순위를 정할 수도 있다. 그러므로 "적정한 소득의 분배"를 무조건적으로 실현할 것을 요구한다거나 정책적으로 항상 최우선적인 배려를 하도록 요구하는 것은 아니다(헌재 1999. 11. 25. 98헌마55).

▶ 헌법 제119조 제2항에 규정된 '경제주체 간의 조화를 통한 경제민주화'의 이념은 경제 영역에서 정의로운 사회질서를 형성하기 위하여 추구할 수 있는 국가목표로서 개인의 기본권을 제한하는 국가행위를 정당화하는 헌법 규범이다(헌재 2003. 11. 27. 2001헌바35).

▶ 농지소유자에게 원칙적으로 그 소유 농지를 위탁경영할 수 없도록 한 농지법 제9조는 재산권을 침해하지 않는다(헌재 2020. 5. 27. 2018헌마362).

▶ 의약품 도매상 허가를 받기 위해 필요한 창고면적의 최소기준을 규정하고 있는 약사법 조항은 헌법상 중소기업 보호·육성 의무를 위반하지 않는다(헌재 2014. 4. 24. 2012헌마811).

▶ 헌법 제123조 제5항은 국가에게 농·어민의 자조조직을 육성할 의무와 자조조직의 자율적 활동과 발전을 보장할 의무를 아울러 규정하고 있는데, 자조조직이 제대로 활동하고 기능하는 시기에는 그 조직의 자율성을 침해하지 않도록 하는 후자의 소극적 의무를 다하면 된다고 할 수 있지만, 그 조직이 제대로 기능하지 못하고 향후의 전망도 불확실하다면, 국가는 단순히 그 조직의 자율성을 보장하는 것에 그쳐서는 아니되고, 적극적으로 이를 육성하여야 할 전자의 의무까지도 수행하여야 한다(헌재 2000. 6. 1. 99헌마553).

▶ 소비자보호운동이란 공정한 가격으로 양질의 상품 또는 용역을 적절한 유통구조를 통해 적절한 시기에 안전하게 구입하거나 사용할 소비자의 제반 권익을 증진할 목적으로 이루어지는 구체적 활동을 의미한다(헌재 2011. 12. 29. 2010헌바54).

▶ 소비자 불매운동이란 하나 또는 그 이상의 운동주도세력이 소비자의 권익을 향상시킬 목적으로 개별 소비자들로 하여금 시장에서 특정 상품의 구매를 억지하거나 제3자로 하여금 그렇게 하도록 설득하는 조직화된 행위를 의미한다(헌재 2011. 12. 29. 2010헌바54).

▶ 사회국가의 원리는 자유민주적 기본질서의 범위 내에서 이루어져야 하고, 국민 개인의 자유와 창의를 보완하는 범위 내에서 이루어지는 내재적 한계를 지니고 있다(헌재 2001. 9. 27. 2000헌마238).

✎ 핵심 기출

헌법상 경제질서에 대한 설명으로 가장 적절하지 않은 것은? (다툼이 있는 경우 헌법재판소 판례에 의함)

2019 경정승진

① 헌법 제119조는 기본권의 성질을 가지며, 헌법상 경제질서와 관련하여 위헌심사의 기준이 된다.

② 국방상 또는 국민경제상 긴절한 필요로 인하여 법률이 정하는 경우를 제외하고는, 사영기업을 국유 또는 공유로 이전하거나 그 경영을 통제 또는 관리할 수 없다.

③ 헌법 제119조 제1항은 사유재산제도와 사적자치의 원칙을 기초로 하는 자유시장경제질서를 기본으로 하고 있다.

④ 국가는 균형있는 국민경제의 성장 및 안정과 적정한 소득의 분배를 유지하고, 시장의 지배와 경제력의 남용을 방지하며, 경제주체간의 조화를 통한 경제의 민주화를 위하여 경제에 관한 규제와 조정을 할 수 있다.

Theme

11

① 헌법 제119조는 헌법상 경제질서에 관한 일반조항으로서 국가의 경제정책에 대한 하나의 헌법적 지침일 뿐 그 자체가 기본권의 성질을 가진다거나 독자적인 위헌심사의 기준이 된다고 할 수 없다(헌재 2017. 7. 27. 2015헌바278).

② 헌법 제126조

③ 헌재 1996. 4. 25. 92헌바47

④ 헌법 제119조 제2항

정답 ①

✓ 핵심 **O·X**

01 허가받은 지역 밖에서의 이송업의 영업을 금지하고 처벌하는 응급의료에 관한 법률규정은 응급환자이송업체 사이의 자유경쟁을 막아 헌법상 경제질서에 위배된다.
( )

02 헌법이 보장하는 소비자보호운동은 소비자의 제반 권익을 증진할 목적으로 이루어지는 구체적 활동을 의미하고, 단체를 조직하고 이를 통하여 활동하는 형태, 즉 근로자의 단결권이나 단체행동권에 유사한 활동뿐만 아니라, 하나 또는 그 이상의 소비자가 동일한 목표로 함께 의사를 합치하여 벌이는 운동이면 모두 이에 포함된다. ( )

03 국가는 농·어민과 중소기업의 자조조직이 제대로 기능하지 못하고 향후의 전망도 불확실한 경우라면 단순히 그 조직의 자율성을 보장하는 것에 그쳐서는 아니 되고, 적극적으로 이를 육성하여야 할 의무까지도 수행하여야 한다. ( )

04 헌법 제119조는 헌법상 경제질서에 관한 일반조항으로서 국가의 경제정책에 대한 하나의 헌법적 지침일 뿐 그 자체가 기본권의 성질을 가진다고 할 수는 없다. ( )

05 국가는 경제의 민주화를 위하여 경제에 관한 규제와 조정을 할 수 있다. ( )

06 국가는 농지에 관하여 경자유전의 원칙이 달성될 수 있도록 노력하여야 하며, 농지의 임대차는 금지된다.
( )

07 국가는 건전한 소비행위를 계도하고 생산품의 품질향상을 촉구하기 위한 소비자보호운동을 법률이 정하는 바에 의하여 보장한다.
( )

08 국방상 또는 국민경제상 긴절한 필요로 인하여 법률이 정하는 경우에는 사영기업을 국유 또는 공유로 이전할 수 있다.
( )

09 농지소유자가 농지를 농업경영에 이용하지 아니하여 농지처분명령을 받았음에도 불구하고 정당한 사유 없이 이를 이행하지 아니하는 경우, 당해 농지가액의 100분의 20에 상당하는 이행강제금을 그 처분명령이 이행될 때까지 매년 1회 부과할 수 있도록 한 것은 합헌이다.
( )

10 의약품 도매상 허가를 받기 위해 필요한 창고면적의 최소기준을 규정하고 있는 「약사법」 조항들은 국가의 중소기업 보호·육성의무를 위반하였다.
( )

정답

01 × (위배되지 아니한다)
02 ○
03 ○
04 ○
05 ○
06 × (농지의 임대차는 법률이 정하는 바에 의하여 인정된다)
07 ○
08 ○
09 ○
10 × (위반하지 아니한다)

012 평화국가원리

핵심 이론

1 국제평화주의

헌법 제5조
① 대한민국은 국제평화의 유지에 노력하고 침략적 전쟁을 부인한다.

2 국제법질서존중

헌법 제6조
① 헌법에 의하여 체결·공포된 조약과 일반적으로 승인된 국제법규는 국내법과 같은 효력을 가진다.

(1) 국제법과 국내법의 관계

헌법 제6조 제1항의 국제법 존중주의는 우리나라가 가입한 조약과 일반적으로 승인된 국제법규가 국내법과 같은 효력을 가진다는 것으로서 조약이나 국제법규가 국내법에 우선한다는 것은 아니다(헌재 2001. 4. 26. 99헌가13).

(2) 조약

의의	조약이란 국가·국제기구 등 국제법 주체 사이에 권리의무관계를 창출하기 위하여 서면 형식으로 체결되고 국제법에 의하여 규율되는 합의를 말한다(헌재 2008. 3. 27. 2006헌라4). ⇨ 예외적으로 구두 합의도 조약의 성격을 가질 수 있다(헌재 2019. 12. 27. 2016헌마253).
종류	국회는 상호원조 또는 안전보장에 관한 조약, 중요한 국제조직에 관한 조약, 우호통상항해조약, 주권의 제약에 관한 조약, 강화조약, 국가나 국민에게 중대한 재정적 부담을 지우는 조약 또는 입법사항에 관한 조약의 체결·비준에 대한 동의권을 가진다(헌법 제60조 제1항).
체결과 비준	대통령은 조약을 체결·비준하고, 외교사절을 신임·접수 또는 파견하며, 선전포고와 강화를 한다(헌법 제73조). 조약안은 국무회의의 심의를 거쳐야 한다(헌법 제89조 제3호).
효력	우리 헌법은 조약에 대한 헌법의 우위를 전제하고 있으며, 헌법과 동일한 효력을 가지는 이른바 헌법적 조약을 인정하지 아니한다(헌재 2013. 11. 28. 2012헌마166).

테마 출제경향

평화국가원리에서는 국제법질서 존중주의를 규정하고 있는 헌법 제6조 제1항을 중심으로 조약의 의미와 효력을 묻는 문제가 출제되고 있다.

테마 출제 키워드

조약, 일반적으로 승인된 국제법규, 통일에 관한 기본권

Theme

12

(3) 일반적으로 승인된 국제법규

우리나라가 가입하지 않았지만 일반성을 지닌 국제조약과 국제관습법에서 양심적 병역거부권을 인정한다면 우리나라에서도 일반적으로 승인된 국제법규로서 양심적 병역거부의 근거가 될 수 있다(헌재 2011. 8. 30. 2008헌가22).

3 외국인의 법적 지위 보장

헌법 제6조
② 외국인은 국제법과 조약이 정하는 바에 의하여 그 지위가 보장된다.

4 평화통일의 원칙

헌법 제4조
대한민국은 통일을 지향하며, 자유민주적 기본질서에 입각한 평화적 통일 정책을 수립하고 이를 추진한다.

헌법 제66조
③ 대통령은 조국의 평화적 통일을 위한 성실한 의무를 진다.

헌법 제69조
대통령은 취임에 즈음하여 다음의 선서를 한다. "나는 헌법을 준수하고 국가를 보위하며 조국의 평화적 통일과 국민의 자유와 복리의 증진 및 민족문화의 창달에 노력하여 대통령으로서의 직책을 성실히 수행할 것을 국민 앞에 엄숙히 선서합니다."

🔨 핵심 판례

▶ 대한민국 외교부장관과 일본국 외무부대신이 2015. 12. 28. 공동발표한 일본군 위안부 피해자 문제 관련 합의는 서면으로 이루어지지 않았고, 통상적으로 조약에 부여되는 명칭이나 주로 쓰이는 조문 형식을 사용하지 않았으며, 헌법이 규정한 조약체결 절차를 거치지 않았다. 또한 합의 내용상 합의의 효력에 관한 양 당사자의 의사가 표시되어 있지 않을 뿐만 아니라, 구체적인 법적 권리·의무를 창설하는 내용을 포함하고 있지도 않다. 이 사건 합의를 통해 일본군 '위안부' 피해자들의 권리가 처분되었다거나 대한민국 정부의 외교적 보호권한이 소멸하였다고 볼 수 없는 이상 이 사건 합의가 일본군 '위안부' 피해자들의 법적 지위에 영향을 미친다고 볼 수 없으므로 이 사건 합의를 대상으로 한 헌법소원심판청구는 허용되지 않는다(헌재 2019. 12. 27. 2016헌마 253).

▶ 자유권규약 및 선택의정서는 헌법에 의하여 체결·공포된 조약이므로 국내법과 같은 효력을 가진다(헌재 2018. 7. 26. 2011헌마306 각하).

▶ 자유권규약이나 선택의정서가 개인통보에 대한 자유권규약위원회의 견해(Views)의 법적 효력에 관하여 명시적으로 밝히고 있지 않고, 개인통보에 대한 자유권규약위원회의 심리는 서면심리로 이루어져 증인신문 등을 하지 않으며 심리가 비공개로 진행되는 점 등을 고려하면, 개인통보에 대한 자유권규약위원회의 견해(Views)에 사법적인 판결이나 결정과 같은 법적 구속력이 인정된다고 단정하기는 어렵다(헌재 2018. 7. 26. 2011헌마306 각하).

▶ 마라케쉬협정도 적법하게 체결되어 공포된 조약이므로 국내법과 같은 효력을 갖는 것이어서 그로 인하여 새로운 범죄를 구성하거나 범죄자에 대한 처벌이 가중된다고 하더라도 이것은 국내법에 의하여 형사처벌을 가중한 것과 같은 효력을 갖게 되는 것이다. 따라서 마라케쉬협정에 의하여 관세법위반자의 처벌이 가중된다고 하더라도 이를 들어 법률에 의하지 아니한 형사처벌이라거나 행위시의 법률에 의하지 아니한 형사처벌이라고 할 수 없다(헌재 1998. 11. 26. 97헌바65).

▶ 강제노동의 폐지에 관한 국제노동기구(ILO)의 제105호 조약은 우리나라가 비준한 바가 없고, 헌법 제6조 제1항에서 말하는 일반적으로 승인된 국제법규로서 헌법적 효력을 갖는 것이라고 볼 만한 근거도 없으므로 이 사건 심판대상 규정의 위헌성 심사의 척도가 될 수 없다(헌재 1998. 7. 16. 97헌바23).

▶ 헌법상의 통일관련 조항들은 국가의 통일의무를 선언한 것이기는 하지만, 그로부터 국민 개개인의 통일에 대한 기본권, 특히 국가기관에 대하여 통일과 관련된 구체적인 행동을 요구하거나 일정한 행동을 할 수 있는 권리가 도출된다고 볼 수 없다(헌재 2000. 7. 20. 98헌바63).

✎ 핵심 기출

조약 및 국제법규에 대한 설명으로 가장 적절하지 않은 것은? (다툼이 있는 경우 판례에 의함)

2021 경정승진

① 대한민국과 아메리카합중국 간의 상호방위조약 제4조에 의한 시설과 구역 및 대한민국에서의 합중국군대의 지위에 관한 협정은 국회의 관여없이 체결되는 행정협정이므로 국회의 동의를 요하지 않는다.

② 국회는 상호원조 또는 안전보장에 관한 조약, 중요한 국제조직에 관한 조약, 우호통상항해조약, 주권의 제약에 관한 조약, 강화조약, 국가나 국민에게 중대한 재정적 부담을 지우는 조약 또는 입법사항에 관한 조약의 체결·비준에 대한 동의권을 가진다.

③ 국제노동기구의 제87호 협약(결사의 자유 및 단결권 보장에 관한 협약), 제98호 협약(단결권 및 단체교섭권에 대한 원칙의 적용에 관한 협약), 제151호 협약(공공부문에서의 단결권 보호 및 고용조건의 결정을 위한 절차에 관한 협약)은 헌법 제6조 제1항에서 말하는 일반적으로 승인된 국제법규로서 헌법적 효력을 갖는 것이 아니다.

④ 우루과이라운드의 협상결과 체결된 마라케쉬 협정은 적법하게 체결되어 공포된 조약이다.

① 이 사건 조약은 그 명칭이 "협정"으로 되어 있어 국회의 관여없이 체결되는 행정협정처럼 보이기도 하나 우리나라의 입장에서 볼 때에는 외국군대의 지위에 관한 것이고, 국가에게 재정적 부담을 지우는 내용과 입법사항을 포함하고 있으므로 국회의 동의를 요하는 조약으로 취급되어야 한다(헌재 1999. 4. 29. 97헌가14).
② 헌법 제60조 제1항
③ 헌재 2007. 8. 30. 2003헌바51
④ 헌재 1998. 11. 26. 97헌바65

정답 ①

Theme

12

✓ 핵심 **O·X**

01 국제법적으로, 조약은 국제법 주체들이 일정한 법률효과를 발생시키기 위하여 체결한 국제법의 규율을 받는 국제적 합의를 말하며 서면에 의한 경우가 대부분이지만 예외적으로 구두합의도 조약의 성격을 가질 수 있다. ( )

02 자유권규약위원회는 자유권규약의 이행을 위해 만들어진 조약상의 기구이므로, 규약의 당사국은 그 견해를 존중하여야 하며, 우리 입법자는 <u>자유권규약위원회의 견해의 구체적인 내용에 구속되어</u> 그 모든 내용을 그대로 따라야 하는 의무를 부담한다. ( )

03 헌법에 의하여 체결·공포된 조약과 일반적으로 승인된 국제법규는 국내법과 같은 효력을 가진다. ( )

04 조약과 비구속적 합의를 구분함에 있어서는 합의의 명칭, 합의가 서면으로 이루어졌는지 여부 등과 같은 형식적 측면 외에도 합의의 과정과 내용·표현에 비추어 법적 구속력을 부여하려는 당사자의 의도가 인정되는지 여부 등 실체적 측면을 종합적으로 고려하여야 한다. ( )

05 남북 사이의 화해와 불가침 및 교류협력에 관한 합의서는 일종의 <u>조약으로서</u> 국회의 동의를 얻어야 하는 것이다. ( )

06 통상조약의 체결 절차 및 이행과정에서 남한과 북한 간의 거래는 남북교류협력에 관한 법률 제12조에 따라 국가 간의 거래가 아닌 민족내부의 거래로 본다. ( )

07 조약은 국회의 동의를 얻어 체결·비준되었더라도 형식적 의미의 법률이 아닌 이상 헌법재판소의 <u>위헌법률심판대상이 될 수 없다.</u> ( )

08 외교통상부장관이 2006. 1. 19. 미합중국 국무장관과 발표한 '동맹 동반자 관계를 위한 전략대화 출범에 관한 공동성명'은 국회의 동의가 필요 없는 <u>조약이다.</u> ( )

09 「대한민국과 아메리카합중국 간의 상호방위조약 제4조에 의한 시설과 구역 및 대한민국에서의 합중국군대의 지위에 관한협정」(SOFA)은 국회의 동의를 요하는 조약이다. ( )

10 「대한민국과 일본국 간의 어업에 관한 협정」은 우리나라 정부가 일본 정부와의 사이에서 어업에 관해 체결·공포한 조약으로서 헌법 제6조 제1항에 의하여 국내법과 같은 효력을 가진다. ( )

정답
01 ○
02 × (자유권규약위원회의 견해에 구속되지 아니한다)
03 ○
04 ○
05 × (공동성명 내지 신사협정)
06 ○
07 × (조약은 위헌법률심판대상이 될 수 있다)
08 × (조약이 아니다)
09 ○
10 ○

THEME 013 정당조항의 규범적 의미

핵심 이론

1 헌법 제8조 제1항

> **헌법 제8조**
> ① 정당의 설립은 자유이며, 복수정당제는 보장된다.

(1) 보장 내용

헌법 제8조 제1항은 국민 누구나가 원칙적으로 국가의 간섭을 받지 아니하고 '정당을 설립할 권리'를 국민의 기본권으로서 보장하면서, 정당설립의 자유를 보장한 것의 당연한 법적 산물인 '복수정당제'를 제도적으로 보장하고 있다(헌재 1999. 12. 23. 99헌마135).

(2) 정당의 자유

주체	정당설립의 자유는 헌법 제8조 제1항 전단에 규정되어 있지만, 국민 개인과 정당 그리고 '권리능력 없는 사단'의 실체를 가지고 있는 등록취소된 정당에게 인정되는 '기본권'이다(헌재 2014. 1. 28. 2012헌마431).
내용	헌법 제8조 제1항은 정당설립의 자유, 정당조직의 자유, 정당활동의 자유 등을 포괄하는 정당의 자유를 보장하고 있다(헌재 2016. 3. 31. 2013헌가22).
위헌성심사기준	헌법재판소는 정당설립의 자유를 제한하는 법률의 합헌성을 심사할 때에 헌법 제37조 제2항에 따라 엄격한 비례심사를 하여야 한다(헌재 2014. 1. 28. 2012헌마431).

2 헌법 제8조 제2항

> **헌법 제8조**
> ② 정당은 그 목적·조직과 활동이 민주적이어야 하며, 국민의 정치적 의사형성에 참여하는데 필요한 조직을 가져야 한다.

테마 출제경향

정당조항의 규범적 의미에서는 헌법 제8조 제1항과 제2항의 규범적 의미를 묻는 문제가 출제되고 있다.

테마 출제 키워드

정당의 자유, 등록이 취소된 정당, 정당 자유의 한계

3 헌법 제8조 제3항

헌법 제8조
③ 정당은 법률이 정하는 바에 의하여 국가의 보호를 받으며, 국가는 법률이 정하는 바에 의하여 정당 운영에 필요한 자금을 보조할 수 있다.

4 헌법 제8조 제4항

헌법 제8조
④ 정당의 목적이나 활동이 민주적 기본질서에 위배될 때에는 정부는 헌법재판소에 그 해산을 제소할 수 있고, 정당은 헌법재판소의 심판에 의하여 해산된다.

핵심 판례

▶ 입법자가 정당으로 하여금 헌법상 부여된 기능을 이행하도록 하기 위하여 그에 필요한 절차적·형식적 요건을 규정함으로써 정당설립의 자유를 구체적으로 형성하고 동시에 제한하는 경우를 제외한다면 정당설립에 대한 국가의 간섭이나 침해는 원칙적으로 허용되지 않는다. 따라서 단지 국민으로부터 일정 수준의 정치적 지지를 얻지 못한 군소정당이라는 이유만으로 정당을 국민의 정치적 의사형성과정에서 배제하기 위한 입법은 헌법상 허용될 수 없다(헌재 2014. 1. 28. 2012헌마431).

▶ 입법자가 정당설립과 관련하여 형식적 요건을 설정할 수는 있으나, 일정한 내용적 요건을 구비해야만 정당을 설립할 수 있다는 소위 '허가절차'는 헌법적으로 허용되지 아니한다(헌재 1999. 12. 23. 99헌마135).

▶ 헌법 제8조 제2항은 정당에 대하여 정당의 자유의 한계를 부과하는 것임과 동시에 입법자에 대하여 그에 필요한 입법을 해야 할 의무를 부과하고 있다. 그러나 이에 나아가 정당의 자유의 헌법적 근거를 제공하는 근거규범으로서 기능한다고는 할 수 없다(헌재 2004. 12. 16. 2004헌마456).

▶ 보조금제도는 정당이 정당으로서의 역할을 수행하는 데 소요되는 정치자금을 마련함에 있어 정치자금의 기부자인 각종 이익집단으로부터의 부당한 영향력을 배제함으로써 정치부패를 방지하고, 정당간의 자금조달의 격차를 줄여 공평한 경쟁을 유도하며, 선거비용과 정당의 경비지출의 증가추세에 따른 재정압박을 완화하여 정당의 원만한 기능을 보장하고 유능한 후보자의 당선가능성을 높이는 데에 그 입법목적이 있다(헌재 2006. 7. 27. 2004헌마655).

▶ 정당의 해산에 관한 헌법 제8조 제4항은 민주주의를 파괴하려는 세력으로부터 민주주의를 보호하려는 소위 '방어적 민주주의'의 한 요소이고, 다른 한편으로는 헌법 스스로가 정당의 정치적 성격을 이유로 하는 정당금지의 요건을 엄격하게 정함으로써 되도록 민주적 정치과정의 개방성을 최대한으로 보장하려는 것이다. 이에 따라 자유민주적 기본질서를 부정하고 이를 적극적으로 제거하려는 조직도, 국민의 정치적 의사형성에 참여하는 한, '정당의 자유'의 보호를 받는 정당에 해당하며, 오로지 헌법재판소가 그의 위헌성을 확인한 경우에만 정당은 정치생활의 영역으로부터 축출될 수 있다(헌재 1999. 12. 23. 99헌마135).

핵심 기출

정당에 대한 설명으로 가장 적절하지 않은 것은? (다툼이 있는 경우 헌법재판소 판례에 의함)

2019 경정승진

① 헌법 제8조 제1항이 명시하는 정당설립의 자유는 설립할 정당의 조직형태를 어떠한 내용으로 할 것인가에 관한 정당조직 선택의 자유 및 그와 같이 선택된 조직을 결성할 자유를 포괄하는 '정당조직의 자유'를 포함한다.

② 정당의 명칭은 그 정당의 정책과 정치적 신념을 나타내는 대표적인 표지에 해당하므로, 정당설립의 자유는 자신들이 원하는 명칭을 사용하여 정당을 설립하거나 정당활동을 할 자유도 포함한다.

③ 헌법 제8조 제2항에서 "정당은 그 목적·조직과 활동이 민주적이어야 하며, 국민의 정치적 의사형성에 참여하는데 필요한 조직을 가져야 한다."는 것은 정당조직의 자유를 직접적으로 규정한 것으로서, 정당의 자유의 헌법적 근거를 제공하는 근거규범으로서 기능한다.

④ 정당의 목적이나 활동이 민주적 기본질서에 위배될 때에는 정부는 헌법재판소에 그 해산을 제소할 수 있고, 정당은 헌법재판소의 심판에 의하여 해산된다.

③ 헌법 제8조 제2항은 정당에 대하여 정당의 자유의 한계를 부과하는 것임과 동시에 입법자에 대하여 그에 필요한 입법을 해야 할 의무를 부과하고 있다. 그러나 이에 나아가 정당의 자유의 헌법적 근거를 제공하는 근거규범으로서 기능한다고는 할 수 없다(헌재 2004. 12. 16. 2004헌마456).
① 헌재 2016. 3. 31. 2013헌가22
② 헌재 2014. 1. 28. 2012헌마431
④ 헌법 제8조 제4항

정답 ③

핵심 O·X

01 정당설립의 자유는 헌법 제8조 제1항 전단에 규정되어 있지만, 국민 개인과 정당 그리고 권리능력 없는 사단의 실체를 가지고 있는 등록취소된 정당에게 인정되는 기본권이다. ( )

02 입법자는 정당설립의 자유를 최대한 보장하는 방향으로 입법하여야 하고, 헌법재판소는 정당설립의 자유를 제한하는 법률의 합헌성을 심사할 때에 헌법 제37조제2항에 따라 엄격한 비례심사를 하여야 한다. ( )

정답
01 ○
02 ○

014 위헌정당해산제도

📖 테마 출제경향

위헌정당해산제도에서는 위헌정 당해산의 실질적 요건과 절차적 요건, 그리고 해산결정의 효력 을 묻는 문제가 출제되고 있다.

🔍 테마 출제 키워드

정당의 목적이나 활동, 민주적 기본질서 위배, 비례의 원칙, 의 원의 신분, 재심

> **헌법 제8조**
> ④ 정당의 목적이나 활동이 민주적 기본질서에 위배될 때에는 정부는 헌법재판소에 그 해산을 제소할 수 있고, 정당은 헌법재판소의 심판에 의하여 해산된다.

핵심 이론

1 정당해산심판제도의 연혁

정부의 일방적인 행정처분에 의해 진보적 야당이 등록취소되어 사라지고 말았던 우리 현대사에 대한 반성의 산물로서 제3차 헌법 개정을 통해 헌법에 도입되었다.

2 정당해산심판제도의 의미

정당의 보호	발생사적 측면에서 정당을 보호하기 위한 절차로서의 성격
정당의 한계	정당 활동의 자유가 민주적 기본질서를 침해해서는 안 된다는 헌법적 한계

3 실질적 요건

(1) 정당의 목적이나 활동

정당의 목적	어떤 정당이 추구하는 정치적 방향이나 지향점 혹은 현실 속에서 구현하고자 하는 정치적 계획 등을 통칭(헌재 2014. 12. 19. 2013헌다1)
정당의 활동	정당 기관의 행위나 주요 정당관계자, 당원 등의 행위로서 그 정당에게 귀속시킬 수 있는 활동 일반(헌재 2014. 12. 19. 2013헌다1)

(2) 민주적 기본질서 위배

민주적 기본질서	• 개인의 자율적 이성을 신뢰하고 모든 정치적 견해들이 각각 상대적 진리성과 합리성을 지닌다고 전제하는 다원적 세계관에 입각한 것으로서, 모든 폭력적·자의적 지배를 배제하고, 다수를 존중하면서도 소수를 배려하는 민주적 의사결정과 자유·평등을 기본원리로 하여 구성되고 운영되는 정치적 질서 • 구체적으로는 국민주권의 원리, 기본적 인권의 존중, 권력분립제도, 복수정당제도 등(헌재 2014. 12. 19. 2013헌다1)
위배	민주적 기본질서에 대한 단순한 위반이나 저촉을 의미하는 것이 아니라, 민주 사회의 불가결한 요소인 정당의 존립을 제약해야 할 만큼 그 정당의 목적이나 활동이 우리 사회의 민주적 기본질서에 대하여 실질적인 해악을 끼칠 수 있는 구체적 위험성을 초래하는 경우(헌재 2014. 12. 19. 2013헌다1)

(3) 비례의 원칙

비례원칙 준수 여부는 그것이 통상적으로 기능하는 위헌심사의 척도가 아니라 헌법재판소의 정당해산결정이 충족해야 할 일종의 헌법적 요건 혹은 헌법적 정당화 사유에 해당한다(헌재 2014. 12. 19. 2013헌다1).

4 절차적 요건

정부의 해산 제소	국무회의의 심의를 거쳐
헌법재판소의 심판	• 심리정족수 : 재판관 7인 이상 • 심리방식 : 구두변론, 공개주의 • 가처분 결정 : 신청 또는 직권으로 종국결정 선고시까지 정당의 활동을 정지하는 결정 • 해산결정정족수 : 재판관 6인 이상 • 해산의 집행 : 중앙선거관리위원위

5 해산결정의 효력

- 정당의 해산 : 해산결정이 선고된 때
- 대체정당 설립금지
- 동일명칭 사용금지
- 잔여재산 국고귀속
- 국회의원의 의원직 상실(헌재 2014. 12. 19. 2013헌다1)
- 재심의 허용(헌재 2016. 5. 26. 2015헌아20)

✎ 핵심 기출 ||||||||||||||||||||||||||||||||||||||||||||||||||||||||||||||||||

정당해산심판에 대한 설명으로 옳지 않은 것은? (다툼이 있는 경우 판례에 의함)

2021 국가직 7급

① 정당의 목적이나 활동이 민주적 기본질서에 위배될 때에는 정부는 국무회의의 심의를 거쳐 헌법재판소에 정당해산심판을 청구할 수 있다.

② 정당해산심판에 있어서는 피청구인의 활동을 정지하는 가처분이 인정되지 않는다.

③ 정당의 해산을 명하는 헌법재판소의 결정은 중앙선거관리위원회가 「정당법」에 따라 집행한다.

④ 헌법재판소의 해산결정으로 정당이 해산되는 경우에 그 정당 소속 국회의원이 의원직을 상실하는지에 대하여 명문의 규정은 없으나 헌법재판소의 정당해산결정이 있는 경우 그 정당 소속 국회의원의 의원직은 당선 방식을 불문하고 모두 상실된다.

② 헌법재판소는 정당해산심판의 청구를 받은 때에 청구인의 신청 또는 직권으로 종국결정의 선고시까지 피청구인의 활동을 정지하는 결정을 할 수 있다(헌법재판소법 제57조).
① 헌법 제89조14호
③ 헌법재판소법 제60조
④ 헌재 2014. 12. 19. 2013헌다1

정답 ②

✓ 핵심 O·X

01 정당해산심판은 「헌법재판소법」에 특별한 규정이 있는 경우를 제외하고는 헌법재판의 성질에 반하지 아니하는 한도 내에서 민사소송에 관한 법령과 「행정소송법」을 함께 준용한다. ( )

02 정당의 목적이나 활동이 민주적 기본질서에 위배되는 것이 헌법이 정한 정당해산의 요건이므로, 정당해산결정 시 비례의 원칙 충족여부에 대하여 반드시 판단할 필요는 없다. ( )

03 헌법재판소가 정당해산의 결정을 하는 때에는 재판관 과반수의 찬성을 요한다. ( )

04 정당해산결정이 선고되면, 대체정당의 결성이 금지되나 동일한 당명을 사용하는 것은 가능하다. ( )

05 헌법재판소의 결정으로 정당이 해산될 경우에 정당의 기속성이 강한 비례대표국회의원은 의원직을 상실하나, 국민이 직접 선출한 지역구 국회의원은 의원직을 상실하지 않는다. ( )

06 정부가 정당해산심판을 제소하기 위해서는 국무회의의 심의를 거쳐야 하는데, 대통령의 직무상 해외 순방 중 국무총리가 주재한 국무회의에서 정당해산심판청구서 제출안에 대한 의결을 하더라도 위법하지 않다. ( )

07 정당해산제도는 정당 존립의 특권을 보장함과 동시에, 정당 활동의 자유에 관한 한계를 설정한다는 이중적 성격을 가진다. ( )

08 정당의 활동은 정당 기관의 행위나 주요 정당관계자의 행위로서 그 정당에게 귀속시킬 수 있는 활동 일반을 의미하며 일반 당원의 활동은 제외한다. ( )

09 정당해산결정의 파급효과를 고려할 때, 재심을 허용하지 아니함으로써 얻을 수 있는 법적 안정성의 이익보다 재심을 허용함으로써 얻을 수 있는 구체적 타당성의 이익이 더 큰 경우에 한하여 제한적으로 인정된다. ( )

10 민주적 기본질서를 부정하는 정당이라도 헌법재판소가 그 위헌성을 확인하여 해산결정을 할 때까지는 존속한다. ( )

11 헌법재판소의 결정에 의하여 해산된 정당의 목적을 달성하기 위한 집회 또는 시위는 금지된다. ( )

12 정당해산 사유로서의 '민주적 기본질서의 위배'란, 민주적 기본질서에 대한 단순한 위반이나 저촉만으로도 족하며, 반드시 민주사회의 불가결한 요소인 정당의 존립을 제약해야 할 만큼 그 정당의 목적이나 활동이 민주적 기본질서에 대하여 실질적인 해악을 끼칠 수 있는 구체적 위험성을 초래하는 경우까지 포함하는 것은 아니다. ( )

정답

01 × (정당해산심판은 민사소송에 관한 법령만 준용한다)

02 × (비례의 원칙 충족 여부에 대하여 판단할 필요가 있다)

03 × (재판관 6인)

04 × (동일한 당명 사용 금지)

05 × (지역구 국회의원도 의원직을 상실한다)

06 ○

07 ○

08 × (일반 당원의 활동도 포함될 수 있다)

09 × (정당해산결정에 대한 재심은 인정된다)

10 ○

11 ○

12 × (단순한 위반이나 저촉만을 의미하는 것이 아니라, 민주적 기본질서에 대하여 실질적인 해악을 끼칠 수 있는 구체적 위험성을 초래하는 경우이어야 한다)

015 선거원칙

헌법 제41조
① 국회는 국민의 보통·평등·직접·비밀선거에 의하여 선출된 국회의원으로 구성한다.

헌법 제67조
① 대통령은 국민의 보통·평등·직접·비밀선거에 의하여 선출한다.

📖 **테마 출제경향**

선거원칙에서는 평등선거원칙을 중심으로 출제된다. 즉 평등선거원칙의 내용과 이에 따른 선거구획정문제를 묻는 문제가 주로 출제되고 있다.

🔑 **테마 출제 키워드**

성과가치의 평등, 게리맨더링의 금지, 인구편차 허용기준

핵심 이론

1 보통선거원칙

일정한 연령에 달한 모든 국민에게 선거권을 인정하는 제도이다(헌재 1997. 6. 26. 96헌마89).

2 평등선거원칙

내용	투표의 수적 평등	1인 1표의 원칙
	투표의 성과가치평등	1표의 투표가치가 대표자선정이라는 선거의 결과에 기여한 정도에 있어 평등하여야 한다는 원칙
	게리맨더링의 부정	일정한 집단의 의사가 정치과정에서 반영될 수 없도록 차별적으로 선거구를 획정하는 것의 금지
인구편차 허용한계	국회의원	인구편차 상하 $33\frac{1}{3}$%
	시·도의회의원	인구편차 상하 50%(인구비례 3 : 1)
	시·군·구의회의원	인구편차 상하 50%(인구비례 3 : 1)
위헌선언의 범위	선거구구역표의 전부(불가분설)	

3 직접선거원칙

의의	선거결과가 선거권자의 투표에 의하여 직접 결정될 것을 요구하는 원칙
유형	• 다수대표제 : 중간선거인의 부정 • 비례대표제 : 의원의 선출뿐만 아니라 정당의 비례적인 의석확보도 선거권자의 투표에 의하여 직접 결정될 것을 요구(헌재 2001. 7. 19. 2000헌마91)

4 비밀선거원칙

선거인이 어느 후보자를 선출하는지 알 수 없게 하는 선거제도이다.

5 자유선거원칙

의의	유권자의 투표행위가 국가나 사회로부터의 강제나 부당한 압력의 행사 없이 이루어져야 한다는 것뿐만 아니라, 유권자가 자유롭고 공개적인 의사형성과정에서 자신의 판단과 결정을 내릴 수 있어야 한다는 것을 의미(헌재 2004. 5. 14. 2004헌나1)
인정 여부	민주국가의 선거제도에 내재하는 법 원리로서, 국민주권의 원리, 의회민주주의의 원리 및 참정권에 관한 규정에서 그 근거를 찾을 수 있음(헌재 2001. 8. 30. 99헌바92).
내용	• 선거의 전과정에 요구되는 선거권자의 의사형성의 자유와 의사실현의 자유 • 투표의 자유, 입후보의 자유, 선거운동의 자유(헌재 2001. 8. 30. 99헌바92)

핵심 판례

▶ 원칙적으로 모든 국민이 균등하게 선거에 참여할 것을 요청하는 보통·평등선거원칙은 국민의 자기지배를 의미하는 국민주권의 원리에 입각한 민주국가를 실현하기 위한 필수적 요건이다(헌재 1999. 5. 27. 98헌마214).

▶ 선거구의 획정은 사회적·지리적·역사적·경제적·행정적 연관성 및 생활권 등을 고려하여 특단의 불가피한 사정이 없는 한 인접지역이 1개의 선거구를 구성하도록 함이 상당하다(헌재 1995. 12. 27. 95헌마224).

▶ 고정명부식을 채택한 것 자체가 직접선거원칙에 위반된다고는 할 수 없다(헌재 2001. 7. 19. 2000헌마91).

핵심 기출

선거제도 및 선거원칙에 관한 설명으로 가장 적절하지 않은 것은? (다툼이 있는 경우 판례에 의함)

2016 경정승진

① 국회의원 지역선거구에 있어 전국 선거구의 최대인구수와 최소인구수의 비율이 3:1 이하로 유지되면 평등선거의 원칙에 위배되지 않는다.

② 평등선거의 원칙은 투표의 수적인 평등을 의미할 뿐만 아니라 투표의 성과가치의 평등, 즉 1표의 투표가치가 대표자 선정이라는 선거 결과에 대하여 기여한 정도에 있어서도 평등하여야 함을 의미한다.

③ 선거구획정은 특단의 불가피한 사정이 없는 한 인접지역이 1개의 선거구를 구성하도록 함이 상당하며, 이는 선거구획정에 관한 국회의 입법재량권의 한계이기도 하다.

④ 직접선거는 의원의 선출뿐만 아니라 정당의 의석획득도 선거권자의 의사에 따라 직접 이루어져야 함을 의미한다.

① 현재의 시점에서 헌법이 허용하는 인구편차의 기준을 인구편차 상하 33⅓%(최대인구수와 최소인구수의 비율 2:1)를 넘어서지 않는 것으로 봄이 타당하다. 따라서 심판대상 선거구구역표 중 인구편차 상하 33⅓%의 기준을 넘어서는 선거구에 관한 부분은 위 선거구가 속한 지역에 주민등록을 마친 청구인들의 선거권 및 평등권을 침해한다(헌재 2014. 10. 30. 2012헌마92).

② 헌재 2001. 10. 25. 2000헌마92

③ 헌재 1995. 12. 27. 95헌마224

④ 헌재 2001. 7. 19. 2000헌마91

정답 ①

✓ 핵심 O·X

01 국회의원 비례대표 후보자 명단을 확정하기 위한 당내 경선에는 직접·평등·비밀 투표 등 일반적인 선거원칙이 그대로 적용되고 대리투표는 허용되지 않는다.

( )

02 선거인은 자신이 기표한 투표지를 공개할 수 없으며, 공개된 투표지는 무효로 한다.

( )

03 헌법재판소는, 지방의회 의원선거의 경우 선거구간의 인구편차가 평균인구수 기준으로 상하 60%의 인구편차(상한 인구수와 하한 인구수의 비율은 4 : 1) 이내인 경우 평등선거원칙에 위배되지 아니한다고 판시하고 있다.

( )

04 헌법재판소는 시·도의회의원 지역선거구 획정과 관련하여 헌법이 허용하는 인구편차의 기준을 인구편차 상하 50%(인구비례 3 : 1)로 변경하였다.

( )

정답
01 ○
02 ○
03 × [50%의 인구편차(상한 인구수와 하한 인구수의 비율은 3 : 1)]
04 ○

016

선거권과 피선거권

🖥 테마 출제경향

선거권과 피선거권에서는 선거권과 피선거권이 인정되는 연령, 선거권과 피선거권이 제한되는 사유를 조문과 판례를 통해 묻는 문제가 출제되고 있다.

🔑 테마 출제 키워드

18세 이상, 1년 이상의 징역이나 금고, 집행유예

> **헌법 제24조**
> 모든 국민은 법률이 정하는 바에 의하여 선거권을 가진다.
>
> **헌법 제25조**
> 모든 국민은 법률이 정하는 바에 의하여 공무담임권을 가진다.

1 선거권

의의	국민이 공무원을 선거하는 권리		
법률유보의 의미	헌법 제24조는 국민의 선거권이 '법률이 정하는 바에 따라서만 인정될 수 있다'는 포괄적인 입법권의 유보하에 있음을 의미하는 것이 아니다. 국민의 기본권을 법률에 의하여 구체화하라는 뜻이며 선거권을 법률을 통해 구체적으로 실현하라는 의미(헌재 2007. 6. 28. 2004헌마644)		
선거권의 제한	선거권을 제한하는 입법은 헌법 제24조에 의해서 곧바로 정당화될 수는 없고, 헌법 제37조 제2항의 규정에 따라 국가안전보장·질서유지 또는 공공복리를 위하여 필요하고 불가피한 예외적인 경우에만 그 제한이 정당화될 수 있으며, 그 경우에도 선거권의 본질적인 내용을 침해할 수 없다(헌재 2007. 6. 28. 2004헌마644).		
선거권자	대통령선거	18세 이상의 국민	
	국회의원선거	비례대표	18세 이상의 국민
		지역구	• 18세 이상의 국민 • 해당 국회의원지역선거구 안에 주민등록
	지방선거	• 18세 이상의 사람 • 해당 지방자치단체의 관할구역에 주민등록(국민) • 해당 지방자치단체의 외국인등록대장(외국인)	
선거권이 없는 자	• 금치산선고를 받은 자 • 1년 이상의 징역 또는 금고의 형의 선고를 받고 그 집행이 종료되지 아니하거나 그 집행을 받지 아니하기로 확정되지 아니한 사람. 다만, 그 형의 집행유예를 선고받고 유예기간 중에 있는 사람은 제외 • 선거범 등으로 100만원 이상의 벌금형의 선고를 받고 그 형이 확정된 후 5년 또는 형의 집행유예의 선고를 받고 그 형이 확정된 후 10년을 경과하지 아니하거나 징역형의 선고를 받고 그 집행을 받지 아니하기로 확정된 후 또는 그 형의 집행이 종료되거나 면제된 후 10년을 경과하지 아니한 자(형이 실효된 자도 포함) • 법원의 판결 또는 다른 법률에 의하여 선거권이 정지 또는 상실된 자		

2 피선거권

의의		공직선거에 입후보하여 당선될 수 있는 자격 또는 권리
피선거권자	대통령선거	선거일 현재 5년 이상 국내에 거주하고 있는 40세 이상의 국민
	국회의원선거	18세 이상의 국민
	지방선거	선거일 현재 계속하여 60일 이상 해당 지방자치단체의 관할구역에 주민등록이 되어 있는 주민으로서 18세 이상의 국민
피선거권이 없는 자		• 공직선거법 제18조(선거권이 없는 자)제1항제1호 · 제3호 또는 제4호에 해당하는 자 • 금고 이상의 형의 선고를 받고 그 형이 실효되지 아니한 자 • 법원의 판결 또는 다른 법률에 의하여 피선거권이 정지되거나 상실된 자

⚖ 핵심 판례

▶ 주민자치제를 본질로 하는 민주적 지방자치제도가 안정적으로 뿌리내린 현 시점에서 지방자치단체의 장 선거권을 지방의회의원 선거권, 나아가 국회의원 선거권 및 대통령 선거권과 구별하여 하나는 법률상의 권리로, 나머지는 헌법상의 권리로 이원화하는 것은 허용될 수 없다. 그러므로 지방자치단체의 장 선거권 역시 다른 선거권과 마찬가지로 헌법 제24조에 의해 보호되는 기본권으로 인정하여야 한다(헌재 2016. 10. 27. 2014헌마797).

▶ 사법적인 성격을 지니는 농협의 조합장선거에서 조합장을 선출하거나 조합장으로 선출될 권리, 조합장선거에서 선거운동을 하는 것은 헌법에 의하여 보호되는 선거권의 범위에 포함되지 않는다(헌재 2012. 2. 23. 2011헌바154).

▶ 범죄자가 저지른 범죄의 경중을 전혀 고려하지 않고 수형자와 집행유예자 모두의 선거권을 제한하는 것은 침해의 최소성원칙에 어긋난다. 특히 집행유예자는 집행유예 선고가 실효되거나 취소되지 않는 한 교정시설에 구금되지 않고 일반인과 동일한 사회생활을 하고 있으므로, 그들의 선거권을 제한해야 할 필요성이 크지 않다. 따라서 심판대상조항은 청구인들의 선거권을 침해하고, 보통선거원칙에 위반하여 집행유예자와 수형자를 차별취급하는 것이므로 평등원칙에도 어긋난다(헌재 2014. 1. 28. 2012헌마409).

▶ 입법자가 '선거범죄, 정치자금법 제45조, 제49조에 규정된 죄, 대통령 · 국회의원 · 지방의회의원 · 지방자치단체장의 재임 중 직무에 관한 뇌물죄 및 알선수재죄'와 '다른 죄'를 분리 선고하도록 규정하면서 그 '선거범죄 등'에 해당하는 범죄들의 경합범에 대하여는 분리 선고를 정하지 않은 것에 합리적 이유가 있다(헌재 2021. 8. 31. 2018헌바149).

① 헌재 2016. 10. 27. 2014헌마797
② 선거권의 제한은 불가피하게 요청되는 개별적·구체적 사유가 존재함이 명백할 경우에만 정당화될 수 있고, 막연하고 추상적인 위험이나 국가의 노력에 의해 극복될 수 있는 기술상의 어려움이나 장애 등을 사유로 그 제한이 정당화될 수 없다(헌재 2007. 6. 28. 2004헌마644).
③ 단지 주민등록이 되어 있는지 여부에 따라 선거인명부에 오를 자격을 결정하여 그에 따라 선거권 행사 여부가 결정되도록 함으로써 엄연히 대한민국의 국민임에도 불구하고 주민등록법상 주민등록을 할 수 없는 재외국민의 선거권 행사를 전면적으로 부정하고 있는 법 제37조 제1항은 어떠한 정당한 목적도 찾기 어려우므로 헌법 제37조 제2항에 위반하여 재외국민의 선거권과 평등권을 침해하고 보통선거원칙에도 위반된다(헌재 2007. 6. 28. 2004헌마644).
④ 민주주의 국가에서 국민주권과 대의제 민주주의의 실현수단으로서 선거권이 갖는 중요성으로 인해 한편으로 입법자는 선거권을 최대한 보장하는 방향으로 입법을 하여야 하며, 또 다른 한편에서 선거권을 제한하는 법률의 합헌성을 심사하는 경우에는 그 심사의 강도도 엄격하게 하여야 한다(헌재 2018. 1. 25. 2015헌마821).

정답 ①

✎ **핵심** **기출** |||||||||||||||||||||||||||||||||||||||||||||||||||||||||||||||||||||||||||||||

선거권과 선거제도에 관한 설명 중 가장 적절한 것은? (다툼이 있는 경우 판례에 의함)

2022 경정승진

① 지방자치단체의 장 선거권은 헌법 제24조에 의해 보호되는 기본권으로 인정된다.

② 선거권의 제한은 불가피하게 요청되는 개별적·구체적 사유가 존재함이 명백할 경우 정당화될 수 있으며, 막연하고 추상적인 위험이나 국가의 노력에 의해 극복될 수 없는 기술상의 어려움이나 장애 등을 사유로도 그 제한이 정당화될 수 있다.

③ 「주민등록법」상 주민등록을 할 수 없는 재외국민의 대통령 선거권 행사를 전면 부정하는 것은 헌법에 위배되지 않는다.

④ 민주주의 국가에서 국민주권과 대의제 민주주의의 실현수단으로서 선거권이 갖는 중요성으로 인해 입법자는 선거권을 최대한 보장하는 방향으로 입법을 하여야 하는 반면, 헌법재판소가 선거권을 제한하는 법률의 합헌성을 심사하는 경우 그 심사 강도는 완화하여야 한다.

✓ 핵심 O·X

01 선거범으로서 100만 원 이상의 벌금형의 선고를 받고 그 형이 확정된 후 5년을 경과하지 아니한 자 또는 형의 집행유예의 선고를 받고 그 형이 확정된 후 10년을 경과하지 아니한 자의 선거권을 제한하는 규정은 국민주권과 대의제 민주주의의 실현수단으로서 선거권이 가지는 의미와 보통선거원칙의 중요성을 감안하면, 필요 최소한을 넘어 과도한 제한으로서 이들 선거범의 선거권을 침해한다. ( )

02 1년 이상의 징역형을 선고받고 그 집행이 종료되지 아니한 사람의 선거권을 제한하는 공직선거법 규정은 형사적·사회적 제재를 부과하고 준법의식을 강화한다는 공익이, 형 집행기간 동안 선거권을 행사하지 못하는 수형자 개인의 불이익보다 작다고 할 수 없어 수형자의 선거권을 침해하지 아니한다. ( )

03 25세 이상의 국민은 대통령선거와 국회의원선거에서 피선거권이 있다. ( )

04 집행유예자의 경우와 달리 수형자는 그 범행의 불법성이 크다고 보아 그들에 대해 격리된 기간 동안 통치조직의 구성과 공동체의 나아갈 방향을 결정짓는 선거권을 정지시키는 것은 입법목적의 달성에 필요한 정도를 벗어난 과도한 것이 아니다. ( )

05 선거일 현재 5년 이상 국내에 거주하고 있는 40세 이상의 국민은 대통령의 피선거권이 있으며, 이 경우 공무로 외국에 파견된 기간과 국내에 주소를 두고 일정기간 외국에 체류한 기간은 국내거주기간으로 본다. ( )

06 18세 이상인 외국인도 영주의 체류자격 취득일 후 3년이 경과하고 해당 지방자치단체의 외국인등록대장에 올라있는 경우 지방자치단체장과 지방자치의원선거에서 선거권을 가지며, 선거운동도 할 수 있다. ( )

정답
01 × (침해하지 않는다)
02 ○
03 × (대통령선거는 40세, 국회의원선거는 18세 이상)
04 × (과도한 것이다)
05 ○
06 ○

017

선거운동 및 당선인 결정

📋 **테마 출제경향**

선거운동 및 당선인 결정에서는 선거운동의 제한과 관련한 헌재 결정과 당선인 결정 방식에 관한 헌법 및 공직선거법을 묻는 문제가 출제되고 있다.

🔍 **테마 출제 키워드**

후보자의 배우자, 사전선거운동 금지, 최고득표자, 연장자

헌법 제116조

① 선거운동은 각급 선거관리위원회의 관리하에 법률이 정하는 범위 안에서 하되, 균등한 기회가 보장되어야 한다.

헌법 제67조

① 대통령은 국민의 보통·평등·직접·비밀선거에 의하여 선출한다.

② 제1항의 선거에 있어서 최고득표자가 2인 이상인 때에는 국회의 재적의원 과반수가 출석한 공개회의에서 다수표를 얻은 자를 당선자로 한다.

③ 대통령후보자가 1인일 때에는 그 득표수가 선거권자 총수의 3분의 1 이상이 아니면 대통령으로 당선될 수 없다.

핵심 이론

1 선거운동

의의	특정 후보자의 당선 내지 이를 위한 득표에 필요한 모든 행위 또는 특정 후보자의 낙선에 필요한 모든 행위 중 당선 또는 낙선을 위한 것이라는 목적 의사가 객관적으로 인정될 수 있는 능동적, 계획적 행위(헌재 2001. 8. 30. 2000헌마121)
자유	• 선거운동의 자유는 자유선거 원칙으로부터 도출 • 자유선거 원칙은 선거 전 과정에서 요구되는 선거권자의 의사 형성 및 실현의 자유를 의미하며, 민주국가 선거제도에 내재하는 법원리로서 국민주권 원리, 의회민주주의 원리 및 참정권에 관한 규정에 근거(헌재 2018. 4. 26. 2016헌마611)
제한	**시간상 제한** 선거기간 개시일부터 선거일 전일까지
	인적 제한 대한민국 국민이 아닌 자, 미성년자(18세 미만), 선거권이 없는 자, 공무원 등
	방법상 제한 선전벽보에 비정규학력 게재금지, 비례대표국회의원후보자 등의 공개장소에서의 연설·대담 금지, 선거방송토론위원회 주관 대담·토론회의 참석 제한, 무소속후보자의 정당표방금지, 탈법방법에 의한 문서·도화의 배부·게시 등 금지 등

2 당선인 결정

대통령	중앙선거관리위원회가 유효투표의 다수를 얻은 자를 당선인으로 결정하고 국회의장에게 통지
지역구 국회의원	• 선거구선거관리위원회가 당해 국회의원지역구에서 유효투표의 다수를 얻은 자를 당선인으로 결정 • 최고득표자가 2인 이상인 때에는 연장자를 당선인으로 결정

🔎 핵심 판례

▶ 공직선거법 제59조 중 '선거운동기간 전에 개별적으로 대면하여 말로 하는 선거운동에 관한 부분' 및 처벌조항은 입법목적을 달성하는 데 지장이 없는 선거운동방법, 즉 돈이 들지 않는 방법으로서 '후보자 간 경제력 차이에 따른 불균형 문제'나 '사회·경제적 손실을 초래할 위험성'이 낮은, 개별적으로 대면하여 말로 지지를 호소하는 선거운동까지 금지하고 처벌함으로써, 과잉금지원칙에 반하여 선거운동 등 정치적 표현의 자유를 과도하게 제한하고 있다. 결국 이 사건 선거운동기간조항 중 선거운동기간 전에 개별적으로 대면하여 말로 하는 선거운동에 관한 부분, 이 사건 처벌조항 중 '그 밖의 방법'에 관한 부분 가운데 개별적으로 대면하여 말로 하는 선거운동을 한 자에 관한 부분은 과잉금지원칙에 반하여 선거운동 등 정치적 표현의 자유를 침해한다(헌재 2022. 2. 24. 2018헌바146).

▶ 지방자치단체의 장의 선거운동을 금지하는 공직선거법 제60조 제1항 제4호 부분은 지방자치단체의 장의 업무전념성, 지방자치단체의 장과 해당 지방자치단체 소속 공무원의 정치적 중립성, 선거의 공정성을 확보하기 위한 것으로 정당한 목적달성을 위한 적합한 수단에 해당한다. 지방자치단체의 장은 지방자치단체의 대표로서 그 사무를 총괄하고, 공직선거법상 일정한 선거사무를 맡고 있으며, 지역 내 광범위한 권한 행사와 관련하여 사인으로서의 활동과 직무상 활동이 구분되기 어려운 점 등을 고려할 때 심판대상조항이 입법목적 달성을 위하여 필요한 범위를 벗어난 제한이라 보기 어렵고, 심판대상조항에 의하여 보호되는 선거의 공정성 등 공익과 제한되는 사익 사이에 불균형이 있다고 보기도 어렵다. 따라서 심판대상조항은 과잉금지원칙에 위배하여 선거운동의 자유를 침해한다고 볼 수 없다(헌재 2020. 3. 26. 2018헌바90).

▶ 선거운동 시 확성장치를 사용할 수 있도록 허용하면서도 그 사용에 따른 소음의 규제기준을 두지 아니하는 공직선거법 제79조 제3항 제2호 등은 국민이 건강하고 쾌적하게 생활할 수 있는 양호한 주거환경을 위하여 노력하여야 할 국가의 의무를 부과한 헌법 제35조 제3항에 비추어 보면, 적절하고 효율적인 최소한의 보호조치를 취하지 아니하여 국가의 기본권 보호의무를 과소하게 이행한 것으로서, 청구인의 건강하고 쾌적한 환경에서 생활할 권리를 침해하므로 헌법에 위반된다(헌재 2019. 12. 27. 2018헌마730 헌법불합치).

▶ 공개장소에서의 연설·대담장소 또는 대담·토론회장에서 연설·대담·토론용으로 사용하는 경우를 제외하고는 선거운동을 위하여 확성장치를 사용할 수 없도록 한 공직선거법 제91조 제1항 및 이에 위반한 경우 처벌하는 구 공직선거법 제255조 제2항 제4호 부분(확성장치사용 금지조항)은 정치적 표현의 자유를 침해하지 않는다(헌재 2022. 7. 21. 2017헌바100).

▶ 일정기간 동안 선거에 영향을 미치게 하기 위한 현수막, 광고물의 설치·게시나 표시물의 착용을 금지하는 공직선거법 제90조 제1항 제1호 및 제2호 그리고 이에 위반한 경우 처벌하는 공직선거법 제256조 제3항 제1호 아목 부분(시설물설치 등 금지조항)은 정치적 표현의 자유를 침해한다(헌재 2022. 7. 21. 2017헌바100 헌법불합치).

▶ 일정기간 동안 선거에 영향을 미치게 하기 위한 벽보 게시, 인쇄물 배부·게시를 금지하는 공직선거법 제93조 제1항 본문 부분 및 이에 위반한 경우 처벌하는 공직선거법 제255조 제2항 제5호 부분(인쇄물배부 등 금지조항)은 정치적 표현의 자유를 침해한다(헌재 2022. 7. 21. 2017헌바100 헌법불합치).

▶ 공직선거법 제95조 제1항의 규율대상인 신문·통신·잡지 등의 경우 공직선거법 제93조의 규율대상인 일반적인 문서·도화와 비교할 때 일정한 격식을 갖추어 주로 정기적으로 발행되고, 통상 객관적인 사실에 관한 보도와 논평으로 구성된다. 공직선거법 제95조 제1항이 신문·통신·잡지 등에 대하여 통상의 방법이 아닌 방법으로 배포하는 등의 행위를 금지하고 이를 처벌하는 것은 선거에 관한 보도와 논평의 자유를 보호하는 차원에서 통상방법으로 발행·배부하는 행위에 대해서는 제93조 위반죄로도 처벌하지 않는다는 뜻도 포함하고 있다. 따라서 선거에 관한 기사를 게재한 신문·통신·잡지 등의 배부행위에 대하여는 공직선거법 제93조가 적용될 여지가 없다(헌재 2022. 5. 26. 2020헌마1275).

> ▶ 지역구국회의원선거에 있어서 선거구선거관리위원회가 당해 국회의원지역구에서 유효투표의 다수를 얻은 자를 당선인으로 결정하도록 한 공직선거법 조항은 청구인의 평등권과 선거권을 침해한다고 할 수 없다(헌재 2016. 5. 26. 2012헌마374).

○ (×) 대통령선거에 있어서는 중앙선거관리위원회가 유효투표의 다수를 얻은 자를 당선인으로 결정하고, 이를 국회의장에게 통지하여야 한다. 다만, 후보자가 1인인 때에는 그 득표수가 선거권자총수의 3분의 1 이상에 달하여야 당선인으로 결정한다(공직선거법 제187조 제1항).

○ (○) 헌재 2014. 1. 28. 2012헌마409

○ (○) 헌재 2018. 4. 26. 2016헌마611

○ (×) 이 사건 법률조항은 선거운동 기회균등의 원칙에 반하고, 예비후보자의 선거운동의 강화에만 치우친 나머지, 배우자의 유무라는 우연적인 사정에 근거하여 합리적 이유 없이 배우자 없는 예비후보자를 차별 취급하는 것이므로, 청구인의 평등권을 침해한다(헌재 2013. 11. 28. 2011헌마267).

정답 ③

✎ 핵심 기출 |||||||||||||||||||||||||||||||||||||||||||||||||||||||||||||||||||||||||||||||||||||||||||||

선거권과 선거제도에 대한 설명으로 옳은 것을 모두 고른 것은? (다툼이 있는 경우 판례에 의함)

2018 경정승진

> ○ 대통령선거에 있어서는 중앙선거관리위원회가 유효투표의 다수를 얻은 자를 당선인으로 결정하고, 이를 당선인에게 통지하여야 한다. 다만, 후보자가 1인인 때에는 그 득표수가 선거권자총수의 3분의 1 이상에 달하여야 당선인으로 결정한다.
> ○ 집행유예자와 수형자의 선거권 제한은 범죄자가 범죄의 대가로 선고받은 자유형의 본질에서 당연히 도출되는 것이 아니므로, 범죄자의 선거권 제한 역시 보통선거원칙에 기초하여 필요 최소한의 정도에 그쳐야 한다.
> ○ 선거운동의 자유는 선거권 행사의 전제 내지 선거권의 중요한 내용을 이룬다고 할 수 있으므로, 선거운동의 제한은 후보자에 관한 정보에 자유롭게 접근할 수 있는 권리를 제한하는 것으로서 선거권, 곧 참정권의 제한으로 파악될 수도 있다.
> ○ 후보자의 배우자가 그와 함께 다니는 사람 중에서 지정한 1명에게도 명함을 교부할 수 있도록 한 「공직선거법」 규정은 평등권을 침해하지 않는다.

① ㉠, ㉡　　　　　　　　　　　　② ㉠, ㉣

③ ㉡, ㉢　　　　　　　　　　　　④ ㉡, ㉢, ㉣

✓ 핵심 O·X

01 구「공직선거법」에서 '대통령령으로 정하는 언론인'에 대하여 선거운동을 금지하는 것은 포괄위임금지원칙에 위배되고 언론인의 선거운동의 자유를 침해하는 것이다. ( )

02 선거일의 투표마감시각 후 당선인결정전까지 지역구국회의원후보자가 사퇴·사망하거나 등록이 무효로 된 경우에는 개표결과 유효투표의 다수를 얻은 자를 당선인으로 결정하되, 사퇴·사망하거나 등록이 무효로 된 자가 유효투표의 다수를 얻은 때에는 차순위 득표자가 당선인이 된다. ( )

03 한국철도공사의 상근직원은 상근임원과 달리 그 직을 유지한 채 공직선거에 입후보하여 자신을 위한 선거운동을 할 수 있음에도, 상근직원이 타인을 위한 선거운동을 할 수 없도록 전면적으로 금지하는 공직선거법 규정은 상근직원의 선거운동의 자유를 침해한다. ( )

04 지역구국회의원선거에 있어서 선거구선거관리위원회가 당해 국회의원지역구에서 유효투표의 다수를 얻은 자를 당선인으로 결정하도록 한「공직선거법」조항은 청구인의 선거권을 침해한다. ( )

05 소선거구 다수대표제를 규정하여 다수의 사표가 발생한다 하더라도 그 이유만으로 헌법상 요구된 선거의 대표성의 본질을 침해한다고 할 수 없다. ( )

06 선거운동은 원칙적으로 선거기간 개시일부터 선거일 전일까지에 한하여 할 수 있지만, 선거일이 아닌 때에 문자메시지를 전송하는 방법으로 선거운동을 하는 경우에는 그러하지 아니하다. ( )

07 노동조합은 그 명의로 선거운동을 할 수 있으나, 향우회·종친회 등 개인간의 사적 모임은 그 명의 또는 그 대표의 명의로 선거운동을 할 수 없다. ( )

08 특정후보자를 당선시킬 목적의 유무에 관계없이 당선되지 못하게 하기 위한 행위 일체를 선거운동으로 규정하여 이를 규제하는 것은 헌법에 합치된다. ( )

09 선거일 전 180일부터 선거일까지 선거에 영향을 미치게 하기 위하여 인터넷 홈페이지 또는 그 게시판·대화방 등에 정당 또는 후보자를 지지·추천하거나 반대하는 내용이 포함되어 있는 글이나 동영상을 게시하지 못하도록 하는 것은 흑색선전을 막기 위한 것으로 선거운동의 자유를 침해하지 않는다. ( )

10 18세 이상인 외국인도 영주의 체류자격 취득일 후 3년이 경과하고 해당 지방자치단체의 외국인등록대장에 올라있는 경우 지방자치단체장과 지방자치의원선거에서 선거권을 가지며, 선거운동도 할 수 있다. ( )

11 대통령선거에서 최고득표자가 2인이어서 국회가 당선인을 결정한 경우 국회의장은 이를 중앙선거관리위원회에 통고하고 중앙선거관리위원장이 그 당선을 공고한다. ( )

정답
01 ○
02 × (당선인이 없는 것으로 함.)
03 ○
04 × (침해하지 아니한다)
05 ○
06 ○
07 ○
08 ○
09 × (침해한다)
10 ○
11 × (국회의장)

Theme
17

018

선거쟁송

📖 테마 출제경향

선거쟁송에서는 선거쟁송에 방법, 청구인 또는 원고적격, 청구기간 또는 제소기간, 관할 등이 출제되고 있다.

🔑 테마 출제 키워드

소청, 소송, 선거관리위원회, 선거인, 대법원, 선거결과에 영향

핵심 이론

1 소청

선거소청 (법 219조 ①)	대상	지방선거	
	사유	선거의 효력에 이의	
	소청인	선거인, 정당(후보자를 추천한 정당), 후보자	
	청구기간	선거일로부터 14일 이내	
	피소청인	• 당해 선거구선거관리위원회 위원장 • 궐위시 당해 선거구선거관리위원회 위원 전원	
	관할	자치구·시·군의원선거 및 자치구·시·군의 장 선거	시·도선거관리위원회
		비례대표시·도의원선거, 지역구 세종특별자치시의회의원선거 및 시·도지사선거	중앙선거관리위원회
당선소청 (법 219조 ②)	대상	지방선거	
	사유	당선의 효력에 이의	
	소청인	정당, 후보자	
	청구기간	당선인결정일로부터 14일 이내	
	피소청인	당선인 자격의 하자	당선인
		당선인 결정의 하자	• 당해 선거구선거관리위원회 위원장 • 궐위시 당해 선거구선거관리위원회 위원 전원
	관할	지역구시·도의원선거, 자치구·시·군의원선거 및 자치구·시·군의 장 선거	시·도선거관리위원회
		비례대표시·도의원선거, 지역구 세종특별자치시의회의원선거 및 시·도지사선거	중앙선거관리위원회

2 소송

(1) 선거소송

대통령선거, 국회의원선거 (법 222조 ①)	사유	선거의 효력에 이의	
	원고	선거인, 정당(후보자를 추천한 정당), 후보자	
	청구기간	선거일로부터 30일 이내	
	피고	• 당해 선거구선거관리위원회 위원장 • 궐위시 당해 선거구선거관리위원회 위원 전원	
	관할	대법원	
지방선거 (법 222조 ②)	사유	선거의 효력에 관한 소청결정에 불복	
	원고	소청인(당선인 포함)	
	피고	기각 또는 각하결정	해당 선거구선거관리위원회 위원장
		인용결정	인용결정을 한 선거관리위원회 위원장
	청구기간	결정서를 받은 날로부터 10일 이내	
	관할	비례대표시·도의원선거 및 시·도지사선거	대법원
		지역구시·도의원선거, 자치구·시·군의원선거 및 자치구·시·군의 장 선거	고등법원

(2) 당선소송

대통령선거, 국회의원선거 (법 223조 ①)	사유	당선의 효력에 이의	
	원고	정당(후보자를 추천한 정당), 후보자	
	청구기간	당선인결정일로부터 30일 이내	
	피고	당선인 자격의 하자	당선인
		당선인 결정의 하자	• 중앙선거관리위원회 위원장 • 국회의장(궐위시 부의장 중 1인)
	관할	대법원	
지방선거 (법 223조 ②)	사유	당선의 효력에 관한 소청결정에 불복	
	원고	소청인 또는 당선인인 피소청인	
	피고	기각 또는 각하결정	당선인 또는 관할 선거구선거관리위원회 위원장
		인용결정	인용결정을 한 선거관리위원회 위원장
	청구기간	결정서를 받은 날로부터 10일 이내	
	관할	비례대표시·도의원선거 및 시·도지사선거	대법원
		지역구시·도의원선거, 자치구·시·군의원선거 및 자치구·시·군의 장 선거	고등법원

3 선거무효의 판결 등

선거쟁송에 있어 선거에 관한 규정에 위반된 사실이 있는 때라도 선거의 결과에 영향을 미쳤다고 인정하는 때에 한하여 선거의 전부나 일부의 무효 또는 당선의 무효를 결정하거나 판결한다(공직선거법 제224조).

Theme
18

② 지방의회의원 및 지방자치
단체의 장의 선거에 있어서
선거의 효력에 관한 제220
조의 결정에 불복이 있는 소
청인(당선인 포함)은 해당
소청에 대하여 기각 또는 각
하 결정이 있는 경우 또는
소청을 접수한 날로부터 60
일 이내에 결정하지 아니한
때에는 해당 선거구선거관
리위원회 위원장을, 인용결
정이 있는 경우에는 그 인용
결정을 한 선거관리위원회
위원장을 피고로 하여 그 결
정서를 받은 날(소청을 접수
한 날로부터 60일 이내에
결정하지 아니한 때에는 그
기간이 종료된 날)부터 10일
이내에 비례대표시 · 도의원
선거 및 시 · 도지사선거에
있어서는 대법원에, 지역구
시 · 도의원선거, 자치구 ·
시 · 군의원선거 및 자치구 ·
시 · 군의 장 선거에 있어서
는 그 선거구를 관할하는 고
등법원에 소를 제기할 수 있
다(공직선거법 제222조 제1항).
① 공직선거법 제219조 제1항
③ 공직선거법 제223조 제1항
④ 공직선거법 제224조

정답 ②

✎ **핵심** 기출 |||||||||||||||||||||||||||||||||||||||||||||||||||||||||||||||||||||||||||||||||||||||||||||||

선거쟁송에 대한 설명으로 옳지 않은 것은?

2015 지방직 7급

① 지방의회의원의 선거에서는 선거소청을 인정하지만, 국회의원선거에서는 선거소청을 인정하지 않는다.

② 시 · 도지사선거에 대한 효력에 이의가 있는 경우 정당은 소청절차를 경유하지 않고, 대법원에 소송을 제기할 수 있다.

③ 국회의원선거에서 당선의 효력에 이의가 있는 후보자가 후보등록무효의 사유를 제기하는 경우 당선인을 피고로 하여 대법원에 소송을 제기할 수 있다.

④ 소청이나 소장을 접수한 선거관리위원회 또는 대법원이나 고등법원은 선거쟁송에 있어 선거에 관한 규정에 위반된 사실이 있는 때라도 선거의 결과에 영향을 미쳤다고 인정하는 때에 한하여 선거의 전부나 일부의 무효 또는 당선의 무효를 결정하거나 판결한다.

✓ **핵심** O·X

01 국회의원선거에 있어서 선거의 효력에 관하여 이의가 있는 선거인 · 정당(후보자를 추천한 정당에 한한다) 또는 후보자는 선거일로부터 45일 이내에 헌법재판소에 소를 제기할 수 있다. ( )

정답
01 × (30일 이내에 대법원에)

019 직업공무원제도

테마 출제경향

직업공무원제도에서는 직업공무원의 의미, 직업공무원제도의 내용 중 신분보장을 중심으로 출제되고 있다.

테마 출제 키워드

좁은 의미의 공무원, 엽관제도, 임용결격사유, 직위해제, 당연퇴직

헌법 제7조
② 공무원의 신분과 정치적 중립성은 법률이 정하는 바에 의하여 보장된다.

핵심 이론

1 의의

공무원이 집권 세력의 논공행상의 제물이 되는 엽관제도를 지양하고 정권교체에 따른 국가작용의 중단과 혼란을 예방하고 일관성 있는 공무수행의 독자성을 유지하기 위하여 헌법과 법률에 의하여 공무원의 신분이 보장되는 공직제도이다(헌재 1989. 12. 18. 89헌마32).

2 법적 성격

직업공무원제도는 지방자치제도, 복수정당제도, 혼인제도 등과 함께 "제도보장"의 하나이다(헌재 1994. 4. 28. 91헌바15).

3 직업공무원제도에서 말하는 공무원

직업공무원제도에서 말하는 공무원은 국가 또는 공공단체와 근로관계를 맺고 이른바 공법상 특별권력관계 내지 특별행정법관계 아래 공무를 담당하는 것을 직업으로 하는 협의의 공무원을 말하며 정치적 공무원이라든가 임시적 공무원은 포함되지 않는다(헌재 1989. 12. 18. 89헌마32).

4 내용

(1) 내용 일반

정치적 중립성	공무원의 정당 가입 금지 등
신분보장	직업공무원은 국민 전체의 봉사자로서 의무를 다할 수 있도록 신분이 보장되어야 함(헌재 1997. 11. 27. 95헌바14).
실적주의 (능력주의)	원칙적으로 공직자선발에 있어 해당 공직이 요구하는 직무수행능력과 무관한 요소인 성별·종교·사회적 신분·출신지역 등을 이유로 하는 어떠한 차별도 허용되지 않는다고 할 것이나, 헌법의 기본원리나 특정조항에 비추어 능력주의원칙에 대한 예외를 인정할 수 있는 경우가 있다(헌재 1999. 12. 23. 98헌마363).

(2) 임용결격사유

> • 피성년후견인
> • 파산선고를 받고 복권되지 아니한 자
> • 금고 이상의 실형을 선고받고 그 집행이 종료되거나 집행을 받지 아니하기로 확정된 후 5년이 지나지 아니한 자
> • 금고 이상의 형을 선고받고 그 집행유예 기간이 끝난 날부터 2년이 지나지 아니한 자
> • 금고 이상의 형의 선고유예를 받은 경우에 그 선고유예 기간 중에 있는 자
> • 법원의 판결 또는 다른 법률에 따라 자격이 상실되거나 정지된 자
> • 공무원으로 재직기간 중 직무와 관련하여 「형법」 제355조(횡령, 배임) 및 제356조(업무상 횡령, 배임)에 규정된 죄를 범한 자로서 300만원 이상의 벌금형을 선고받고 그 형이 확정된 후 2년이 지나지 아니한 자
> • 성폭력처벌법 제2조에 규정된 죄를 범한 사람으로서 100만원 이상의 벌금형을 선고받고 그 형이 확정된 후 3년이 지나지 아니한 사람
> • 미성년자에 대한 성폭력처벌법 제2조에 따른 성폭력범죄, 청소년성보호법 제2조제2호에 따른 아동·청소년대상 성범죄를 저질러 파면·해임되거나 형 또는 치료감호를 선고받아 그 형 또는 치료감호가 확정된 사람(집행유예를 선고받은 후 그 집행유예기간이 경과한 사람을 포함)
> • 징계로 파면처분을 받은 때부터 5년이 지나지 아니한 자
> • 징계로 해임처분을 받은 때부터 3년이 지나지 아니한 자

(3) 직위해제사유

> • 직무수행 능력이 부족하거나 근무성적이 극히 나쁜 자
> • 파면·해임·강등 또는 정직에 해당하는 징계 의결이 요구 중인 자
> • 형사 사건으로 기소된 자(약식명령이 청구된 자는 제외)
> • 고위공무원단에 속하는 일반직공무원으로서 제70조의2제1항제2호부터 제5호까지의 사유로 적격심사를 요구받은 자
> • 금품비위, 성범죄 등 대통령령으로 정하는 비위행위로 인하여 감사원 및 검찰·경찰 등 수사기관에서 조사나 수사 중인 자로서 비위의 정도가 중대하고 이로 인하여 정상적인 업무수행을 기대하기 현저히 어려운 자

(4) 소멸사유

퇴직(退職)	• 정년 : 60세 • 임용결격사유		
면직(免職)	의원면직(依願免職)		
	강제면직(强制免職)	징계면직	해임
			파면
		직원면직	

핵심 판례

▶ 공무원이 정년까지 근무할 수 있는 권리는 헌법의 공무원 신분보장 규정에 의하여 보호되는 기득권으로서 그 침해 내지 제한은 신뢰보호의 원칙에 위배되지 않는 범위 내에서만 가능하다(헌재 2000. 12. 14. 99헌마112).

▶ 공무원의 보수청구권은 법률 및 법률의 위임을 받은 하위법령에 의해 그 구체적 내용이 형성되면 재산적 가치가 있는 공법상의 권리가 되어 재산권의 내용에 포함되지만, 법령에 의하여 구체적 내용이 형성되기 전의 권리, 즉 공무원이 국가 또는 지방자치단체에 대하여 어느 수준의 보수를 청구할 수 있는 권리는 단순한 기대이익에 불과하여 재산권의 내용에 포함된다고 볼 수 없다(헌재 2008. 12. 26. 2007헌마444).

▶ 형사사건으로 기소되면 필요적으로 직위해제처분을 하도록 한 국가공무원법규정은 공무원이 국가공무원법 제33조 제1항 제3호 내지 제6호에 해당하는 유죄판결을 받을 고도의 개연성이 있는가의 여부에 무관하게 경우에 따라서는 벌금형이나 무죄가 선고될 가능성이 큰 사건인 경우에 대해서까지도 당해 공무원에게 일률적으로 직위해제처분을 하지 않을 수 없도록 한 것으로 헌법 제37조 제2항의 비례의 원칙에 위반되어 직업의 자유를 과도하게 침해하고 헌법 제27조 제4항의 무죄추정의 원칙에도 위반된다(헌재 1998. 5. 28. 96헌가12).

▶ 일단 공무원으로 채용된 공무원을 퇴직시키는 것은 공무원이 장기간 쌓은 지위를 박탈해 버리는 것이므로 같은 입법목적을 위한 것이라고 하여도 당연퇴직사유를 임용결격사유와 동일하게 취급하는 것은 타당하다고 할 수 없다(헌재 2003. 10. 30. 2002헌마684).

▶ 금고 이상의 형의 '선고유예'를 받은 경우에 공무원직에서 당연히 퇴직하는 것으로 규정한 국가공무원법 조항은 헌법 제25조의 공무담임권을 침해한다(헌재 2003. 10. 30. 2002헌마684).

▶ 수뢰죄를 범하여 금고 이상의 형의 선고유예를 받은 국가공무원은 당연퇴직하도록 한 국가공무원법 제69조 단서 부분은 청구인의 공무담임권을 침해하지 않는다(헌재 2013. 7. 25. 2012헌바409).

Theme

19

③ 공무원이 범죄행위로 형사 처벌을 받은 경우 국민의 신뢰가 손상되고 공직 전체에 대한 신뢰를 실추시켜 공공의 이익을 해하는 결과를 초래하는 것은 그 이후 특별사면 및 복권을 받아 형의 선고의 효력이 상실된 경우에도 마찬가지이다. 또한, 형의 선고의 효력을 상실하게 하는 특별사면 및 복권을 받았다 하더라도 그 대상인 형의 선고의 효력이나 그로 인한 자격상실 또는 정지의 효력이 장래를 향하여 소멸되는 것에 불과하고, 형사처벌에 이른 범죄사실 자체가 부인되는 것은 아니므로, 공무원 범죄에 대한 제재수단으로서의 실효성을 확보하기 위하여 특별사면 및 복권을 받았다 하더라도 퇴직급여 등을 계속 감액하는 것을 두고 현저히 불합리하다고 평가할 수 없다. 나아가 심판대상조항에 의하여 퇴직급여 등의 감액대상이 되는 경우에도 본인의 기여금 부분은 보장하고 있다. 따라서 심판대상조항은 그 합리적인 이유가 인정되는바, 재산권 및 인간다운 생활을 할 권리를 침해한다고 볼 수 없어 헌법에 위반되지 아니한다(헌재 2020. 4. 23. 2018헌바402).
① 헌재 2004. 9. 23. 2004헌가12
② 헌재 2004. 11. 25. 2002헌바8
④ 헌재 2006. 5. 25. 2004헌바12

정답 ③

✎ **핵심** **기출** |||||||||||||||||||||||||||||||||||||||||||||||||||||||||||

공무원제도 및 공무담임권에 대한 설명으로 가장 적절하지 않은 것은? (다툼이 있는 경우 판례에 의함)

2022 경정승진

① 경찰공무원이 자격정지 이상의 형의 선고유예를 받은 경우 공무원직에서 당연퇴직하도록 규정하고 있는 구「경찰공무원법」조항은 자격정지 이상의 선고유예 판결을 받은 모든 범죄를 포괄하여 규정하고 있을 뿐만 아니라 심지어 오늘날 누구에게나 위험이 상존하는 교통사고 관련범죄 등 과실범의 경우마저 당연퇴직의 사유에서 제외하지 않고 있으므로 최소침해성의 원칙에 반한다.

② 헌법 제7조가 정하고 있는 직업공무원제도는 공무원이 집권세력의 논공행상의 제물이 되는 엽관제도를 지양하며 정권교체에 따른 국가작용의 중단과 혼란을 예방하고 일관성 있는 공무수행의 독자성을 유지하기 위하여 헌법과 법률에 의하여 공무원의 신분이 보장되도록 하는 공직구조에 관한 제도로 공무원의 정치적 중립과 신분보장을 그 중추적 요소로 한다.

③ 공무원이거나 공무원이었던 사람이 재직 중의 사유로 금고 이상의 형을 받거나 형이 확정된 경우 퇴직급여 및 퇴직수당의 일부를 감액하여 지급함에 있어 그 이후 형의 선고의 효력을 상실하게 하는 특별사면 및 복권을 받은 경우를 달리 취급하는 규정을 두지 아니한 구「공무원연금법」규정은 합리적인 이유가 없다고 할 것이므로 청구인의 재산권 및 인간다운 생활을 할 권리를 침해한다.

④ 형사사건으로 기소된 국가공무원을 직위해제할 수 있도록 규정한 구「국가공무원법」의 규정에 의한 공무담임권의 제한은 잠정적이고 그 경우에도 공무원의 신분은 유지되고 있다는 점에서 공무원에게 가해지는 신분상 불이익과 보호하려는 공익을 비교할 때 공무집행의 공정성과 그에 대한 국민의 신뢰를 유지하고자 하는 공익이 더욱 크므로 이 사건 법률조항은 공무담임권을 침해하지 않는다.

✓ 핵심 O·X

01 직업공무원제도란 정권교체에 따른 국가작용의 중단과 혼란을 예방하고 일관성 있는 공무수행의 독자성을 유지하기 위하여 헌법과 법률에 의하여 공무원의 신분이 보장되는 공직구조에 관한 제도이다. ( )

02 직업공무원제에서 말하는 공무원은 국가 또는 공공단체와 근로관계를 맺고 이른바 공법상 특별권력관계 내지 특별행정법관계 아래 공무를 담당하는 것을 직업으로 하는 협의의 공무원을 의미하고 정치적 공무원이나 임시적 공무원은 포함되지 않는다. ( )

03 직업공무원제도는 헌법이 보장하는 제도적 보장 중의 하나로서 입법자는 직업공무원제도에 관하여 '최대한 보장'의 원칙하에서 입법형성의 자유를 가진다. ( )

04 직업공무원제도는 공무원으로 하여금 특정 정당이나 특정 상급자를 위하여 충성하는 것이 아니라 국민전체의 봉사자로서 법에 따라 그 소임을 다할 수 있게 함으로써 국가기능의 측면에서 정치적 안정의 유지에 기여하는 제도이다. ( )

05 임용권자가 지방공무원을 직권면직시킬 수 있는 사유를 정하고 있는 「지방공무원법」 관련 규정 중 '지방자치단체의 직제 개폐에 의하여 폐직된 때' 부분은 헌법에 위반되지 아니한다. ( )

06 수뢰죄를 범하여 금고 이상의 형의 선고유예를 받은 공무원은 당연퇴직하도록 하는 규정은 해당 공무원의 공무담임권을 침해한다. ( )

07 형사사건으로 기소되면 필요적으로 직위해제처분을 하도록 하는 규정은 헌법에 위반된다. ( )

08 「지방공무원법」의 지방공무원의 전입에 관한 규정은 해당 지방공무원의 동의가 있을 것을 당연한 전제로 하여 그 공무원이 소속된 지방자치단체의 장의 동의를 얻어서만 그 공무원을 전입할 수 있음을 규정하고 있는 것으로 보아야 한다. ( )

정답
01 ○
02 ○
03 × (최소한 보장의 원칙)
04 ○
05 ○
06 × (침해하지 아니한다)
07 ○
08 ○

Theme
19

020

지방자치제도의 본질과 지방자치단체

📋 테마 출제경향

지방자치제도의 본질과 지방자치단체에서는 지방자치단체의 본질적 내용 침해 여부, 지방자치단체의 폐치·분합, 지방자치단체장의 권한대행 등이 출제되고 있다.

🔍 테마 출제 키워드

제도적 보장, 대의제 지방자치, 종전, 지방자치단체의 구조, 권한대행

헌법 제117조

② 지방자치단체의 종류는 법률로 정한다.

헌법 제118조

① 지방자치단체에 의회를 둔다.

② 지방의회의 조직·권한·의원선거와 지방자치단체의 장의 선임방법 기타 지방자치단체의 조직과 운영에 관한 사항은 법률로 정한다.

1 지방자치제도의 법적 성격과 본질

법적 성격	지방자치제도는 '제도적 보장'의 하나로서 그 본질적 내용을 침해하지 아니하는 범위 안에서 입법자에게 제도의 구체적인 내용과 형태의 형성권을 폭넓게 인정한다는 의미에서 '최소한 보장의 원칙'이 적용(헌재 2006. 2. 23. 2005헌마403)
본질	헌법 제117조 및 제118조가 보장하고 있는 본질적인 내용은 '자치단체의 보장', '자치기능의 보장' 및 '자치사무의 보장'으로 어디까지나 지방자치단체의 자치권으로 헌법은 지역 주민들이 자신들이 선출한 자치단체의 장과 지방의회를 통하여 자치사무를 처리할 수 있는 대의제 또는 대표제 지방자치를 보장(헌재 2001. 6. 28. 2000헌마735)

2 지방자치단체

의의	국가 아래서 국가영토의 일부를 구성요소로 하고 그 구역 내의 주민에 대하여 지배권을 행사하는 공법상의 법인(헌재 2006. 8. 31. 2004헌라2)	
명칭과 구역	지방자치단체의 명칭과 구역	종전
	명칭과 구역변경·지방자치단체 폐지·설치·분합	법률
	관할구역 경계변경 지방자치단체의 한자 명칭의 변경	대통령령
	공유수면법에 따른 매립지	행정안전부장관
구조	헌법상 지방자치제도보장의 핵심영역 내지 본질적 부분이 지방자치단체에 의한 자치행정을 일반적으로 보장하는 것이라면, 현행법에 따른 지방자치단체의 중층구조 또는 지방자치단체로서 특별시·광역시 및 도와 함께 시·군 및 구를 계속하여 존속하도록 할지 여부는 입법자의 입법형성권의 범위에 들어가는 것으로 보아야 함(헌재 2006. 4. 27. 2005헌마1190).	

지방자치단체의 장	선거와 임기	• 주민이 보통 · 평등 · 직접 · 비밀선거로 선출 • 임기 4년 • 3기 내에서만 계속 재임
	권한대행	• 궐위된 경우 • 공소 제기된 후 구속상태에 있는 경우 • 의료기관에 60일 이상 계속하여 입원한 경우 • 지방자치단체의 장이 그 직을 가지고 그 지방자치단체의 장 선거에 입후보하면 예비후보자 또는 후보자로 등록한 날부터 선거일까지

⚖ 핵심 판례

▶ 지방자치제도의 헌법적 보장은 한마디로 국민주권의 기본원리에서 출발하여 주권의 지역적 주체로서의 주민에 의한 자기통치의 실현으로 요약할 수 있고, 이러한 지방자치의 본질적 내용인 핵심영역(자치단체 · 자치기능 · 자치사무의 보장)은 어떠한 경우라도 입법 기타 중앙정부의 침해로부터 보호되어야 한다(헌재 1998. 4. 30. 96헌바62).

▶ 지방자치제도의 보장은 지방자치단체에 의한 자치행정을 일반적으로 보장한다는 것뿐이고 특정 자치단체의 존속을 보장한다는 것은 아니며 지방자치단체의 폐치 · 분합에 있어 지방자치권의 존중은 법정절차의 준수(의견개진의 기회부여)로 족한 것이다(헌재 1995. 3. 23. 94헌마175).

▶ 행정심판법 제49조 제1항은 다층적 · 다면적으로 설계된 현행 행정심판제도 속에서 각 행정심판기관의 인용재결의 기속력을 인정한 것으로서, 이로 인하여 중앙행정기관이 지방행정기관을 통제하는 상황이 발생한다고 하여 그 자체로 지방자치제도의 본질적 부분을 훼손하는 정도에 이른다고 보기 어렵다(헌재 2014. 6. 26. 2013헌바122).

▶ 신생 매립지는 개정 지방자치법 제4조 제3항에 따라 같은 조 제1항이 처음부터 배제되어 종전의 관할구역과의 연관성이 단절되고, 행정안전부장관의 결정이 확정됨으로써 비로소 관할 지방자치단체가 정해지며, 그 전까지 해당 매립지는 어느 지방자치단체에도 속하지 않는다. 그렇다면 이 사건 매립지의 매립 전 공유수면에 대한 관할권을 가졌을 뿐인 청구인들이 그 후 새로이 형성된 이 사건 매립지에 대해서까지 어떠한 권한을 보유하고 있다고 볼 수 없으므로 이 사건에서 청구인들의 자치권한이 침해되거나 침해될 현저한 위험이 있다고 보기는 어렵다(헌재 2020. 7. 16. 2015헌라3).

▶ 지방자치단체장은 특정 정당을 정치적 기반으로 할 수 있는 선출직공무원으로 임기가 4년이고 계속 재임도 3기로 제한되어 있어, 장기근속을 전제로 하는 공무원을 주된 대상으로 하고 이들이 재직 기간 동안 납부하는 기여금을 일부 재원으로 하여 설계된 공무원연금법의 적용대상에서 지방자체단체장을 제외하는 것에는 합리적 이유가 있다(헌재 2014. 6. 26. 2012헌마459).

▶ 지방자치단체의 장이 금고 이상의 형을 선고받고 그 형이 확정되지 아니한 경우 부단체장이 그 권한을 대행하도록 규정한 지방자치법 조항은 청구인의 공무담임권을 침해한다(헌재 2010. 9. 2. 2010헌마418).

✎ 핵심 기출

지방자치에 대한 설명으로 옳은 것은? (다툼이 있는 경우 판례에 의함) 2018 5급 공채(행정)

① 지방자치단체를 폐지하거나 설치하거나 나누거나 합칠 때에는 법률로 정한다.

② 주민은 그 지방자치단체의 장, 지역구지방의회의원 및 비례대표지방의회의원을 소환할 권리를 가진다.

③ 감사원이 지방자치단체를 상대로 감사를 하면서 위임사무뿐만 아니라 자치사무에 대하여도 합법성 감사와 합목적성 감사까지 하는 것은 지방자치권의 본질적 내용을 침해한다.

④ 지방자치단체의 장이 그 직을 가지고 그 지방자치단체의 장 선거에 입후보하더라도 선거일까지 그 지방자치단체의 장의 권한을 그대로 행사한다.

✓ 핵심 O·X

01 지방의회는 지방의회의원 개인을 중심으로 한 구조이며 사무직원은 지방의회의원을 보조하는 지위를 가지는데, 이러한 인적 구조 아래서 지방의회 사무직원의 임용권의 귀속 및 운영 문제를 지방자치제도의 본질적인 내용이라고 볼 수는 없다. (   )

02 지방자치단체의 명칭과 구역은 종전과 같이 하고, 명칭과 구역을 바꾸거나 지방자치단체를 폐지하거나 설치하거나 나누거나 합칠 때에는 대통령령으로 정한다. (   )

03 지방자치단체의 폐치, 분합에 관한 것은 지방자치단체의 지역고권에 해당하기 때문에 헌법소원의 대상이 되지는 않는다. (   )

04 국가가 영토고권을 가지는 것과 마찬가지로 지방자치단체에게 자신의 관할구역 내에 속하는 영토·영해·영공을 자유로이 관리하고 관할구역 내의 사람과 물건을 독점적·배타적으로 지배할 수 있는 영토고권은 우리나라 헌법과 법률상 인정되지 않는다. (   )

05 지방의회의 의장이나 부의장이 법령을 위반하거나 정당한 사유 없이 직무를 수행하지 아니하면 지방의회는 불신임을 의결할 수 있는데, 불신임의결은 재적의원 4분의 1 이상의 발의와 재적의원 과반수의 출석과 출석의원 과반수의 찬성으로 행한다. (   )

06 지방자치단체에 의회를 둘 것인지 여부는 법률로 정할 수 있다. (   )

07 지방자치단체의 중층구조 또는 지방자치단체로서 특별시·광역시 및 도와 함께 시·군 및 구를 계속하여 존속하도록 할지 여부는 입법자의 입법형성권의 범위에 들어가는 것으로 보아야 한다. (   )

08 지방자치단체의 장이 공소 제기된 후 구금상태에 있는 경우 부단체장이 그 권한을 대행하도록 한 「지방자치법」 조항은 유죄판결이나 그 확정을 기다리지 아니한 채 바로 단체장의 직무를 정지시키고 있으므로 무죄추정의 원칙에 반한다. (   )

09 특정 지방자치단체의 존속을 보장하는 것은 헌법상 지방자치제도 보장의 핵심적 영역 내지 본질적 부분이 아니므로 현행법상의 지방자치단체의 중층구조를 계속 존속하도록 할지 여부는 입법자의 입법형성권 범위 안에 있다. (   )

10 지방의회의 조직·권한·의원선거와 지방자치단체의 장의 선임방법 기타 지방자치단체의 조직과 운영에 관한 사항은 법률로 정한다. (   )

정답
01 ○
02 × (법률)
03 × (헌법소원의 대상이 된다)
04 ○
05 × (재적의원 과반수)
06 × (헌법 제118조 제1항은 지방자치단체에 의회를 두도록 규정하고 있다)
07 ○
08 × (반하지 아니한다)
09 ○
10 ○

Theme
20

021

지방자치단체의 사무와 자치권

📖 테마 출제경향

지방자치단체의 사무와 자치권에서는 자치권의 범위와 한계를 중심으로 출제된다. 특히 조례제정권의 한계가 자주 출제되고 있다.

🔑 테마 출제 키워드

자치사무, 위임사무, 법령의 범위 안, 위임조례, 포괄적 위임

헌법 제117조
① 지방자치단체는 주민의 복리에 관한 사무를 처리하고 재산을 관리하며 법령의 범위 안에서 자치에 관한 규정을 제정할 수 있다.

핵심 이론

1 지방자치단체의 사무

자치사무(고유사무)		주민의 복리에 관한 사무
위임사무	단체위임사무	• 지방자치단체에 위임된 사무 • 사무 귀속 변경(지방자치단체의 사무)
	기관위임사무	• 지방자치단체의 장에게 위임된 사무 • 사무 귀속의 변경 없음.

2 지방자치단체의 자치권(자치기능)

의의		자치사무처리, 재산관리, 자치입법에 있어서 지방자치단체가 국가의 지시나 감독을 받지 않고 법이 정하는 바에 따라 독자적인 책임하에 처리할 수 있는 권한(헌재 2006. 8. 31. 2004헌라2)
범위	법령의 범위 안	헌법 제117조 제1항에서 규정하고 있는 법령 : 법률, 대통령령, 총리령 및 부령과 같은 법규명령, 법규명령으로서 기능하는 행정규칙 포함(헌재 2002. 10. 31. 2001헌라1)
	관할 구역	• 관할구역의 범위에는 육지는 물론 바다도 포함되므로, 공유수면에 대한 지방자치단체의 자치권한이 존재(헌재 2004. 9. 23. 2000헌라2) • 공유수면에 대한 행정구역 경계가 불문법상으로 존재한다면 그에 따라야 하고, 해상경계에 관한 불문법도 존재하지 않으면, 헌법재판소가 형평의 원칙에 따라 합리적이고 공평하게 해상경계선 획정(헌재 2015. 7. 30. 2010헌라2)

조례제정권	범위	지방자치단체는 법령의 범위에서 그 사무에 관하여 조례를 제정할 수 있다. 다만, 주민의 권리 제한 또는 의무 부과에 관한 사항이나 벌칙을 정할 때에는 법률의 위임이 있어야 한다(지방자치법 제28조 제1항).	
	통제	재판의 전제성 인정되는 조례	명령·규칙심사제도
		처분적 조례	항고소송
		직접성이 인정되는 조례	헌법소원
자치재정권		지방자치단체는 법률로 정하는 바에 따라 지방세를 부과·징수할 수 있음.	

핵심 판례

▶ 지방선거사무는 지방자치단체의 존립을 위한 자치사무에 해당하고, 따라서 법률을 통하여 예외적으로 다른 행정주체에게 위임되지 않는 한, 원칙적으로 지방자치단체가 처리하고 그에 따른 비용도 지방자치단체가 부담하여야 한다(헌재 2008. 6. 26. 2005헌라7).

▶ 국가가 영토고권을 가지는 것과 마찬가지로, 지방자치단체에게 자신의 관할구역 내에 속하는 영토, 영해, 영공을 자유로이 관리하고 관할구역 내의 사람과 물건을 독점적, 배타적으로 지배할 수 있는 권리가 부여되어 있다고 할 수는 없다(헌재 2006. 3. 30. 2003헌라2).

▶ 지방자치단체가 관할구역의 변경에 임하여 관계 지방의회의 의견을 듣지 않았을 때에는 절차적 요건에 흠이 있는 경우에 해당되므로 원칙적으로 무효이다(헌재 2006. 8. 31. 2004헌라2).

▶ 지방자치단체가 자치조례를 제정할 수 있는 사항은 지방자치단체의 고유사무인 자치사무와 개별법령에 의하여 지방자치단체에 위임된 단체위임사무에 한하는 것이고, 국가사무가 지방자치단체의 장에게 위임된 기관위임사무는 원칙적으로 자치조례의 제정범위에 속하지 않는다. 다만 기관위임사무에 있어서도 그에 관한 '개별법령에서 일정한 사항을 조례로 정하도록 위임하고 있는 경우'에는 위임받은 사항에 관하여 개별법령의 취지에 부합하는 범위 내에서 이른바 위임조례를 정할 수 있다(대판 2000. 5. 30. 99추85).

▶ '법령의 범위 안에서'란 법령에 위반되지 않는 범위 내에서를 가리키므로 지방자치단체가 제정한 조례가 법령에 위반되는 경우에는 효력이 없다(대판 2002. 4. 26. 2002추23).

▶ 지방자치단체는 그 내용이 주민의 권리의 제한 또는 의무의 부과에 관한 사항이거나 벌칙에 관한 사항이 아닌 한 법률의 위임이 없더라도 조례를 제정할 수 있다(대판 1992. 6. 26. 92추17).

▶ 조례에 대한 법률의 위임은 법규명령에 대한 법률의 위임과 같이 반드시 구체적으로 범위를 정하여 할 필요가 없으며 '포괄적인 것으로 족'하다(헌재 1995. 4. 20. 92헌마264).

▶ 조례에 의한 규제가 지역의 여건이나 환경 등 그 특성에 따라 다르게 나타나는 것은 헌법이 지방자치단체의 자치입법권을 인정한 이상 당연히 예상되는 불가피한 결과이므로, 청구인들이 다른 지역의 주민들에 비하여 더한 규제를 받게 되었다 하더라도 이를 두고 헌법 제11조 제1항의 평등권이 침해되었다고 볼 수는 없다(헌재 1995. 4. 20. 92헌마264).

▶ 교육에 관한 조례의 무효확인소송을 제기함에 있어서는 그 집행기관인 시·도 교육감을 피고로 하여야 한다(대판 1996. 9. 20. 95누8003).

Theme

21

✎ 핵심 기출 ||||||||||||||||||||||||||||||||||||||||||||||||||||||||||||||

지방자치제도에 대한 설명으로 옳은 것만을 모두 고른 것은? (다툼이 있는 경우 판례에 의함)

2017 국가직 7급

> ⊙ 국가가 영토고권을 가지는 것과 마찬가지로 지방자치단체에게 자신의 관할구역 내에 속하는 영토·영해·영공을 자유로이 관리하고 관할구역 내의 사람과 물건을 독점적·배타적으로 지배할 수 있는 영토고권은 우리나라 헌법과 법률상 인정되지 않는다.
> ⓛ 지방의회의 의장이나 부의장이 법령을 위반하거나 정당한 사유 없이 직무를 수행하지 아니하면 지방의회는 불신임을 의결할 수 있는데, 불신임의결은 재적의원 4분의 1 이상의 발의와 재적의원 과반수의 출석과 출석의원 과반수의 찬성으로 행한다.
> ⓒ 조례제정은 원칙적으로 자치사무와 단체위임사무에 한정되며, 기관위임사무에 관해 조례를 제정할 수 없으나, 기관위임사무도 개별 법령에서 위임한 경우에는 예외적으로 가능하다.
> ⓐ 지방의회의원과 지방자치단체장을 선출하는 지방선거 사무는 지방자치단체의 존립을 위한 자치사무에 해당하므로, 원칙적으로 지방자치단체가 처리하고 그에 따른 비용도 지방자치단체가 부담하여야 한다.

① ⊙, ⓛ
② ⓒ, ⓐ
③ ⊙, ⓛ, ⓐ
④ ⊙, ⓒ, ⓐ

ⓐ (○) 헌재 2006. 3. 30. 2003
헌라2

ⓛ (×) 지방의회의 의장이나 부의장이 법령을 위반하거나 정당한 사유 없이 직무를 수행하지 아니하면 지방의회는 불신임을 의결할 수 있다. 불신임의결은 재적의원 4분의 1 이상의 발의와 재적의원 과반수의 찬성으로 행한다(지방자치법 제55조 ①②항).

ⓒ (○) 대판 2000. 5. 30. 99추85

ⓐ (○) 헌재 2008. 6. 26. 2005헌라7

정답 ④

✓ 핵심 O·X ||||||||||||||||||||||||||||||||||||||||||||||||||||||||||||||||||||||||||||||||||||||||||||||||||||||||||||||||||||||

01 지방자치단체는 주민의 복리에 관한 사무를 처리하고 재산을 관리하며, 법령의 범위 안에서 자치에 관한 규정을 제정할 수 있다. ( )

02 국가사무로서의 성격을 가지고 있는 기관위임사무의 집행권한의 존부 및 범위에 관하여 지방자치단체가 청구한 권한쟁의심판청구는 지방자치단체의 권한에 속하지 아니하는 사무에 관한 심판청구로서 그 청구가 부적법하다. ( )

03 지방의회는 새로운 재정부담을 수반하는 조례나 안건을 의결하려면 미리 지방자치단체의 장의 의견을 들어야 한다. ( )

04 지방자치단체의 자치권이 미치는 관할구역의 범위에는 육지만 포함되므로, 공유수면에 대해서는 지방자치단체의 자치권한이 존재하지 않는다. ( )

05 법령상 지방자치단체의 장이 처리하도록 하고 있는 사무가 자치사무인지, 기관위임사무인지 판단함에 있어서 법령의 규정 형식과 취지를 우선 고려하여야 할 것이지만, 그 외에도 그 사무의 성질이 전국적으로 통일적인 처리가 요구되는 것인지 여부, 경비부담과 최종적 책임귀속의 주체 등도 아울러 고려하여 판단하여야 한다. ( )

정답

01 ○
02 ○
03 ○
04 × (공유수면에 대해서도 지방자치단체의 자치권한이 존재한다)
05 ○

022 지방자치단체 주민의 권리

1 주민투표권

> **지방자치법 제18조(주민투표)**
> ① 지방자치단체의 장은 주민에게 과도한 부담을 주거나 중대한 영향을 미치는 지방자치단체의 주요 결정사항 등에 대하여 주민투표에 부칠 수 있다.

목적	풀뿌리 민주주의를 실현하고, 지역주민의 의사에 반하는 잘못된 정책결정 방지(헌재 2007. 6. 28. 2004헌마643)
법적 성격	주민투표권은 '법률이 보장하는 권리'일 뿐이지 헌법이 보장하는 기본권 또는 헌법상 제도적으로 보장되는 주관적 공권으로 볼 수 없다(헌재 2005. 12. 22. 2004헌마530).

주요 내용	주민투표권자	• 18세 이상의 주민으로서 관할 구역에 주민등록이 되어 있는 사람 • 18세 이상의 주민으로서 출입국관리 관계 법령에 따라 대한민국에 계속 거주할 수 있는 자격을 갖춘 외국인으로서 지방자치단체의 조례로 정한 사람 • 공직선거법상 선거권이 없는 자 제외
	대상	주민에게 과도한 부담을 주거나 중대한 영향을 미치는 지방자치단체의 주요결정사항
	확정	• 주민투표권자 총수의 4분의 1 이상의 투표와 유효투표수 과반수의 득표 • 2년 이내에는 이를 변경하거나 새로운 결정을 할 수 없음.

2 조례의 제정과 개정 · 폐지 청구권

> **지방자치법 제19조(조례의 제정과 개정 · 폐지 청구)**
> ① 주민은 지방자치단체의 조례를 제정하거나 개정하거나 폐지할 것을 청구할 수 있다.

3 주민소환권

> **지방자치법 제25조(주민소환)**
> ① 주민은 그 지방자치단체의 장 및 지방의회의원(비례대표 지방의회의원은 제외)을 소환할 권리를 가진다.

테마 출제경향

지방자치단체 주민의 권리에서는 주민투표권, 조례제정 · 개정 · 폐지청구권, 주민소환권 등의 법적 성격을 중심으로 출제되고 있다.

테마 출제 키워드

기본권, 법률상의 권리, 비례대표지방의회의원

법적 성격		주민소환제 자체는 지방자치의 본질적인 내용이라고 할 수 없으므로 이를 보장하지 않는 것이 위헌이라거나 어떤 특정한 내용의 주민소환제를 반드시 보장해야 한다는 헌법적인 요구가 있다고 볼 수는 없다(헌재 2009. 3. 26. 2007헌마843).
주요 내용	주민소환투표권자	• 19세 이상의 주민으로서 당해 지방자치단체 관할구역에 주민등록이 되어 있는 자 • 19세 이상의 외국인으로서 당해 지방자치단체 관할구역의 외국인등록대장에 등재된 자 • 공직선거법상 선거권이 없는 자 제외
	확정	주민소환투표권자 총수의 3분의 1 이상의 투표와 유효투표 총수 과반수의 찬성

⚖ 핵심 판례

▶ 주민투표권은 그 성질상 선거권, 공무담임권, 국민투표권과 전혀 다른 것이어서 이를 법률이 보장하는 참정권이라고 할 수 있을지언정 헌법이 보장하는 참정권이라고 할 수는 없다(헌재 2001. 6. 28. 2000헌마735).

▶ 우리의 지방자치법이 비록 주민에게 주민투표권과 조례의 제정 및 개폐청구권 및 감사청구권을 부여함으로써 주민이 지방자치사무에 직접 참여할 수 있는 길을 열어 놓고 있다 하더라도 이러한 제도는 어디까지나 입법자의 결단에 의하여 채택된 것일 뿐, 헌법이 이러한 제도의 도입을 보장하고 있는 것은 아니다(헌재 2001. 6. 28. 2000헌마735).

▶ 주민투표법 제8조에 따른 국가정책에 대한 주민투표는 주민의 의견을 묻는 의견수렴으로서의 성격을 갖는 것이고, 주민투표권의 일반적 성격을 보더라도 이는 법률이 보장하는 참정권이라고 할 수 있을지언정 헌법이 보장하는 참정권이라고 할 수는 없다(헌재 2008. 12. 26. 2005헌마1158).

▶ 지방자치단체가 중앙행정기관장으로부터 제8조의 주민투표 실시요구를 받지 않은 상태에서 일정한 경우 중앙행정기관에게 실시요구를 해 줄 것을 요구할 수 있는 권한까지 가지고 있다고 보기는 어렵다(헌재 2005. 12. 22. 2005헌라5).

▶ 조례제정·개폐청구권은 어디까지나 입법에 의하여 채택된 것일 뿐, 헌법이 이러한 제도의 도입을 보장하고 있는 것은 아니고, 조례제정·개폐청구권을 주민들의 지역에 관한 의사결정에 참여에 관한 권리 내지 주민발안권으로 이해하더라도 이러한 권리를 헌법이 보장하는 기본권인 참정권이라고 할 수는 없다(헌재 2009. 7. 30. 2007헌바75).

▶ 주민소환제는 대표자에 대한 신임을 묻는 것으로 그 속성이 재선거와 같아 그 사유를 묻지 않는 것이 제도의 취지에도 부합하며, 비민주적, 독선적인 정책추진 등을 광범위하게 통제한다는 주민소환제의 필요성에 비추어 청구사유에 제한을 둘 필요가 없다(헌재 2009. 3. 26. 2007헌마843).

✓ 핵심 O·X

01 지방자치법에서 규정한 주민투표권은 그 성질상 선거권, 공무담임권, 국민투표권과 전혀 다른 것이어서 이를 법률이 보장하는 참정권이라고 할 수 있을지언정 헌법이 보장하는 참정권이라고 할 수는 없다.   (   )

02 지방자치단체 주민의 조례제정·개폐청구권은 헌법이 보장하는 참정권이라고 볼 수 있다.   (   )

정답
01 ○
02 ✕ (참정권이라 볼 수 없다)

Theme

22

023 지방자치단체에 대한 국가의 지도·감독

📖 테마 출제경향

지방자치단체에 대한 국가의 지도·감독에서는 지방자치단체장과 지방의회의 권한 행사 및 불행사에 대한 국가의 지도·감독 사유와 범위가 출제되고 있다.

🔍 테마 출제 키워드

시정명령, 직무이행명령, 재의요구지시, 제소지시 및 직접 제소

핵심 이론

1 위법·부당한 명령·처분의 시정

구분	권한	사유
시·도	주무부장관	• 지방자치단체의 장의 명령이나 처분이 법령에 위반되거나 현저히 부당하여 공익을 해친다고 인정
시·군·구	시·도지사	• 자치사무는 법령을 위반한 것에 한정

2 지방자치단체의 장에 대한 직무이행명령

구분	권한	사유
시·도	주무부장관	지방자치단체의 장이 법령에 따라 그 의무에 속하는 국가위임사무나 시·도위임사무의 관리와 집행을 명백히 게을리하고 있다고 인정
시·군·구	시·도지사	

3 지방자치단체의 자치사무에 대한 감사

구분	권한	사유
시·도	행정안전부장관	법령 위반사항에 한정
시·군·구	시·도지사	

4 지방의회 의결의 재의와 제소

구분	권한	사유
시·도	주무부장관 행정안전부장관	• 재의요구 : 지방의회의 의결이 법령에 위반되거나 공익을 현저히 해친다고 판단
시·군·구	시·도지사	• 제소지시 및 직접 제소 : 재의결된 사항이 법령에 위반된다고 판단

핵심 판례

▶ 중앙행정기관의 지방자치단체의 자치사무에 대한 구 지방자치법 제158조 단서 규정의 감사권은 사전적·일반적인 포괄감사권이 아니라 그 대상과 범위가 한정적인 제한된 감사권이라 해석함이 마땅하다(헌재 2009. 5. 28. 2006헌라6).

▶ 지방자치법 제172조 제4항, 제6항에서 지방의회 재의결에 대하여 제소를 지시하거나 직접 제소할 수 있는 주체로 규정된 '주무부장관이나 시·도지사'는 시·도에 대하여는 주무부장관을, 시·군 및 자치구에 대하여는 시·도지사를 각 의미한다. 이와 달리 주무부장관의 경우 재의요구 지시 권한과 상관없이 모든 지방의회의 재의결에 대한 제소 등 권한이 있다고 본다면 시·군 및 자치구의회의 재의결에 관하여는 주무부장관과 시·도지사의 제소 등 권한이 중복됨에도 지방자치법은 상호관계를 규율하는 규정을 두고 있지 아니하다(대판 2016. 9. 22. 2014추521).

▶ 재의결의 내용 전부가 아니라 그 일부만이 위법한 경우에도 그 재의결 전부의 효력을 부인하여야 한다(대판 1994. 5. 10. 93추144).

핵심 O·X

01 주무부장관이 지방자치단체사무에 관한 시·도지사의 명령이나 처분에 대하여 시정명령을 할 수 있는 것은 그 명령이나 처분이 위법한 경우에 한한다. ( )

02 감사원은 지방자치단체의 위임사무나 자치사무의 구별 없이 합법성 감사는 할 수 있으나, 합목적성 감사는 할 수 없다. ( )

03 조례안의 일부 조항이 법령에 위반되어 위법한 경우에는 그 조례안에 대한 재의결은 그 전체의 효력을 부인할 수밖에 없다. ( )

04 행정안전부장관은 지방자치단체의 자치사무에 관하여 보고를 받거나 서류·장부 또는 회계를 감사할 수 있으며, 이 경우 감사는 자치사무의 합목적성 및 법령위반사항에 대하여 실시한다. ( )

01 × (법령에 위반되거나 현저히 부당하여 공익을 해친다고 인정되는 경우)
02 × (합목적성 감사도 할 수 있다)
03 ○
04 × (법령위반사항에 한정)

024

혼인과 가족제도

📋 **테마 출제경향**

혼인과 가족제도에서는 혼인과 가족제도의 내용에 대한 헌재결 정과 차별금지명령과 관련한 헌 재결정이 출제되고 있다.

🔍 **테마 출제 키워드**

혼인의 자유, 친생부인의 소, 육 아휴직신청권, 중혼, 부부자산 합산과세

헌법 제36조
① 혼인과 가족생활은 개인의 존엄과 양성의 평등을 기초로 성립되고 유지되어야 하며, 국가는 이 를 보장한다.

핵심 이론

1 보장내용

혼인과 가족생활을 스스로 결정하고 형성할 수 있는 자유를 기본권으로서 보장하 고, 혼인과 가족에 대한 제도를 보장한다(헌재 2002. 8. 29. 2001헌바82).

2 법적 성격

헌법 제36조 제1항은 혼인과 가족에 관련되는 공법 및 사법의 모든 영역에 영향을 미치는 '헌법원리 내지 원칙규범'으로서의 성격도 가진다(헌재 2002. 8. 29. 2001헌바82).

3 구체적 내용

혼인제도	혼인의 자유	
가족제도	개인의 존엄과 양성의 평등을 기초로 하는 부부관계	
	개인의 존엄과 양성의 평등을 기초로 하는 친자관계	• 자녀 양육권 • 자녀 교육권
	혼인한 자에 대한 차별금지	

✎ 핵심 판례

▶ 동성동본금혼을 규정한 민법 제809조 제1항은 이제 사회적 타당성 내지 합리성을 상실하고 있 음과 아울러 인간으로서의 존엄과 가치 및 행복추구권을 규정한 헌법이념 및 개인의 존엄과 양 성의 평등에 기초한 혼인과 가족생활의 성립·유지라는 헌법규정에 정면으로 배치될 뿐 아니라 남계혈족에만 한정하여 성별에 의한 차별을 함으로써 헌법상의 평등의 원칙에도 위반되며, 또한 그 입법목적이 이제는 혼인에 관한 국민의 자유와 권리를 제한할 사회질서나 공공복리에 해당될 수 없다는 점에서 헌법 제37조 제2항에도 위반된다(헌재 1997. 7. 16. 95헌가6 헌법불합치).

▶ 호주제는 당사자의 의사나 복리와 무관하게 남계혈통 중심의 가의 유지와 계승이라는 관념에 뿌리박은 특정한 가족관계의 형태를 일방적으로 규정·강요함으로써 개인을 가족 내에서 존엄한 인격체로 존중하는 것이 아니라 가의 유지와 계승을 위한 도구적 존재로 취급하고 있는데, 이는 혼인·가족생활을 어떻게 꾸려나갈 것인지에 관한 개인과 가족의 자율적 결정권을 존중하라는 헌법 제36조 제1항에 부합하지 않는다(헌재 2005. 2. 3. 2001헌가9 헌법불합치).

▶ 출생 직후의 자에게 성을 부여할 당시 부가 이미 사망하였거나 부모가 이혼하여 모가 단독으로 친권을 행사하고 양육할 것이 예상되는 경우, 혼인 외의 자를 부가 인지하였으나 여전히 모가 단독으로 양육하는 경우 등과 같은 사례에 있어서도 일방적으로 부의 성을 사용할 것을 강제하면서 모의 성의 사용을 허용하지 않고 있는 것은 개인의 존엄과 양성의 평등을 침해한다. 그리고 입양이나 재혼 등과 같이 가족관계의 변동과 새로운 가족관계의 형성에 있어서 구체적인 사정들에 따라서는 양부 또는 계부 성으로의 변경이 개인의 인격적 이익과 매우 밀접한 관계를 가짐에도 부성의 사용만을 강요하여 성의 변경을 허용하지 않는 것은 개인의 인격권을 침해한다(헌재 2005. 12. 22. 2003헌가5 헌법불합치).

▶ 육아휴직신청권은 헌법 제36조 제1항 등으로부터 개인에게 직접 주어지는 헌법적 차원의 권리라고 볼 수는 없고, 입법자가 입법의 목적, 수혜자의 상황, 국가예산, 전체적인 사회보장수준, 국민정서 등 여러 요소를 고려하여 제정하는 입법에 적용요건, 적용대상, 기간 등 구체적인 사항이 규정될 때 비로소 형성되는 법률상의 권리에 불과하다(헌재 2008. 10. 30. 2005헌마1156).

▶ 민법 제정 이후의 사회적·법률적·의학적 사정변경을 전혀 반영하지 아니한 채, 이미 혼인관계가 해소된 이후에 자가 출생하고 생부가 출생한 자를 인지하려는 경우마저도, 아무런 예외 없이 그 자를 전남편의 친생자로 추정함으로써 친생부인의 소를 거치도록 하는 혼인 종료 후 300일 이내에 출생한 자를 전남편의 친생자로 추정하는 민법 제844조 제2항은 입법형성의 한계를 벗어나 모가 가정생활과 신분관계에서 누려야 할 인격권, 혼인과 가족생활에 관한 기본권을 침해한다(헌재 2015. 4. 30. 2013헌마623 헌법불합치).

▶ 민법 제847조 제1항은 '친생부인의 사유가 있음을 안 날'을 제척기간의 기산점으로 삼음으로써 부(夫)가 혈연관계의 진실을 인식할 때까지 기간의 진행을 유보하고, '그로부터 2년'을 제척기간으로 삼음으로써 부(夫)의 친생부인의 기회를 실질적으로 보장하고 있다. 또한 2년이란 기간은 자녀의 불안정한 지위를 장기간 방치하지 않기 위한 것으로서 지나치게 짧다고 볼 수 없다. 따라서 민법 제847조 제1항 중 "부(夫)가 그 사유가 있음을 안 날부터 2년내" 부분은 친생부인의 소의 제척기간에 관한 입법재량의 한계를 일탈하지 않은 것으로서 헌법에 위반되지 아니한다(헌재 2015. 3. 26. 2012헌바357).

▶ 중혼의 취소청구권자를 규정한 이 사건 법률조항은 그 취소청구권자로 직계존속과 4촌 이내의 방계혈족을 규정하면서도 직계비속을 제외하였는바, 직계비속을 제외하면서 직계존속만을 취소청구권자로 규정한 것은 가부장적·종법적인 사고에 바탕을 두고 있고, 직계비속이 상속권 등과 관련하여 중혼의 취소청구를 구할 법률적인 이해관계가 직계존속과 4촌 이내의 방계혈족 못지않게 크며, 그 취소청구권자의 하나로 규정된 검사에게 취소청구를 구한다고 하여도 검사로 하여금 직권발동을 촉구하는 것에 지나지 않은 점 등을 고려할 때, 합리적인 이유 없이 직계비속을 차별하고 있어, 평등원칙에 위반된다(헌재 2010. 7. 29. 2009헌가8 헌법불합치).

▶ 자산소득이 있는 모든 납세의무자 중에서 혼인한 부부가 혼인하였다는 이유만으로 혼인하지 않은 자산소득자보다 더 많은 조세부담을 하여 소득을 재분배하도록 강요받는 것은 부당하며, 부부 자산소득 합산과세를 통해서 혼인한 부부에게 가하는 조세부담의 증가라는 불이익이 자산소득 합산과세를 통하여 달성하는 사회적 공익보다 크다고 할 것이므로, 소득세법 제61조 제1항이 자산소득 합산과세의 대상이 되는 혼인한 부부를 혼인하지 않은 부부나 독신자에 비하여 차별취급하는 것은 헌법 제36조 제1항에 위반된다(헌재 2002. 8. 29. 2001헌바82).

✎ 핵심 기출 ||||||||||||||||||||||||||||||||||||||||||||||||||||||||||

혼인과 가족제도에 대한 설명으로 옳은 것만을 모두 고른 것은? (다툼이 있는 경우 판례에 의함)

2017 국가직 7급

㉠ 부부 자산소득 합산과세제도는 헌법 제11조제1항에서 보장하는 평등원칙을 혼인과 가족생활에서 더 구체화함으로써 혼인한 자의 차별을 금지하고 있는 헌법 제36조 제1항에 위반된다.
㉡ 친생부인의 소의 제척기간을 규정한 민법 제847조 제1항 중 '부가 그 사유가 있음을 안 날로부터 2년 내' 부분은 친생부인의 소의 제척기간에 관한 입법재량의 한계를 일탈하지 않은 것으로서 헌법에 위반되지 아니한다.
㉢ 혼인 종료 후 300일 이내에 출생한 자를 전남편의 친생자로 추정하는 민법 제844조제2항 중 '혼인관계 종료의 날로부터 300일 이내에 출생한 자'에 관한 부분은 모가 가정생활과 신분관계에서 누려야 할 인격권, 혼인과 가족생활에 관한 기본권을 침해하지 아니한다.
㉣ 육아휴직제도의 헌법적 근거를 헌법 제36조제1항에서 구한다고 하더라도 육아휴직신청권은 헌법 제36조제1항 등으로부터 개인에게 직접 주어지는 헌법적 차원의 권리라고 볼 수는 없다.

㉠ (○) 헌재 2002. 8. 29. 2001헌바82
㉡ (○) 헌재 2015. 3. 26. 2012헌바357
㉢ (×) 헌재 2015. 4. 30. 2013헌마623
㉣ (○) 헌재 2008. 10. 30. 2005헌마156

정답 ③

① ㉠, ㉡
② ㉢, ㉣
③ ㉠, ㉡, ㉣
④ ㉡, ㉢, ㉣

✓ 핵심 O·X ||||||||||||||||||||||||||||||||||||||||||||||||||||||||||

01 친양자 입양을 청구하기 위해서는 친생부모의 친권상실, 사망 기타 동의할 수 없는 사유가 없는 한 친생부모의 동의를 반드시 요하도록 하는 것은 친양자가 될 자의 가족생활에 관한 기본권을 침해하지 않는다. ( )

02 부모가 자녀의 이름을 지을 자유는 혼인과 가족생활을 보장하는 헌법 제36조제1항과 행복추구권을 보장하는 헌법 제10조에 의하여 보호받는다. ( )

03 법적으로 승인되지 아니한 사실혼 또한 헌법 제36조 제1항에 규정된 혼인의 보호범위에 포함된다. ( )

04 원칙적으로 3년 이상 혼인 중인 부부만이 친양자 입양을 할 수 있도록 규정하여 독신자는 친양자 입양을 할 수 없도록 한 구 「민법」 조항은 독신자의 가족생활의 자유를 침해한다. ( )

05 1세대 3주택 이상에 해당하는 주택에 대하여 양도소득세 중과세를 규정하고 있는 구 「소득세법」 조항은 헌법 제36조 제1항이 정하고 있는 혼인에 따른 차별금지원칙에 위배되고, 혼인의 자유를 침해한다. ( )

정답
01 ○
02 ○
03 × (사실혼은 혼인의 보호범위에 포함되지 않는다)
04 × (친양자 입양의 제한은 독신자의 가족생활의 자유를 침해하지 않는다)
05 ○

025 기본권의 주체

핵심 이론

1 자연인

	초기 배아	부정
국민	태아	긍정
	공무원	제한적 긍정
외국인	제한적 긍정	

2 법인

사법인	긍정
공법인	예외적 긍정

📋 테마 출제경향

기본권의 주체에서는 외국인과 법인의 기본권 능력 인정 여부 및 인정 범위, 공법인의 기본권 능력이 예외적으로 인정되는 경우 등이 출제되고 있다.

🔎 테마 출제 키워드

초기 배아, 태아, 인간의 권리, 기본권의 성질, 입국의 자유, 일할 환경에 관한 권리, 직업의 자유, 인격권

⚖ 핵심 판례

▶ 대통령도 국민의 한 사람으로서 제한적으로나마 기본권의 주체가 될 수 있는바, 대통령은 소속 정당을 위하여 정당활동을 할 수 있는 사인으로서의 지위와 국민 모두에 대한 봉사자로서 공익 실현의 의무가 있는 헌법기관으로서의 지위를 동시에 갖는데 최소한 전자의 지위와 관련하여는 기본권 주체성을 갖는다(헌재 2008. 1. 17. 2007헌마700).

▶ 불법체류라는 것은 관련 법령에 의하여 체류자격이 인정되지 않는다는 것일 뿐이므로, 인간의 권리로서 외국인에게도 주체성이 인정되는 일정한 기본권에 관하여 불법체류 여부에 따라 그 인정 여부가 달라지는 것은 아니다(헌재 2012. 8. 23. 2008헌마430).

▶ 신체의 자유, 주거의 자유, 변호인의 조력을 받을 권리, 재판청구권 등은 성질상 인간의 권리에 해당한다고 볼 수 있으므로, 위 기본권들에 관하여는 청구인들의 기본권 주체성이 인정된다(헌재 2012. 8. 23. 2008헌마430).

▶ 참정권과 입국의 자유에 대한 외국인의 기본권 주체성이 인정되지 않고, 외국인이 복수국적을 누릴 자유가 우리 헌법상 행복추구권에 의하여 보호되는 기본권이라고 보기 어렵다(헌재 2014. 6. 26. 2011헌마502).

▶ 직업의 자유는 원칙적으로 대한민국 국민에게 인정되는 기본권이지, 외국인에게 인정되는 기본권은 아니다. 국가정책에 따라 정부의 허가를 받은 외국인은 정부가 허가한 범위 내에서 소득활동을 할 수 있는 것이므로, 외국인이 국내에서 누리는 직업의 자유는 법률 이전에 헌법에 의해서 부여된 기본권이라고 할 수는 없고, 법률에 따른 정부의 허가에 의해 비로소 발생하는 권리이다(헌재 2014. 8. 28. 2013헌마359).

▶ 근로의 권리 중 인간의 존엄성 보장에 필요한 최소한의 근로조건을 요구할 수 있는 '일할 환경에 관한 권리' 역시 외국인에게 보장되고, 고용허가를 받아 우리 사회에서 정당한 노동인력으로서 지위를 부여받은 외국인들의 직장선택의 자유도 인간의 권리로서 보장된다(헌재 2016. 3. 31. 2014헌마367).

▶ 학교안전공제회는 공법인적 성격과 사법인적 성격을 겸유하고 있는데, 공제회가 일부 공법인적 성격을 갖고 있다고 하더라도 공무를 수행하거나 고권적 행위를 하는 경우가 아닌 사경제주체로서 활동하는 경우나 조직법상 국가로부터 독립한 고유 업무를 수행하는 경우, 그리고 다른 공권력 주체와의 관계에서 지배복종관계가 성립되어 일반 사인처럼 그 지배하에 있는 경우 등에는 기본권 주체가 될 수 있다(헌재 2015. 7. 30. 2014헌가7).

▶ 청구인은 국회의 노동위원회로 국회의 일부조직인 상임위원회 가운데 하나에 해당하는 것으로 국가기관인 국회의 일부조직이므로 기본권의 주체가 될 수 없다(헌재 1994. 12. 29. 93헌마120).

▶ 재개발조합의 공공성과 '도시 및 주거환경정비법'에서 위 조합에 행정처분을 할 수 있는 권한을 부여한 취지 등을 종합하여 볼 때, 재개발조합이 공법인의 지위에서 행정처분의 주체가 되는 경우에 있어서는 위 조합은 재개발사업에 관한 국가의 기능을 대신하여 수행하는 공권력 행사자 내지 기본권 수범자의 지위에 있다. 따라서 재개발조합이 기본권의 수범자로 기능하면서 행정심판의 피청구인이 된 경우에 적용되는 심판대상조항의 위헌성을 다투는 이 사건에 있어, 재개발조합인 청구인은 기본권의 주체가 된다고 볼 수 없다(헌재 2022. 7. 21. 2019헌바543).

▶ 청구인은 공법상 재단법인인 방송문화진흥회가 최다출자자인 방송사업자로서 방송법 등 관련 규정에 의하여 공법상의 의무를 부담하고 있지만, 그 설립목적이 언론의 자유의 핵심영역인 방송사업이므로 이러한 업무수행과 관련해서는 기본권 주체가 될 수 있고, 그 운영을 광고수익에 전적으로 의존하고 있는 만큼 이를 위해 사경제 주체로서 활동하는 경우에도 기본권 주체가 될 수 있다(헌재 2013. 9. 26. 2012헌마271).

▶ 한국신문편집인협회는 언론인들의 협동단체로서 법인격은 없으나, 대표자와 총회가 있고, 단체의 명칭, 대표의 방법, 총회 운영, 재산의 관리 기타 단체의 중요한 사항이 회칙으로 규정되어 있는 등 사단으로서의 실체를 가지고 있으므로 권리능력 없는 사단이라고 할 것이고, 따라서 기본권의 성질상 자연인에게만 인정될 수 있는 기본권이 아닌 한 기본권의 주체가 될 수 있다(헌재 1995. 7. 21. 92헌마177).

▶ 법인도 법인의 목적과 사회적 기능에 비추어 볼 때 그 성질에 반하지 않는 범위 내에서 인격권의 한 내용인 사회적 신용이나 명예 등의 주체가 될 수 있다(헌재 2012. 8. 23. 2009헌가27).

▶ 사죄광고의 강제는 양심도 아닌 것이 양심인 것처럼 표현할 것의 강제로 인간양심의 왜곡·굴절이고 겉과 속이 다른 이중인격형성의 강요인 것으로서 침묵의 자유의 파생인 양심에 반하는 행위의 강제금지에 저촉되는 것이며 따라서 우리 헌법이 보호하고자 하는 정신적 기본권의 하나인 양심의 자유의 제약(법인의 경우라면 그 대표자에게 양심표명의 강제를 요구하는 결과가 된다)이라고 보지 않을 수 없다(헌재 1991. 4. 1. 89헌마160).

✎ 핵심 기출 |||||||||||||||||||||||||||||||||||||||||||||||||||||||||||||||||||||||||||||||

기본권의 주체에 대한 헌법재판소 결정으로 옳지 않은 것은?   2016 지방직 7급

① 초기배아는 수정된 배아라는 점에서 형성 중인 생명의 첫걸음을 뗴었다고 볼 여지가 있기는 하지만 인간과 배아간의 개체적 연속성을 확정하기 어렵다는 점에서 기본권 주체성은 부인되는 반면, 배아의 경우 형성 중에 있는 생명이라는 독특한 지위로 인해 국가에 의한 적극적인 보호가 요구된다.

② 법인도 법인의 목적과 사회적 기능에 비추어 볼 때 그 성질에 반하지 않는 범위 내에서 인격권의 한 내용인 사회적 신용이나 명예 등의 주체가 될 수 있고 법인이 이를 위한 의사결정이나 행동을 어떻게 할 것인지를 자율적으로 결정하는 것도 법인의 인격권의 한 내용을 이룬다.

③ 헌법상 근로의 권리는 '일할 자리에 관한 권리'만이 아니라 '일할 환경에 관한 권리'도 의미하는데, '일할 환경에 관한 권리'는 인간의 존엄성에 대한 침해를 방어하기 위한 권리로서 외국인에게도 인정된다.

④ 대통령은 소속 정당을 위하여 정당활동을 할 수 있는 사인으로서의 지위도 있지만 국민 모두에 대한 봉사자로서 공익실현의 의무가 있는 헌법기관으로서의 지위를 동시에 가지므로, 전자의 지위와 관련하여도 기본권 주체성을 갖는다고 볼 수 없다.

④ 헌재 2008. 1. 17. 2007헌마700
① 헌재 2010. 5. 27. 2005헌마346
② 헌재 2012. 8. 23. 2009헌가27
③ 헌재 2016. 3. 31. 2014헌마367

정답 ④

✓ 핵심 O·X

01 정당은 구성원과 독립하여 그 자체로서 기본권의 주체가 될 수 있고, 그 조직 자체의 기본권이 직접 침해당한 경우 자신의 이름으로 헌법소원심판을 청구할 수 있다.   (   )

02 헌법 제31조제4항이 규정하는 교육의 자주성 및 대학의 자율성은 대학에 부여된 헌법상 기본권인 대학의 자율권이므로, 국립대학도 이러한 대학의 자율권의 주체로서 헌법소원심판의 청구인능력이 인정된다.   (   )

03 자연인으로서 개인의 존재를 전제로 하거나 인간의 감성과 관련된 기본권은 그 성질상 법인에게 적용될 수 없으므로 법인은 인격권의 주체가 될 수 없다.   (   )

04 공법상 재단법인인 방송문화진흥회가 최다출자자인 방송사업자는 「방송법」 등 관련 규정에 의하여 공법상의 의무를 부담하고 있지만, 「상법」에 의하여 설립된 주식회사로서 설립목적은 언론의 자유의 핵심 영역인 방송사업이므로 이러한 업무 수행과 관련하여 당연히 기본권 주체가 될 수 있다.   (   )

05 아동과 청소년의 인격권은 성인과 마찬가지로 인간의 존엄성 및 행복추구권을 보장하는 헌법 제10조에 의하여 보호된다.   (   )

06 착상 전 초기배아의 경우 인간으로의 성장가능성을 기대할 수 있으므로 기본권 주체성이 인정된다.   (   )

정답
01 ○
02 ○
03 × (법인도 인격권의 주체가 될 수 있다)
04 ○
05 ○
06 × (초기배아는 기본권 주체성이 인정되지 않는다)

07 인간의 존엄과 가치 및 행복추구권은 '인간의 권리'로서 외국인도 그 주체가 될 수 있다.

( )

08 법인인 방송사업자의 의사에 반한 사과행위를 강제하는 것은 방송사업자의 인격권을 제한한다.

( )

09 건강한 작업환경, 일에 대한 정당한 보수, 합리적인 근로조건의 보장 등을 요구할 수 있는 권리 등을 포함하는 '일할 환경에 관한 권리'는 외국인 근로자도 주체가 될 수 있다.

( )

10 지방자치단체장은 국민의 기본권을 보호 내지 실현하여야 할 책임과 의무를 가지는 국가기관의 지위를 갖기 때문에 「주민소환에 관한 법률」의 관련 규정으로 인해 자신의 공무담임권이 침해됨을 이유로 헌법소원을 청구할 수 있는 기본권 주체로 볼 수 없다.

( )

11 형성 중의 생명인 태아에게는 생명에 대한 권리가 인정되어야 하나, 모체에 착상되기 전 혹은 원시선이 나타나기 전의 수정란 상태의 초기배아에게는 생명권의 주체성을 인정할 수 없다.

( )

12 불법체류 중인 외국인들이라 하더라도, 불법체류라는 것은 관련 법령에 의하여 체류자격이 인정되지 않는다는 것일 뿐이므로, '인간의 권리'로서 외국인에게도 주체성이 인정되는 일정한 기본권에 관하여 불법체류 여부에 따라 그 인정 여부가 달라지는 것은 아니다.

( )

13 정당의 기본권 주체성은 인정되지만 지방자치단체의 기본권 주체성은 인정되지 않는다.

( )

14 직장선택의 자유는 국민의 권리로 보아야 할 것이므로 외국인에게는 직장선택의 자유가 인정되지 않는다.

( )

15 농지개량조합은 존립목적, 조직과 재산의 형성 및 그 활동전반에 나타나는 매우 짙은 공적인 성격에 비추어 공법인으로 볼 수 있으므로 기본권의 주체가 될 수 없다.

( )

정답
07 ○
08 ○
09 ○
10 × (지방자치단체장은 공무담임권의 주체가 된다)
11 ○
12 ○
13 ○
14 × (외국인에게 직장선택의 자유가 인정된다)
15 ○

026 기본권의 경합과 충돌

핵심 이론

1 기본권 경합

의의	하나의 규제로 인해 동일한 기본권 주체의 여러 기본권이 동시에 제약을 받는 경우(헌재 1998. 4. 30. 95헌가16)	
해결방법	직접 관련 기본권 우선	기본권 경합의 경우 '사안과 가장 밀접한 관계에 있고 침해의 정도가 큰 주된 기본권'을 중심으로 해서 제한의 한계를 따져 보아야 한다(헌재 1998. 4. 30. 95헌가16).
	특별기본권 우선	• 공무담임권과 직업의 자유 • 직업의 자유와 행복추구권 • 표현의 자유와 행복추구권
	포괄적 기본권 우선	양심의 자유는 종교적 신념에 기초한 양심뿐만 아니라 비종교적인 양심도 포함하는 포괄적인 기본권이므로, 양심의 자유를 중심으로 살펴보기로 한다(헌재 2004. 8. 26. 2002헌가1).

2 기본권 충돌

의의	상이한 복수의 기본권 주체가 서로의 권익을 실현하기 위해 하나의 동일한 사건에서 국가에 대하여 서로 대립되는 기본권의 적용을 주장하는 경우(헌재 2005. 11. 24. 2002헌바95)	
해결방법	일반원칙	충돌하는 기본권의 성격과 태양에 따라 그때그때마다 적절한 해결방법을 선택, 종합하여 해결(헌재 2005. 11. 24. 2002헌바95)
	위계질서가 있는 경우	상하의 위계질서가 있는 기본권끼리 충돌하는 경우에는 '상위기본권 우선의 원칙'에 따라 하위기본권이 제한될 수 있으므로, 흡연권은 혐연권을 침해하지 않는 한에서 인정(헌재 2004. 8. 26. 2003헌마457)
	위계질서가 없는 경우	두 기본권이 서로 충돌하는 경우에는 헌법의 통일성을 유지하기 위하여 상충하는 기본권 모두가 최대한으로 그 기능과 효력을 나타낼 수 있도록 하는 조화로운 방법이 모색되어야 할 것이고, 결국은 정정보도청구제도가 과잉금지의 원칙에 따라 그 목적이 정당한 것인가 그러한 목적을 달성하기 위하여 마련된 수단 또한 언론의 자유를 제한하는 정도가 인격권과의 사이에 적정한 비례를 유지하는 것인가의 여부가 문제(헌재 1991. 9. 16. 89헌마165)

📖 테마 출제경향

기본권의 경합과 충돌에서는 기본권의 경합과 충돌의 의의, 기본권의 경합과 충돌시 해결방법을 묻는 문제가 출제되고 있다.

🔍 테마 출제 키워드

가장 밀접한 관계, 특별기본권, 상위기본권 우선의 원칙, 조화로운 방법

✍ 핵심 판례

▶ 학부모의 교육권은 교원의 노동조합 가입정보에 대한 알 권리의 충족 여부에 따라 간접적으로 영향받는 것이라 할 수 있으므로, 사안과 가장 밀접한 관계에 있고 또 침해의 정도가 큰 알 권리를 중심으로 살펴보기로 한다(헌재 2011. 12. 29. 2010헌마293).

▶ 국가 또는 지방자치단체외의 자가 양로시설을 설치하고자 하는 경우 신고하도록 규정하고 이를 위반한 경우 처벌하는 노인복지법 조항은 종교단체에서 운영하는 양로시설도 일정규모 이상의 경우 신고하도록 한 규정일 뿐, 거주이전의 자유나 인간다운 생활을 할 권리의 제한을 불러온다고 볼 수 없으므로 이에 대해서는 별도로 판단하지 아니한다. 또한 종교단체의 복지시설 운영은 종교의 자유의 영역이므로 종교의 자유를 침해하는지 여부에 대한 문제로 귀결된다(헌재 2016. 6. 30. 2015헌바46).

▶ 청구인은 형제자매에게 가족관계등록부 등의 기록사항에 관한 증명서 교부청구권을 부여하는 '가족관계의 등록 등에 관한 법률' 조항에 의하여 인간의 존엄과 가치 및 행복추구권, 사생활의 비밀과 자유가 침해된다고 주장하나, 위 기본권들은 모두 개인정보자기결정권의 헌법적 근거로 거론되는 것으로서 청구인의 개인정보에 대한 공개와 이용이 문제되는 이 사건에서 개인정보자기결정권 침해 여부를 판단하는 이상 별도로 판단하지 않는다(헌재 2016. 6. 30. 2015헌마924).

▶ 교원의 교원단체 및 노동조합 가입에 관한 정보는 '개인정보 보호법'상의 민감정보로서 특별히 보호되어야 할 성질의 것이고, 인터넷 게시판에 공개되는 '공시'로 말미암아 발생할 교원의 개인 정보자기결정권에 대한 중대한 침해의 가능성을 고려할 때, 공시대상정보로서 교원의 교원단체 및 노동조합 가입현황(인원 수)만을 규정할 뿐 개별 교원의 명단은 규정하고 있지 아니한 구 교육기관정보공개법 시행령 조항은 학부모 등 국민의 알 권리와 교원의 개인정보자기결정권이라는 두 기본권을 합리적으로 조화시킨 것이라 할 수 있으므로, 학부모들의 알 권리를 침해하지 않는다(헌재 2011. 12. 29. 2010헌마293).

④ 헌재 2016. 6. 30. 2015헌마924

① 심판대상조항은 집필문을 창작하거나 표현하는 것을 금지하거나 이에 대한 허가를 요구하는 조항이 아니라 이미 표현된 집필문을 외부의 특정한 상대방에게 발송할 수 있는지 여부에 대해 규율하는 것이므로, 제한되는 기본권은 헌법 제18조에서 정하고 있는 통신의 자유로 봄이 상당하다(헌재 2016. 5. 26. 2013헌바98).

② 종교단체의 복지시설 운영은 종교의 자유의 영역이므로 종교의 자유를 침해하는지 여부에 대한 문제로 귀결된다(헌재 2016. 6. 30. 2015헌바46).

③ 심판대상조항은 청구인으로 하여금 음식점 시설과 그 내부 장비 등을 철거하거나 변경하도록 강제하는 내용이 아니므로, 이로 인하여 청구인의 음식점 시설 등에 대한 권리가 제한되어 재산권이 침해되는 것은 아니다(헌재 2013. 6. 27. 2011헌마315).

정답 ④

✏ 핵심 [기출] |||||||||||||||||||||||||||||||||||||||||||||||||||

기본권경합에 대한 헌법재판소 결정으로 옳은 것은?

2016 국가직 7급

① 수용자가 작성한 집필문의 외부반출을 불허하고 이를 영치할 수 있도록 한 것은 수용자의 통신의 자유와 표현의 자유를 제한한다.

② 종교단체가 양로시설을 설치하고자 하는 경우 신고하도록 의무를 부담시키는 것은 종교단체의 종교의 자유와 인간다운 생활을 할 권리를 제한한다.

③ 일반음식점 영업소에 음식점 시설 전체를 금연구역으로 지정하여 운영하여야 할 의무를 부담시키는 것은 음식점 운영자의 직업수행의 자유와 음식점 시설에 대한 재산권을 제한한다.

④ 형제·자매에게 가족관계등록부 등의 기록사항에 관한 증명서 교부청구권을 부여하는 것은 본인의 개인정보자기결정권을 제한하는 것으로 개인정보자기결정권 침해 여부를 판단한 이상 인간의 존엄과 가치 및 행복추구권, 사생활의 비밀과 자유는 판단하지 않는다.

✓ 핵심 O·X

01 기본권의 경합은 동일한 기본권 주체가 동시에 여러 기본권의 적용을 주장하는 경우에 발생하는 문제이다.　　　　　　　　　　　　　　　　　　　　　（　　）

02 기본권의 충돌은 상이한 기본권 주체가 서로 대립되는 기본권의 적용을 주장할 때 발생하는 문제이다.　　　　　　　　　　　　　　　　　　　　　　　（　　）

03 예술적 표현수단을 사용하여 상업적 광고를 하는 경우 영업의 자유, 예술의 자유 등 복합적인 기본권 충돌의 문제가 발생한다.　　　　　　　　　　　　　　（　　）

04 흡연권은 사생활의 자유를 실질적 핵으로 하는 것이고, 혐연권은 사생활의 자유뿐만 아니라 생명권에까지 연결되는 것이므로 혐연권이 흡연권보다 상위의 기본권이다.
　　　　　　　　　　　　　　　　　　　　　　　　　　　　　（　　）

05 상하의 위계질서가 있는 기본권끼리 충돌하는 경우에는 상위 기본권 우선의 원칙에 따라 하위 기본권이 제한될 수 있다.　　　　　　　　　　　　　　（　　）

06 노동조합의 적극적 단결권은 근로자 개인의 단결하지 않을 자유보다 중시된다고 할 수 없어, 노동조합에 적극적 단결권(조직강제권)을 부여하는 것은 근로자의 단결하지 아니할 자유의 본질적인 내용을 침해한다.　　　　　　　　　　（　　）

07 종교단체가 일정규모 이상의 양로시설을 설치하고자 하는 경우 신고하도록 의무를 부담시키는 것은 종교단체의 종교의 자유와 인간다운 생활을 할 권리를 제한한다.
　　　　　　　　　　　　　　　　　　　　　　　　　　　　　（　　）

08 행복추구권은 다른 기본권에 대한 보충적 기본권으로서의 성격을 지니므로, 공무담임권이라는 우선적으로 적용되는 기본권이 존재하여 그 침해여부를 판단하는 이상, 행복추구권 침해 여부를 독자적으로 판단할 필요가 없다.　　　　　　　（　　）

09 학생의 수학권과 교사의 수업권은 대등한 지위에 있으므로, 학생의 수학권의 보장을 위하여 교사의 수업권을 일정한 범위 내에서 제약할 수 없다.　　　（　　）

10 수용자가 작성한 집필문의 외부반출을 불허하고 이를 영치할 수 있도록 한 것은 수용자의 통신의 자유와 표현의 자유를 제한한다.　　　　　　　　　（　　）

11 반론권과 보도기관의 언론의 자유가 충돌하는 경우에는 헌법의 통일성을 유지하기 위하여 기본권 모두가 최대한으로 그 기능과 효력을 발휘할 수 있도록 하는 조화로운 방법이 모색되어야 한다.　　　　　　　　　　　　　　　　　　（　　）

정답
01 ○
02 ○
03 × (기본권 경합의 문제)
04 ○
05 ○
06 × (침해하지 아니한다)
07 × (종교의 자유만 제한된다)
08 ○
09 × (학생의 수학권 보장을 위해 교사의 수업권을 일정한 범위 내에서 제약할 수 있다)
10 × (통신의 자유만 제한한다)
11 ○

027

기본권의 제한

📋 **테마 출제경향**

기본권의 제한에서는 법률유보 원칙, 과잉금지원칙을 중심으로 출제되고 있다.

🔍 **테마 출제 키워드**

법률에 근거한, 의회유보원칙, 침해의 최소성

> **헌법 제37조**
> ② 국민의 모든 자유와 권리는 국가안전보장·질서유지 또는 공공복리를 위하여 필요한 경우에 한하여 법률로써 제한할 수 있으며, 제한하는 경우에도 자유와 권리의 본질적인 내용을 침해할 수 없다.

1 헌법 제37조 제2항의 규범적 의미

헌법 제37조 제2항의 규정은 기본권 제한입법의 수권규정이지만, 그것은 동시에 기본권 제한입법의 한계규정이기도 하다(헌재 1990. 9. 3. 89헌가95).

2 법률유보원칙

의의		법률유보의 원칙은 '법률에 의한' 규율만을 뜻하는 것이 아니라 '법률에 근거한' 규율을 요청하는 것이므로 기본권 제한의 형식이 반드시 법률의 형식일 필요는 없고 법률에 근거를 두면서 헌법 제75조가 요구하는 위임의 구체성과 명확성을 구비하기만 하면 위임입법에 의하여도 기본권 제한은 가능하다(헌재 2005. 2. 24. 2003헌마289).
위임입법의 한계	의회유보원칙	오늘날의 법률유보원칙은 단순히 행정작용이 법률에 근거를 두기만 하면 충분한 것이 아니라, 국가공동체와 그 구성원에게 기본적이고도 중요한 의미를 갖는 영역, 특히 국민의 기본권 실현에 관련된 영역에 있어서는 행정에 맡길 것이 아니라 국민의 대표자인 입법자 스스로 그 본질적 사항에 대하여 결정하여야 한다는 요구, 즉 의회유보원칙까지 내포하는 것으로 이해되고 있다(헌재 2009. 10. 29. 2007헌바63).
	포괄위임금지원칙	헌법 제75조에서 '법률에서 구체적으로 범위를 정하여'라 함은 법률에 이미 대통령령 등 하위법규에 규정될 내용 및 범위의 기본사항이 구체적이고 명확하게 규정되어 있어 누구라도 그 자체로부터 대통령령 등에 규정될 내용의 대강을 예측할 수 있어야 함을 의미한다(헌재 2002. 6. 27. 2000헌가10).
명확성 원칙		법령을 명확한 용어로 규정함으로써 적용 대상자 즉 수범자에게 그 규제내용을 미리 알 수 있도록 공정한 고지를 하여 장래의 행동지침을 제공하고, 동시에 법집행자에게 객관적 판단지침을 주어 차별적이거나 자의적인 법해석 및 집행을 예방하기 위한 원칙을 의미하는 것으로서, 민주주의와 법치주의의 원리에 기초하여 모든 기본권 제한입법에 요구되는 원칙(헌재 2002. 6. 27. 99헌마480)

3 과잉금지원칙

과잉금지원칙이란 국가가 국민의 기본권을 제한하는 내용의 입법활동을 함에 있어서 준수하여야 할 기본원칙 내지 입법활동의 한계를 의미하는 것으로서 ① 국민의 기본권을 제한하려는 입법의 목적이 헌법 및 법률의 체제상 그 정당성이 인정되어야 하고(목적의 정당성), ② 그 목적의 달성을 위하여 그 방법이 효과적이고 적절하여야 하며(방법의 적절성), ③ 입법권자가 선택한 기본권 제한의 조치가 입법목적 달성을 위하여 적절하다 할지라도 보다 완화된 형태나 방법을 모색함으로써 기본권의 제한은 필요한 최소한도에 그치도록 하여야 하며(피해의 최소성), ④ 그 입법에 의하여 보호하려는 공익과 침해되는 사익을 비교형량할 때 보호되는 공익이 더 커야 한다(법익의 균형성)는 헌법상의 원칙이다(헌재 1990. 9. 3. 89헌가95).

⚖ 핵심 판례

▶ 유권해석위반 광고금지규정 위반이 징계사유가 될 수 있음을 고려하면 적어도 수범자인 변호사는 유권해석을 통해 금지될 수 있는 내용들의 대강을 알 수 있어야 함에도, 규율의 예측가능성이 현저히 떨어지고 법집행기관의 자의적인 해석을 배제할 수 없는 문제가 있다. 따라서 대한변호사협회의 변호사 광고에 관한 규정 제4조 제14호 중 '협회의 유권해석에 반하는 내용의 광고' 부분은 수권법률로부터 위임된 범위 내에서 명확하게 규율 범위를 정하고 있다고 보기 어려우므로, 법률유보원칙에 위반되어 청구인들의 표현의 자유, 직업의 자유를 침해한다(헌재 2022. 5. 26. 2021헌마619).

▶ 고졸검정고시규칙과 고입검정고시규칙은 이미 응시자격이 제한되는 자를 특정적으로 열거하고 있으면서 달리 일반적인 제한 사유를 두지 않고 또 그 제한에 관하여 명시적으로 위임한 바가 없으며, 단지 고시시행에 관한 기술적·절차적인 사항만을 위임하였을 뿐, 특히 '검정고시에 합격한 자'에 대하여만 응시자격 제한을 공고에 위임했다고 볼 근거도 없으므로, 고졸검정고시 또는 '고등학교 입학자격 검정고시'에 합격했던 자는 해당 검정고시에 다시 응시할 수 없도록 응시자격을 제한한 전라남도 교육청 공고는 위임받은 바 없는 응시자격의 제한을 새로이 설정한 것으로서 기본권 제한의 법률유보원칙에 위배하여 청구인의 교육을 받을 권리 등을 침해한다(헌재 2012. 5. 31. 2010헌마39).

▶ 기본권 제한 입법이라 하더라도 규율대상이 지극히 다양하거나 수시로 변화하는 성질의 것이어서 입법기술상 일의적으로 규정할 수 없는 경우에는 명확성의 요건이 완화되어야 할 것이다(헌재 1999. 9. 16. 97헌바73).

▶ 입법자가 임의적 규정으로도 법의 목적을 실현할 수 있는 경우에 구체적 사안의 개별성과 특수성을 고려할 수 있는 가능성을 일체 배제하는 필요적 규정을 둔다면, 이는 비례의 원칙의 한 요소인 최소침해성의 원칙에 위배된다(헌재 1998. 5. 28. 96헌가12).

▶ 상업광고 규제에 관한 비례의 원칙 심사에 있어서 피해의 최소성 원칙은 같은 목적을 달성하기 위하여 달리 덜 제약적인 수단이 없을 것인지 혹은 입법목적을 달성하기 위하여 필요한 최소한의 제한인지를 심사하기보다는 '입법목적을 달성하기 위하여 필요한 범위 내의 것인지'를 심사하는 정도로 완화되는 것이 상당하다(헌재 2005. 10. 27. 2003헌가3).

▶ 전기간선시설의 설치비용을 누구에게, 어느 정도로 부담시킬 것인지의 문제는 개인의 본질적이고 핵심적 자유영역에 속하는 사항이라기보다는 사회적 연관관계에 놓여지는 경제적 활동을 규제하는 경제사회적인 입법사항에 해당하므로 비례의 원칙을 적용함에 있어서도 보다 '완화된 심사기준'이 적용된다(헌재 2005. 2. 24. 2001헌바71).

> ▶ 헌법 제33조 제2항이 직접 '법률이 정하는 자'만이 노동3권을 향유할 수 있다고 규정하고 있어서 '법률이 정하는 자' 이외의 공무원은 노동3권의 주체가 되지 못하므로, 노동3권이 인정됨을 전제로 하는 헌법 제37조 제2항의 과잉금지원칙은 적용이 없는 것으로 보아야 할 것이다(헌재 2007. 8. 30. 2003헌바51).

② 텔레비전방송수신료는 대다수 국민의 재산권 보장의 측면이나 한국방송공사에게 보장된 방송자유의 측면에서 국민의 기본권실현에 관련된 영역에 속하고, 수신료금액의 결정은 납부의무자의 범위 등과 함께 수신료에 관한 본질적인 중요한 사항이므로 국회가 스스로 행하여야 하는 사항에 속하는 것임에도 불구하고 한국방송공사법 제36조 제1항에서 국회의 결정이나 관여를 배제한 채 한국방송공사로 하여금 수신료금액을 결정해서 문화관광부장관의 승인을 얻도록 한 것은 법률유보원칙에 위반된다(헌재 1999. 5. 27. 98헌바70).

① 헌재 2005. 2. 24. 2003헌마289

③ 헌재 1998. 5. 28. 96헌가5

④ 특정법률 또는 법률조항이 단지 하나의 사건만을 규율하려고 한다 하더라도 이러한 차별적 규율이 합리적인 이유로 정당화될 수 있는 경우에는 합헌적일 수 있다. 따라서 개별사건법률의 위헌여부는, 그 형식만으로 가려지는 것이 아니라, 나아가 평등의 원칙이 추구하는 실질적 내용이 정당한지 아닌지를 따져야 비로소 가려진다(헌재 1996. 2. 16. 96헌가2).

정답 ②

✎ 핵심 기출 |||||||||||||||||||||||||||||||||||||||||||||

기본권 제한에 관한 설명 중 가장 적절하지 않은 것은? (다툼이 있는 경우 판례에 의함)

2022 경정승진

① 법률유보의 원칙은 '법률에 의한' 규율만을 뜻하는 것이 아니라 '법률에 근거한' 규율을 요청하는 것이므로 기본권 제한의 형식이 반드시 법률의 형식일 필요는 없고 법률에 근거를 두면서 헌법 제75조가 요구하는 위임의 구체성과 명확성을 구비하기만 하면 위임입법에 의하여도 기본권 제한을 할 수 있다.

② 텔레비전방송수신료금액의 결정은 납부의무자의 범위 등과 함께 수신료에 관한 본질적인 중요한 사항이라고 보기 어려우므로 「한국방송공사법」 제36조 제1항이 국회의 결정이나 관여를 배제하고 한국방송공사로 하여금 수신료 금액을 결정해서 문화관광부장관의 승인을 얻도록 하더라도 법률유보원칙에 위반되지 않는다.

③ 침해의 최소성의 관점에서, 입법자는 그가 의도하는 공익을 달성하기 위하여 우선 기본권을 보다 적게 제한하는 단계인 기본권행사의 '방법'에 관한 규제로써 공익을 실현할 수 있는가를 시도하고 이러한 방법으로는 공익달성이 어렵다고 판단되는 경우에 비로소 그 다음 단계인 기본권행사의 '여부'에 관한 규제를 선택해야 한다.

④ 특정규범이 개별사건법률에 해당한다 하여 곧바로 위헌을 뜻하는 것은 아니며, 비록 특정법률 또는 법률조항이 단지 하나의 사건만을 규율하려고 한다 하더라도 이러한 차별적 규율이 합리적인 이유로 정당화될 수 있는 경우에는 합헌적일 수 있다.

✓ 핵심 O·X

01 헌법재판소에 따르면 정당의 설립 및 가입을 금지하는 법률조항은 이를 정당화하는 사유의 중대성에 있어서 적어도 '민주적 기본질서에 대한 위반'에 버금가는 것이어야 한다. ( )

02 재산권을 보장하면서 공용수용·공용사용·공용제한의 방식으로 재산권을 제한하는 경우에는 공공필요라는 목적이 있어야 한다. ( )

03 법률에 의해 일반적으로 기본권을 제한하는 경우에는 국가안전보장·질서유지 또는 공공복리라는 목적이 있어야 한다. ( )

04 법률이 정하는 주요방위산업체에 종사하는 근로자의 단체교섭권은 법률이 정하는 바에 의하여 이를 제한하거나 인정하지 아니할 수 있다. ( )

05 피청구인인 부산구치소장이 청구인이 미결수용자 신분으로 구치소에 수용되었던 기간 중 교정시설 안에서 매주 실시하는 종교집회 참석을 제한한 행위는 청구인의 종교의 자유 중 종교적 집회·결사의 자유를 제한하지 않는다. ( )

06 특정 범죄자에 대한 보호관찰 및 전자장치 부착 등에 관한 법률에 의한 전자장치 부착기간 동안 다른 범죄를 저질러 구금된 경우, 그 구금기간이 부착기간에 포함되지 않은 것으로 규정한 위 법률조항은 사생활의 비밀과 자유, 개인정보자기결정권을 침해한다. ( )

07 사립학교 교원 또는 사립학교 교원이었던 자가 재직 중의 사유로 금고 이상의 형을 받은 때에는 대통령령이 정하는 바에 의하여 퇴직급여 및 퇴직수당의 일부를 감액하여 지급하도록 한 것은 입법목적을 달성하는 데 적합한 수단이라고 볼 수 없다. ( )

08 민사재판에 당사자로 출석하는 수형자에 대하여 아무런 예외 없이 일률적으로 사복착용을 금지하는 것은 침해의 최소성 원칙에 위배된다. ( )

09 직업수행의 자유에 대하여는 직업선택의 자유와는 달리 공익목적을 위하여 상대적으로 폭넓은 입법적 규제가 가능한 것이므로 과잉금지의 원칙이 적용되는 것이 아니라 자의금지의 원칙이 적용되는 것이다. ( )

10 「마약류 관리에 관한 법률」을 위반하여 금고 이상의 실형을 선고받고 그 집행이 끝나거나 면제된 날부터 20년이 지나지 아니한 것을 택시운송사업의 운전업무 종사자격의 결격사유 및 취소사유로 정한 것은 사익을 제한함으로써 달성할 수 있는 공익이 더욱 중대하므로 법익의 균형성 원칙도 충족하고 있다. ( )

11 입법목적을 달성하기 위한 수단으로서 반드시 가장 합리적이며 효율적인 수단을 선택하여야 하는 것은 아니라고 할지라도 적어도 현저하게 불합리하고 불공정한 수단의 선택은 피하여야 한다. ( )

12 입법자가 임의적 규정으로도 법의 목적을 실현할 수 있는 경우, 구체적 사안의 개별성과 특수성을 고려할 수 있는 가능성을 일체 배제하는 필요적 규정을 둔다면 이는 비례원칙의 한 요소인 '수단의 적합성(적절성) 원칙'에 위배된다. ( )

정답▶
01 ○
02 ○
03 ○
04 × (단체행동권)
05 × (종교적 집회·결사의 자유를 제한한다)
06 × (침해하지 아니한다)
07 ○
08 × (위배되지 아니한다)
09 × (과잉금지원칙이 적용된다)
10 × (법익의 균형성 원칙에도 반한다)
11 ○
12 × (침해의 최소성 원칙)

028 기본권보호의무

> **헌법 제10조**
> 국가는 개인이 가지는 불가침의 기본적 인권을 확인하고 이를 보장할 의무를 진다.

핵심 이론

1 의의

기본권적 법익을 기본권 주체인 사인에 의한 위법한 침해 또는 침해의 위험으로부터 보호하여야 하는 국가의 의무. 주로 사인인 제3자에 의한 개인의 생명이나 신체의 훼손에서 문제되는데, 이는 타인에 의하여 개인의 신체나 생명 등 법익이 국가의 보호의무 없이는 무력화될 정도의 상황에서만 적용된다(헌재 2009. 2. 26. 2005헌마764).

2 심사기준

헌법재판소는 권력분립의 관점에서 소위 "과소보호금지원칙", 즉 국가가 국민의 법익보호를 위하여 적어도 적절하고 효율적인 최소한의 보호조치를 취했는가를 기준으로 심사한다(헌재 1997. 1. 16. 90헌마110).

🔍 핵심 판례

> ▶ 인간의 존엄과 가치의 근간을 이루는 국민의 생명·신체의 안전이 위협받거나 받게 될 우려가 있는 경우, 국가로서는 그 위험의 원인과 정도에 따라 사회·경제적인 여건 및 재정사정 등을 감안하여 국민의 생명·신체의 안전을 보호하기에 필요한 적절하고 효율적인 입법·행정상의 조치를 취하여 그 침해의 위험을 방지하고 이를 유지할 포괄적인 의무를 진다(헌재 2016. 10. 27. 2012헌마121).
>
> ▶ 국가가 국민의 기본권 보호의무를 이행함에 있어 그 행위의 형식에 관하여도 폭넓은 형성의 자유가 인정되고, 그것도 반드시 법령에 의하여 이행하여야 하는 것은 아니며, 이 사건 고시와 같이 국가가 쇠고기 소비자의 생명·신체의 안전에 관한 보호의무를 이행하기 위하여 취한 행위의 경우 법령의 위임이 없거나 그 위임의 범위를 벗어난 것이라는 사유만으로는 보호의무를 위반하거나 그로 인하여 소비자의 기본권을 침해한 것으로 볼 수 없다(헌재 2008. 12. 26. 2008헌마419).

▶ 국가가 국민의 법익을 보호하기 위하여 전혀 아무런 보호조치를 취하지 않았든지 아니면 취한 조치가 법익을 보호하기에 명백하게 전적으로 부적합하거나 불충분한 경우에 한하여 헌법재판소는 국가의 보호의무의 위반을 확인할 수 있을 뿐이다(헌재 1997. 1. 16. 90헌마110).

▶ 정온한 생활환경이 보장되어야 할 주거지역에서 출근 또는 등교 이전 및 퇴근 또는 하교 이후 시간대에 확성장치의 최고출력 내지 소음을 제한하는 등 사용시간과 사용지역에 따른 수인한도 내에서 확성장치의 최고출력 내지 소음 규제기준에 관한 규정을 두지 아니한 것은, 국민이 건강하고 쾌적하게 생활할 수 있는 양호한 주거환경을 위하여 노력하여야 할 국가의 의무를 부과한 헌법 제35조 제3항에 비추어 보면, 적절하고 효율적인 최소한의 보호조치를 취하지 아니하여 국가의 기본권 보호의무를 과소하게 이행한 것으로서, 청구인의 건강하고 쾌적한 환경에서 생활할 권리를 침해하므로 헌법에 위반된다(헌재 2019. 12. 27. 2018헌마730).

▶ '한약(생약)제제 등의 품목허가·신고에 관한 규정' 제24조 제1항 제4호, 제5호가 일정한 한약서에 수재된 처방에 해당하는 품목의 한약제제를 안전성·유효성 심사대상에서 제외하였더라도, 국가가 국민의 보건권을 보호하는 데 적절하고 효율적인 최소한의 조치를 취하지 아니하였다고는 볼 수 없다. 따라서 심판대상조항은 국민의 보건권에 관한 국가의 보호의무를 위반하지 아니하고, 청구인들의 보건권을 침해하지 아니한다(헌재 2018. 5. 31. 2015헌마1181).

▶ 원전 사고로 인한 방사능 피해는 전원개발사업 실시계획 승인 단계에서가 아니라 원전의 건설·운영과정에서 발생하므로 원전 건설·운영의 허가 단계에서 보다 엄격한 기준을 마련하여 원전으로 인한 피해가 발생하지 않도록 조치들을 강구하고 있다. 따라서 이 사건 승인조항에서 원전 건설을 내용으로 하는 전원개발사업 실시계획에 대한 승인권한을 다른 전원개발과 마찬가지로 산업통상자원부장관에게 부여하고 있다 하더라도, 국가가 국민의 생명·신체의 안전을 보호하기 위하여 필요한 최소한의 보호조치를 취하지 아니한 것이라고 보기는 어렵다(헌재 2016. 10. 27. 2015헌바358).

✎ 핵심 기출

기본권 보호의무에 관한 설명 중 가장 적절하지 않은 것은? (다툼이 있는 경우 판례에 의함)

2022 경정승진

① 기본권 보호의무란 국민의 기본권적 법익을 기본권 주체인 사인에 의한 위법한 침해 또는 침해의 위험으로부터 보호하여야 하는 국가의 의무를 말하며, 주로 사인인 제3자에 의한 개인의 생명이나 신체의 훼손에서 문제된다.

② 국가의 기본권 보호의무의 이행은 입법자의 입법을 통하여 비로소 구체화되는 것이고, 국가가 그 보호의무를 어떻게 어느 정도로 이행할 것인지는 원칙적으로 한 나라의 정치·경제·사회·문화적인 제반 여건과 재정 사정 등을 감안하여 입법정책적으로 판단하여야 하는 입법재량의 범위에 속한다.

③ 국가가 국민의 생명·신체의 안전에 대한 보호의무를 다하지 않았는지 여부를 헌법재판소가 심사할 때에는 국가가 이를 보호하기 위하여 적어도 적절하고 효율적인 최소한의 보호조치를 취하였는가 하는 이른바 '과소보호금지원칙' 위반 여부를 기준으로 한다.

④ 사산된 태아에게 불법적인 생명침해로 인한 손해배상청구권을 인정하지 않는 것은 입법형성권의 한계를 명백히 일탈한 것으로서 국가의 기본권 보호의무를 위반한 것이다.

④ 생명의 연속적 발전과정에 대해 동일한 생명이라는 이유만으로 언제나 동일한 법적 효과를 부여하여야 하는 것은 아니다. 동일한 생명이라 할지라도 법질서가 생명의 발전과정을 일정한 단계들로 구분하고 그 각 단계에 상이한 법적 효과를 부여하는 것이 불가능하지 않다. 이 사건 법률조항들의 경우에도 '살아서 출생한 태아'와는 달리 '살아서 출생하지 못한 태아'에 대해서는 손해배상청구권을 부정함으로써 후자에게 불리한 결과를 초래하고 있으나 이러한 결과는 사법(私法)관계에서 요구되는 법적 안정성의 요청이라는 법치국가이념에 의한 것으로 헌법적으로 정당화된다. 그렇다면 이 사건 법률조항들이 권리능력의 존재 여부를 출생시를 기준으로 확정하고 태아에 대해서는 살아서 출생할 것을 조건으로 손해배상청구권을 인정한다 할지라도 이러한 입법적 태도가 입법형성권의 한계를 명백히 일탈한 것으로 보기는 어려우므로 이 사건 법률조항들이 국가의 생명권 보호의무를 위반한 것이라 볼 수 없다(헌재 2008. 7. 31. 2004헌바81).
① 헌재 2009. 2. 26. 2005헌마764
② 헌재 1997. 1. 16. 90헌마110
③ 헌재 1997. 1. 16. 90헌마110

정답 ④

✓ 핵심 **O·X**

01 국가의 기본권 보호의무는 기본권적 법익을 기본권 주체인 사인에 의한 위법한 침해 또는 침해의 위험으로부터 보호해야 하는 국가의 의무로서 주로 사인인 제3자에 의한 개인의 생명이나 신체의 훼손에서 문제된다. ( )

02 국가가 기본권 보호의무를 어떻게 실현할 것인지는 입법자의 책임범위에 속하는 것으로서 보호의무 이행을 위한 행위의 형식에 관하여도 폭넓은 형성의 자유가 인정되고, 반드시 법령에 의하여야 하는 것은 아니다. ( )

03 공직선거법 이 선거운동을 위해 확성장치를 사용할 수 있는 기간과 장소, 시간, 사용 개수 등을 규정하고 있는 이상, 확성장치의 소음 규제기준을 정하지 않았다고 하여 기본권 보호의무를 과소하게 이행하였다고 볼 수는 없다. ( )

04 국가가 국민의 법익을 보호하기 위하여 아무런 보호조치를 취하지 않았든지 아니면 취한 조치가 법익을 보호하기에 명백하게 부적합하거나 불충분한 경우에 한하여 국가의 보호의무의 위반을 확인할 수 있다. ( )

05 기본권 보호의무란 기본권적 법익을 기본권 주체인 사인에 의한 위법한 침해 또는 침해의 위협으로부터 보호하여야 하는 국가의 의무를 말하며, 주로 사인인 제3자에 의한 개인의 생명이나 신체의 훼손에서 문제되는데, 이는 타인에 의하여 개인의 신체나 생명 등 법익이 국가의 보호의무 없이는 무력화될 정도의 상황에서만 적용될 수 있다. ( )

정답
01 ○
02 ○
03 × (과소하게 이행하였다)
04 ○
05 ○

029 인격권

헌법 제10조
　모든 국민은 인간으로서의 존엄과 가치를 가지며, 행복을 추구할 권리를 가진다. 국가는 개인이 가지는 불가침의 기본적 인권을 확인하고 이를 보장할 의무를 진다.

📋 테마 출제경향

인격권에서는 인격권의 근거, 인격권의 내용, 인격권의 제한과 관련한 헌재결정을 묻는 문제가 출제되고 있다.

🔑 테마 출제 키워드

자기결정권, 명예권, 초상권

핵심 이론

1 의의

자신과 분리될 수 없는 인격적 이익의 향유를 내용으로 하는 권리 내지 인격의 자유로운 발현에 관한 권리를 말한다.

2 내용

자기결정권	• 생명신체에 대한 자기결정권 • 임신과 출산에 관한 자기결정권 • 성적 자기결정권 • 소비자의 자기결정권
성명권	
초상권	
명예권	
태아의 성별정보에 대한 접근권	
배아생성자의 배아에 대한 결정권	

✍ 핵심 판례

▶ 아동과 청소년은 인격의 발전을 위하여 어느 정도 부모와 학교의 교사 등 타인에 의한 결정을 필요로 하는 아직 성숙하지 못한 인격체이지만, 부모와 국가에 의한 교육의 단순한 대상이 아닌 독자적인 인격체이며, 그의 인격권은 성인과 마찬가지로 인간의 존엄성 및 행복추구권을 보장하는 헌법 제10조에 의하여 보호된다(헌재 2004. 5. 27. 2003헌가1).

▶ 환자가 장차 죽음에 임박한 상태에 이를 경우에 대비하여 미리 의료인 등에게 연명치료 거부 또는 중단에 관한 의사를 밝히는 등의 방법으로 죽음에 임박한 상태에서 인간으로서의 존엄과 가치를 지키기 위하여 연명치료의 거부 또는 중단을 결정할 수 있다 할 것이고, 위 결정은 헌법상 기본권인 자기결정권의 한 내용으로서 보장된다(헌재 2009. 11. 26. 2008헌마385).

▶ 자기결정권에는 여성이 그의 존엄한 인격권을 바탕으로 하여 자율적으로 자신의 생활영역을 형성해 나갈 수 있는 권리가 포함되고, 여기에는 임신한 여성이 자신의 신체를 임신상태로 유지하여 출산할 것인지 여부에 대하여 결정할 수 있는 권리가 포함되어 있다(헌재 2019. 4. 11. 2017헌바127).

▶ 성명은 개인의 정체성과 개별성을 나타내는 인격의 상징으로서 개인이 사회 속에서 자신의 생활영역을 형성하고 발현하는 기초가 되는 것이라 할 것이므로 자유로운 성(姓)의 사용 역시 헌법상 인격권으로부터 보호된다(헌재 2005. 12. 22. 2003헌가5).

▶ 사람은 자신의 의사에 반하여 얼굴을 비롯하여 일반적으로 특정인임을 식별할 수 있는 신체적 특징에 관하여 함부로 촬영당하지 아니할 권리를 가지고 있으므로, 촬영 허용행위는 헌법 제10조로부터 도출되는 초상권을 포함한 일반적 인격권을 제한한다(헌재 2014. 3. 27. 2012헌마652).

▶ 헌법 제10조로부터 도출되는 일반적 인격권에는 개인의 명예에 관한 권리도 포함될 수 있으나, 명예는 사람이나 그 인격에 대한 사회적 평가, 즉 객관적·외부적 가치평가를 말하는 것이지 단순히 주관적·내면적인 명예감정은 포함되지 않는다(헌재 2005. 10. 27. 2002헌마425).

▶ 헌법 제10조로부터 도출되는 일반적 인격권에는 각 개인이 그 삶을 사적으로 형성할 수 있는 자율영역에 대한 보장이 포함되어 있음을 감안할 때, 장래 가족의 구성원이 될 태아의 성별 정보에 대한 접근을 국가로부터 방해받지 않을 부모의 권리는 '일반적 인격권'에 의하여 보호된다(헌재 2008. 7. 31. 2004헌마1010).

▶ 배아생성자의 배아에 대한 결정권은 헌법상 명문으로 규정되어 있지는 아니하지만, 헌법 제10조로부터 도출되는 '일반적 인격권'의 한 유형으로서의 헌법상 권리라 할 것이다(헌재 2010. 5. 27. 2005헌마346).

▶ 변호사에 대한 징계결정정보를 인터넷 홈페이지에 공개하도록 한 변호사법 제98조의5 제3항과 징계결정정보의 공개범위와 시행방법을 정한 변호사법 시행령 제23조의2는 청구인의 인격권을 침해하지 않는다(헌재 2018. 7. 26. 2016헌마1029).

▶ 국가항공보안계획 제8장 승객·휴대물품·위탁수하물 등 보안대책 중 체약국의 요구가 있는 경우 항공운송사업자의 추가 보안검색 실시에 관한 부분은 청구인의 인격권 등을 침해하지 아니한다(헌재 2018. 2. 22. 2016헌마780).

▶ 최근 기술의 발달로 조망촬영과 근접촬영 사이에 기본권 침해라는 결과에 있어서 차이가 있다고 보기 어려우므로, 경찰이 이러한 집회·시위에 대해 조망촬영이 아닌 근접촬영을 하였다는 이유만으로 헌법에 위반되는 것은 아니고, 옥외집회·시위에 대한 경찰의 촬영행위에 의해 취득한 자료는 '개인정보'의 보호에 관한 일반법인 '개인정보보호법'이 적용될 수 있다. 따라서 피청구인이 신고범위를 벗어난 동안에만 집회참가자들을 촬영한 행위가 과잉금지원칙을 위반하여 집회참가자인 청구인들의 일반적 인격권, 개인정보자기결정권 및 집회의 자유를 침해한다고 볼 수 없다(헌재 2018. 8. 30. 2014헌마843).

▶ 보도자료 배포 직후 기자들의 취재 요청에 응하여 청구인이 경찰서 조사실에서 양손에 수갑을 찬 채 조사받는 모습을 촬영할 수 있도록 허용한 행위는 청구인의 인격권을 침해하였다(헌재 2014. 3. 27. 2012헌마652).

▶ 교도소장이 민사법정 내에서 청구인으로 하여금 양손수갑 2개를 앞으로 사용하고 상체승을 한 상태에서 변론을 하도록 한 행위는 과잉금지원칙에 위반되어 청구인의 인격권과 신체의 자유를 침해하지 아니한다(헌재 2018. 6. 28. 2017헌마181).

▶ 거짓이나 그 밖의 부정한 방법으로 보조금을 교부받거나 보조금을 유용하여 어린이집 운영정지, 폐쇄명령 또는 과징금 처분을 받은 어린이집에 대하여 그 위반사실을 공표하도록 한 구 영유아보육법 제49조의3 제1항 제1호는 과잉금지원칙을 위반하여 인격권 및 개인정보자기결정권을 침해하지 아니한다(헌재 2022. 3. 31. 2019헌바520).

✐ 핵심 기출 |||||||||||||||||||||||||||||||||||||||||||||||||||||||||||||||||||||

일반적 인격권에 대한 설명으로 가장 적절하지 않은 것은? (다툼이 있는 경우 판례에 의함)

2021 경정승진

① 중혼을 혼인취소의 사유로 정하면서 그 취소청구권의 제척기간 또는 소멸사유를 규정하지 않은 「민법」 조항은 후혼배우자의 인격권을 침해한다.

② 성명(姓名)은 개인의 정체성과 개별성을 나타내는 인격의 상징으로서 개인이 사회 속에서 자신의 생활영역을 형성하고 발현하는 기초가 되는 것이므로 자유로운 성(姓)의 사용은 헌법상 인격권으로부터 보호된다.

③ 민사재판의 당사자로 출석하는 수형자에 대하여 사복착용을 허용하지 않는 「형의 집행 및 수용자의 처우에 관한 법률」 조항은 인격권을 침해하지 않는다.

④ 상체승의 포승과 수갑을 채우고 별도의 포승으로 다른 수용자와 연승한 행위는 인격권을 침해하지 않는다.

① 이 사건 법률조항은 우리 사회의 중대한 공익이며 헌법 제36조 제1항으로부터 도출되는 일부일처제를 실현하기 위한 것이다. 이 사건 법률조항은 중혼을 혼인무효 사유가 아니라 혼인취소사유로 정하고 있는데, 혼인취소의 효력은 기왕에 소급하지 아니하므로 중혼이라 하더라도 법원의 취소판결이 확정되기 전까지는 유효한 법률혼으로 보호받는다. 후혼의 취소가 가혹한 결과가 발생하는 경우에는 구체적 사건에서 법원이 권리남용의 법리 등으로 해결하고 있다. 따라서 중혼 취소청구권의 소멸에 관하여 아무런 규정을 두지 않았다 하더라도, 이 사건 법률조항이 현저히 입법재량의 범위를 일탈하여 후혼배우자의 인격권 및 행복추구권을 침해하지 아니한다(헌재 2014. 7. 24. 2011헌바275).

② 헌재 2005. 12. 22. 2003헌가5

③ 헌재 2015. 12. 23. 2013헌마712

④ 헌재 2012. 7. 26. 2011헌마426

정답 ①

✓ 핵심 **O·X**

01 장래 가족의 구성원이 될 태아의 성별 정보에 대한 접근을 국가로부터 방해받지 않을 부모의 권리는 일반적 인격권에 의하여 보호된다. ( )

02 경찰이 언론사 기자들의 취재 요청에 응하여 피의자가 경찰서내에서 양손에 수갑을 찬 채 조사받는 모습을 촬영할 수 있도록 허용한 행위는 피의자의 인격권을 침해하지 않는다. ( )

03 자기운명결정권에는 임신과 출산에 관한 결정, 즉 임신과 출산의 과정에 내재하는 특별한 희생을 강요당하지 않을 자유가 포함되어 있다. ( )

04 교정시설의 1인당 수용면적이 수형자의 인간으로서의 기본 욕구에 따른 생활조차 어렵게 할 만큼 지나치게 협소하다면, 이는 그 자체로 국가형벌권 행사의 한계를 넘어 수형자의 인간의 존엄과 가치를 침해하는 것이다. ( )

05 인수자가 없는 시체를 생전의 본인의 의사와는 무관하게 해부용 시체로 제공될 수 있도록 규정한 「시체 해부 및 보존에 관한 법률」 조항은 연고가 없는 자의 시체처분에 대한 자기결정권을 침해한다. ( )

06 혼인 종료 후 300일 이내에 출생한 자(子)를 전남편의 친생자로 추정하는 「민법」 조항은 혼인관계가 해소된 이후에 자가 출생하고 생부가 출생한 자를 인지하려는 경우마저도, 아무런 예외 없이 그 자를 전남편의 친생자로 추정함으로써 친생부인의 소를 거치도록 하는 것은 모가 가정생활과 신분관계에서 누려야 할 인격권을 침해한다. ( )

07 법무부훈령인 「법무시설 기준규칙」은 수용동의 조도 기준을 취침 전 200룩스 이상, 취침 후 60룩스 이하로 규정하고 있는데, 수용자의 도주나 자해 등을 막기 위해서 취침시간에도 최소한의 조명을 유지하는 것은 수용자의 숙면방해로 인하여 인간의 존엄과 가치를 침해한다. ( )

08 집회 참가자들에 대한 경찰의 촬영행위는 개인정보자기결정권의 보호대상이 되는 신체, 특정인의 집회·시위 참가 여부 및 그 일시·장소 등의 개인정보를 정보주체의 동의 없이 수집하였다는 점에서 개인정보자기결정권을 제한할 수 있다. ( )

09 혼인을 빙자하여 부녀를 간음한 남자를 처벌하는 「형법」 조항은 사생활의 비밀과 자유를 제한하는 것이라고 할 수 있지만, 혼인을 빙자하여 부녀를 간음한 남자의 성적자기결정권을 제한하는 것은 아니다. ( )

10 변호사에 대한 징계결정정보를 인터넷 홈페이지에 공개하도록 한 「변호사법」 조항과 징계결정정보의 공개범위와 시행방법을 정한 「변호사법 시행령」 조항은 청구인의 인격권을 침해하지 않는다. ( )

11 범죄행위 당시에 없었던 위치추적 전자장치 부착명령을 출소예정자에게 소급 적용할 수 있도록 한 「특정 범죄자에 대한 위치추적 전자장치 부착 등에 관한 법률」 부칙 경과조항은 과잉금지원칙에 위반되지 않아 피부착자의 인격권을 침해하지 않는다. ( )

12 이미 출국 수속 과정에서 일반적인 보안검색을 마친 승객을 상대로, 촉수검색(patdown)과 같은 추가적인 보안 검색 실시를 예정하고 있는 국가항공보안계획은 과잉금지원칙에 위반되지 않아 청구인의 인격권을 침해하지 않는다. ( )

정답
01 ○
02 × (피의자의 인격권을 침해한다)
03 ○
04 ○
05 ○
06 ○
07 × (인간의 존엄과 가치를 침해하지 아니한다)
08 ○
09 × (남자의 성적자기결정권을 제한한다)
10 ○
11 ○
12 ○

030 생명권

핵심 이론

1 의의

인간의 인격적, 육체적 존재 형태인 생존에 관한 권리를 말한다.

2 법적 성격

생명에 대한 권리는 비록 헌법에 명문의 규정이 없다 하더라도 인간의 생존본능과 존재목적에 바탕을 둔 선험적이고 자연법적인 권리로서 헌법에 규정된 모든 기본권의 전제로서 기능하는 기본권 중의 기본권이다(헌재 1996. 11. 28. 95헌바1).

3 주체

태아도 헌법상 생명권의 주체가 되며, 국가는 헌법 제10조 제2문에 따라 태아의 생명을 보호할 의무가 있다(헌재 2019. 4. 11. 2017헌바127).

4 제한

비록 생명이 이념적으로 절대적 가치를 지닌 것이라 하더라도 생명에 대한 법적 평가가 예외적으로 허용될 수 있다고 할 것이므로, 생명권 역시 헌법 제37조 제2항에 의한 일반적 법률유보의 대상이 될 수밖에 없다(헌재 2010. 2. 25. 2008헌가23).

📖 테마 출제경향

생명권에서는 생명권의 한계와 제한과 관련한 헌재결정을 묻는 문제가 출제되고 있다.

🔎 테마 출제 키워드

생명권의 주체, 낙태, 연명치료 중단

Theme

30

⚖ 핵심 판례

▶ 태아는 형성 중의 인간으로서 생명을 보유하고 있으므로 국가는 태아를 위하여 각종 보호조치들을 마련해야 할 의무가 있다. 하지만 그와 같은 국가의 기본권 보호의무로부터 태아의 출생 전에, 또한 태아가 살아서 출생할 것인가와는 무관하게, 태아를 위하여 민법상 일반적 권리능력까지도 인정하여야 한다는 헌법적 요청이 도출되지는 않는다(헌재 2008. 7. 31. 2004헌바81).

▶ 사형이 비례의 원칙에 따라 최소한 동등한 가치가 있는 다른 생명 또는 그에 못지 아니한 공공의 이익을 보호하기 위한 불가피성이 충족되는 예외적인 경우에만 적용됨으로써 생명권의 제한이 정당화될 수 있는 경우에는, 그것이 비록 생명권의 박탈을 초래하는 형벌이라 하더라도 이를 두고 곧바로 생명권이라는 기본권의 본질적인 내용을 침해하는 것이라 볼 수는 없다(헌재 2010. 2. 25. 2008헌가23).

▶ 사형제도가 위헌인지 여부의 문제는 성문헌법을 비롯한 헌법의 법원을 토대로 헌법규범의 내용을 밝혀 사형제도가 그러한 헌법규범에 위반하는지 여부를 판단하는 것으로서 헌법재판소에 최종적인 결정권한이 있는 반면, 사형제도를 법률상 존치시킬 것인지 또는 폐지할 것인지의 문제는 사형제도의 존치가 필요하거나 유용한지 또는 바람직한지에 관한 평가를 통하여 민주적 정당성을 가진 입법부가 결정할 입법정책적 문제이지 헌법재판소가 심사할 대상은 아니다(헌재 2010. 2. 25. 2008헌가23).

▶ 태아가 모체를 떠난 상태에서 독자적으로 생존할 수 있는 시점인 임신 22주 내외에 도달하기 전이면서 동시에 임신 유지와 출산 여부에 관한 자기결정권을 행사하기에 충분한 시간이 보장되는 시기(결정가능기간)까지의 낙태에 대해서는 국가가 생명보호의 수단 및 정도를 달리 정할 수 있다고 봄이 타당하다(헌재 2019. 4. 11. 2017헌바127).

▶ 연명치료 중단에 관한 자기결정권의 인정 여부가 문제되는 '죽음에 임박한 환자'란 '의학적으로 환자가 의식의 회복 가능성이 없고 생명과 관련된 중요한 생체기능의 상실을 회복할 수 없으며 환자의 신체상태에 비추어 짧은 시간 내에 사망에 이를 수 있음이 명백한 경우', 즉 '회복 불가능한 사망의 단계'에 이른 경우를 의미한다(헌재 2009. 11. 26. 2008헌마385).

▶ '연명치료 중단에 관한 자기결정권'을 보장하는 방법으로서 '법원의 재판을 통한 규범의 제시'와 '입법' 중 어느 것이 바람직한가는 입법정책의 문제로서 국회의 재량에 속한다 할 것이다(헌재 2009. 11. 26. 2008헌마385).

▶ 환자의 평소 가치관이나 신념 등에 비추어 연명치료를 중단하는 것이 객관적으로 환자의 최선의 이익에 부합한다고 인정되어 환자에게 자기결정권을 행사할 수 있는 기회가 주어지더라도 연명치료의 중단을 선택하였을 것이라고 볼 수 있는 경우에는, 그 연명치료 중단에 관한 환자의 의사를 추정할 수 있다고 인정하는 것이 합리적이고 사회상규에 부합된다. 이러한 환자의 의사 추정은 객관적으로 이루어져야 한다(대판 2009. 5. 21. 2009다17417).

✎ 핵심 기출 ||||||||||||||||||||||||||||||||||||||||||||||||||

생명권에 대한 설명으로 적절하지 않은 것을 모두 고른 것은? (다툼이 있는 경우 판례에 의함)

2022 경정승진

> ㉠ 생명권은 인간의 생존본능과 존재목적에 바탕을 둔 선험적이고 자연법적인 권리로서 헌법에 규정된 모든 기본권의 전제로서 기능하는 기본권 중의 기본권이다.
> ㉡ 국가는 헌법 제10조, 제12조 등에 따라 태아의 생명을 보호할 의무가 있지만, 태아는 헌법상 생명권의 주체로 인정되지 않는다.
> ㉢ 인간이라는 생명체의 형성이 출생 이전의 그 어느 시점에서 시작됨을 인정하더라도, 법적으로 사람의 시기를 출생의 시점에서 시작되는 것으로 보는 것은 헌법적으로 금지된다.
> ㉣ 연명치료 중단, 즉 생명단축에 관한 자기결정은 생명권 보호의 헌법적 가치와 충돌하므로 '연명치료 중단에 관한 자기결정권'의 인정 여부가 문제되는 '죽음에 임박한 환자'란 '의학적으로 환자가 의식의 회복가능성이 없고 생명과 관련된 중요한 생체기능의 상실을 회복할 수 없으며 환자의 신체상태에 비추어 짧은 시간 내에 사망에 이를 수 있음이 명백한 경우'를 의미한다.

① ㉠, ㉡ 　　　　　　② ㉠, ㉢

③ ㉡, ㉢ 　　　　　　④ ㉢, ㉣

㉠ (○) 헌재 1996. 11. 28. 95헌바1

㉡ (×) 헌재 2008. 7. 31. 2004헌바81

㉢ (×) 법치국가원리로부터 나오는 법적안정성의 요청은 인간의 권리능력이 언제부터 시작되는가에 관하여 가능한 한 명확하게 그 시점을 확정할 것을 요구한다. 따라서 인간이라는 생명체의 형성이 출생 이전의 그 어느 시점에서 시작됨을 인정하더라도, 법적으로 사람의 시기를 출생의 시점에서 시작되는 것으로 보는 것이 헌법적으로 금지된다고 할 수 없다(헌재 2008. 7. 31. 2004헌바81).

㉣ (○) 헌재 2009. 11. 26. 2008헌마385

정답 ③

✓ 핵심 **O·X**

01 환자가 장차 죽음에 임박한 상태에 이를 경우에 대비하여 미리 의료인 등에게 연명치료 거부 또는 중단에 관한 의사를 밝히는 등의 방법으로 죽음에 임박한 상태에서 인간으로서의 존엄과 가치를 지키기 위하여 연명치료의 거부 또는 중단을 결정할 수 있다 할 것이고, 위 결정은 헌법상 기본권인 자기결정권의 한 내용으로서 보장되지만, 헌법해석상 「연명치료 중단 등에 관한 법률」을 제정할 국가의 입법의무가 명백하다고 볼 수는 없다. ( )

02 생명권은 헌법 제37조 제2항에 의한 일반적 법률유보의 대상이 아니다. ( )

정답
01 ○
02 × (생명권은 일반적 법률유보의 대상이 된다)

Theme

30

031

일반적 행동의 자유

📋 **테마 출제경향**

일반적 행동의 자유에서는 일반적 행동 자유권의 의의, 보호범위, 일반적 행동 자유권 침해 여부에 관한 헌재결정을 묻는 문제가 출제되고 있다.

🔍 **테마 출제 키워드**

보호 가치 있는 행동, 위험한 생활방식

> **헌법 제10조**
> 모든 국민은 인간으로서의 존엄과 가치를 가지며, 행복을 추구할 권리를 가진다. 국가는 개인이 가지는 불가침의 기본적 인권을 확인하고 이를 보장할 의무를 진다.

핵심 이론

의의	적극적으로 자유롭게 행동을 하는 것은 물론 소극적으로 행동을 하지 않을 자유(헌재 2003. 10. 30. 2002헌마518)
보호영역	모든 행위를 할 자유와 행위를 하지 않을 자유로 가치 있는 행동만 그 보호영역으로 하는 것은 아닌 것으로, 그 보호영역에는 개인의 생활방식과 취미에 관한 사항도 포함되며, 여기에는 위험한 스포츠를 즐길 권리와 같은 위험한 생활방식으로 살아갈 권리도 포함(헌재 2003. 10. 30. 2002헌마518)
내용	• 운전 중 휴대전화를 사용할 자유 • 개인이 대마를 자유롭게 수수하고 흡연할 자유 • 계약자유의 원칙 • 흡연권 • 휴식권 • 자신이 마실 물을 선택할 자유 • 하객들에게 주류와 음식물을 접대하는 행위 • 미결수용자의 변호인 아닌 자와의 접견교통권 • 미결수용자 가족의 미결수용자와의 접견교통권 • 무상 또는 일회적·일시적으로 가르치는 행위 • 무상의 의료행위 • 기부금품의 모집행위

🔍 핵심 판례

▶ 병역의무의 이행으로서의 현역병 복무는 국가가 간섭하지 않으면 자유롭게 할 수 있는 행위에 속하지 않으므로, 현역병으로 복무할 권리가 일반적 행동자유권에 포함된다고 할 수 없다(헌재 2010. 12. 28. 2008헌마527).

▶ 교통사고 발생 시 사상자 구호 등 필요한 조치를 하지 않은 자에 대한 형사처벌을 정하는 구 도로교통법 제148조는 청구인의 일반적 행동자유권을 침해하지 않는다(헌재 2019. 4. 11. 2017헌가28).

▶ 육군 장교가 민간법원에서 약식명령을 받아 확정되면 자진신고할 의무를 규정한 '2020년도 장교 진급 지시' Ⅳ. 제4장 5. 가. 2) 나) 부분 등은 과잉금지원칙에 반하여 일반적 행동의 자유를 침해하지 않는다(헌재 2021. 8. 31. 2020헌마12).

▶ 의료분쟁 조정신청의 대상인 의료사고가 사망에 해당하는 경우 한국의료분쟁조정중재원의 원장은 지체 없이 조정절차를 개시해야 한다고 규정한 '의료사고 피해구제 및 의료분쟁 조정 등에 관한 법률' 제27조 제9항 전문 부분은 청구인의 일반적 행동의 자유를 침해한다고 할 수 없다(헌재 2021. 5. 27. 2019헌마321).

▶ 아동·청소년 대상 성범죄자에게 1년마다 정기적으로 새로 촬영한 사진을 제출하도록 한 구 '아동·청소년의 성보호에 관한 법률' 제34조 제2항 단서와 정당한 사유 없이 사진제출의무를 위반한 경우 형사처벌을 하도록 한 같은 법 제52조 제5항 제2호는 과잉금지원칙에 위반하여 청구인의 일반적 행동의 자유를 침해하지 않는다(헌재 2015. 7. 30. 2014헌바257).

▶ 경찰청장이 2009. 6. 3. 경찰버스들로 서울특별시 서울광장을 둘러싸 통행을 제지한 행위는 청구인들의 일반적 행동자유권을 침해한다(헌재 2011. 6. 30. 2009헌마406).

▶ 긴급자동차를 제외한 이륜자동차의 자동차 전용도로 통행을 금지하고 이를 위반한 경우 처벌하는 도로교통법 제63조 부분 등은 통행의 자유(일반적 행동의 자유)를 침해한다고 볼 수 없다(헌재 2015. 9. 24. 2014헌바291).

✎ 핵심 기출

일반적 행동자유권에 관한 설명 중 옳은 것을 모두 고른 것은? (다툼이 있는 경우 판례에 의함)

2022 제1차 경찰공채

ⓐ 헌법 제10조 전문의 행복추구권에는 일반적 행동자유권이 포함되는바, 이는 적극적으로 자유롭게 행동을 하는 것은 물론 소극적으로 행동을 하지 않을 자유도 포함하는 권리로 포괄적인 의미의 자유권이다.

ⓑ 육군 장교가 민간법원에서 약식명령을 받아 확정되면 자진신고할 의무를 규정한, '2020년도 장교 진급 지시'의 해당 부분 중 '민간법원에서 약식명령을 받아 확정된 사실이 있는자'에 관한 부분은 청구인인 육군 장교의 일반적 행동의 자유를 침해한다.

ⓒ 일반적 행동자유권의 보호영역에는 가치 있는 행동뿐만 아니라 개인의 생활방식과 취미에 관한 사항도 포함되며, 여기에는 위험한 스포츠를 즐길 권리와 같은 위험한 생활방식으로 살아갈 권리도 포함된다. 따라서 운전 중 휴대용 전화를 사용할 자유는 헌법 제10조의 행복추구권에서 나오는 일반적 행동 자유권의 보호영역에 속한다.

ⓓ 의료분쟁 조정신청의 대상인 의료사고가 사망에 해당하는 경우 한국의료분쟁조정중재원의 원장은 지체 없이 조정절차를 개시해야 한다고 규정한 의료사고 피해구제 및 의료분쟁 조정 등에 관한 법률 제27조 제9항 전문 중 '사망'에 관한 부분이 청구인의 일반적 행동의 자유를 침해한다고 할 수 없다.

① ⓐ, ⓑ
② ⓐ, ⓒ, ⓓ
③ ⓑ, ⓒ, ⓓ
④ ⓐ, ⓑ, ⓒ, ⓓ

ⓐ (○) 헌재 2003. 10. 30. 2002헌마518

ⓑ (×) 청구인들이 자진신고의무를 부담하는 것은 수사 및 재판 단계에서 의도적으로 신분을 밝히지 않은 행위에서 비롯된 것으로서 이미 예상 가능한 불이익인 반면, '군사법원에서 약식명령을 받아 확정된 경우'와 그 신분을 밝히지 않아 '민간법원에서 약식명령을 받아 확정된 경우' 사이에 발생하는 인사상 불균형을 방지함으로써 군 조직의 내부 기강 및 질서를 유지하고자 하는 공익은 매우 중대하다. 20년도 육군지시 자진신고조항 및 21년도 육군지시 자진신고조항은 과잉금지원칙에 반하여 일반적 행동의 자유를 침해하지 않는다(헌재 2021. 8. 31. 2020헌마12).

ⓒ (○) 헌재 2021. 6. 24. 2019헌바5

ⓓ (○) 조정절차가 자동으로 개시되더라도 피신청인은 이의신청을 통해 조정절차에 참여하지 않을 수 있고, 조정의 성립까지 강제되는 것은 아니므로 합의나 조정결정의 수용 여부에 대해서는 자유롭게 선택할 수 있으며, 채무부존재 확인의 소 등을 제기하여 소송절차에 따라 분쟁을 해결할 수도 있다. 따라서 의료사고로 사망의 결과가 발생한 경우 의료분쟁 조정절차를 자동으로 개시하도록 한 심판대상조항이 청구인의 일반적 행동의 자유를 침해한다고 할 수 없다(헌재 2021. 5. 27. 2019헌마321).

정답 ②

Theme

31

✓ 핵심 **O·X**

01 일반적 행동자유권의 보호대상으로서 행동이란 국가가 간섭하지 않으면 자유롭게 할 수 있는 행위를 의미하므로 병역의무 이행으로서 현역병 복무도 국가가 간섭하지 않으면 자유롭게 할 수 있는 행위에 속한다는 점에서, 현역병으로 복무할 권리도 일반적 행동자유권에 포함된다. ( )

02 헌법 제10조에 의하여 보장되는 행복추구권 속에는 일반적 행동자유권이 포함되고, 이 일반적 행동자유권으로부터 계약 체결의 여부, 계약의 상대방, 계약의 방식과 내용 등을 당사자의 자유로운 의사로 결정할 수 있는 계약의 자유가 파생한다. ( )

03 헌법 제10조가 정하고 있는 행복추구권에서 파생하는 자기결정권 내지 일반적 행동자유권은 이성적이고 책임감 있는 사람의 자기 운명에 대한 결정·선택을 존중하되 그에 대한 책임은 스스로 부담함을 전제로 한다. ( )

04 「수상레저안전법」상 조종면허를 받은 사람이 동력수상레저기구를 이용하여 범죄행위를 하는 경우에 조종면허를 필요적으로 취소하도록 하는 구「수상레저안전법」상 규정은 직업의 자유 내지 일반적 행동의 자유를 침해한다. ( )

05 무면허의료행위라 할지라도 지속적인 소득활동이 아니라 취미, 일시적 활동 또는 무상의 봉사활동으로 삼는 경우에는 일반적 행동자유권의 보호영역에 포함된다. ( )

06 지역 방언을 자신의 언어로 선택하여 공적 또는 사적인 의사소통과 교육의 수단으로서 사용하는 것은 행복추구권에서 파생되는 일반적 행동의 자유 내지 개성의 자유로운 발현의 한 내용이다. ( )

07 긴급자동차를 제외한 이륜자동차와 원동기장치자전거에 대하여 고속도로 또는 자동차전용도로의 통행을 금지하는 구「도로교통법」은 고속도로 등 통행의 자유(일반적 행동의 자유)를 헌법 제37조 제2항에 반하여 과도하게 제한하는 것이어서 헌법에 위반된다. ( )

08 비어업인이 잠수용 스쿠버장비를 사용하여 수산자원을 포획·채취하는 것을 금지하는 「수산자원관리법 시행규칙」의 규정 중 '잠수용 스쿠버장비 사용'에 관한 부분은 일반적 행동의 자유를 침해하지 않는다. ( )

정답
01 × (현역병으로 복무할 권리는 일반적 행동자유권에 포함되지 않는다)
02 ○
03 ○
04 ○
05 ○
06 ○
07 × (헌법에 위반되지 아니한다)
08 ○

032 평등권

헌법 제11조
① 모든 국민은 법 앞에 평등하다. 누구든지 성별·종교 또는 사회적 신분에 의하여 정치적·경제적·사회적·문화적 생활의 모든 영역에 있어서 차별을 받지 아니한다.
② 사회적 특수계급의 제도는 인정되지 아니하며, 어떠한 형태로도 이를 창설할 수 없다.
③ 훈장 등의 영전은 이를 받은 자에게만 효력이 있고, 어떠한 특권도 이에 따르지 아니한다.

테마 출제경향

평등권에서는 평등의 의미, 합리적 차별의 기준, 평등권 침해 여부에 대한 헌재결정을 묻는 문제가 출제되고 있다.

테마 출제 키워드

자의금지심사, 비례심사, 잠정적 우대조치, 제도의 단계적 개선

핵심 이론

1 평등의 의의

헌법 제11조 제1항이 규정하는 평등의 원칙은 일체의 차별적 대우를 부정하는 '절대적 평등'을 의미하는 것이 아니라 법의 적용이나 입법에 있어서 불합리한 조건에 의한 차별을 하여서는 안 된다는 '상대적·실질적 평등'을 뜻한다(헌재 1999. 7. 22. 98헌바14).

2 법 앞에의 의의

행정부나 사법부에 의한 법적용상의 평등만을 의미하는 것이 아니고, 입법권자에게 정의와 형평의 원칙에 합당하게 합헌적으로 법률을 제정하도록 하는 것을 명하는 '법내용상의 평등'을 의미한다(헌재 1992. 4. 28. 90헌바24).

3 심사기준

일반적 기준	평등원칙 위반 여부를 심사함에 있어 엄격한 심사척도에 의할 것인지, 완화된 심사척도에 의할 것인지는 입법자에게 허용되는 '입법형성권의 정도'에 따라서 달라진다(헌재 2003. 12. 18. 2002헌마593).
자의심사와 비례심사	자의심사의 경우에는 차별을 정당화하는 합리적인 이유가 있는지 만을 심사하기 때문에 그에 해당하는 비교대상 간의 사실상의 차이나 입법목적(차별목적)을 발견·확인하는 데 그치는 반면, 비례심사의 경우에는 단순히 합리적인 이유의 존부 문제가 아니라 차별을 정당화하는 이유와 차별 간의 상관관계에 대한 심사, 즉 비교대상 간의 사실상의 차이의 성질과 비중 또는 입법목적(차별목적)의 비중과 차별의 정도에 적정한 균형관계가 이루어져 있는가를 심사한다(헌재 2011. 2. 24. 2008헌바56).

Theme

32

비례심사를 하는 경우	첫째, 헌법에서 특별히 평등을 요구하고 있는 경우, 즉 헌법이 차별의 근거로 삼아서는 아니 되는 기준 또는 차별을 금지하고 있는 영역을 제시하고 있음에도 그러한 기준을 근거로 한 차별이나 그러한 영역에서의 차별의 경우, 둘째 차별적 취급으로 인하여 관련 기본권에 대한 중대한 제한을 초래하게 되는 경우(헌재 1999. 12. 23. 98헌마363)
제도의 단계적 개선	헌법이 규정한 평등의 원칙은 국가가 언제 어디에서 어떤 계층을 대상으로 하여 기본권에 관한 상황이나 제도의 개선을 시작할 것인지를 선택하는 것을 방해하지는 않는다. 말하자면 국가는 합리적인 기준에 따라 능력이 허용하는 범위 내에서 법적 가치의 상향적 구현을 위한 제도의 단계적 개선을 추진할 수 있는 길을 선택할 수 있어야 한다(헌재 1990. 6. 25. 89헌마107).

4 적극적 평등실현조치(Affirmative Action)

일정한 혜택을 통하여 종래 차별을 받아온 소수집단에게 사회의 각 영역에서 보다 많은 참여의 기회를 부여하려는 제반 조치를 의미한다(헌재 2014. 8. 28. 2013헌마553).

5 차별금지사유

헌법 제11조 제1항 후문의 규정은 불합리한 차별의 금지에 초점이 있고, 예시한 사유가 있는 경우에 절대적으로 차별을 금지할 것을 요구함으로써 입법자에게 인정되는 입법형성권을 제한하는 것은 아니다(헌재 2010. 11. 25. 2006헌마328).

🔍 **핵심 판례**

▶ 평등원칙은 원칙적으로 입법자에게 헌법적으로 아무런 구체적인 입법의무를 부과하지 않고, 다만, 입법자가 평등원칙에 반하는 일정 내용의 입법을 하게 되면, 이로써 피해를 입게 된 자는 직접 당해 법률조항을 대상으로 하여 평등원칙의 위반여부를 다툴 수 있을 뿐이다(헌재 2003. 1. 30. 2002헌마358).

▶ 평등원칙 위반의 특수성은 대상 법률이 정하는 '법률효과' 자체가 위헌이 아니라, 그 법률효과가 수범자의 한 집단에만 귀속하여 '다른 집단과 사이에 차별'이 발생한다는 점에 있기 때문에, 평등원칙의 위반을 인정하기 위해서는 우선 법적용에 관련하여 상호 배타적인 '두 개의 비교집단'을 일정한 기준에 따라서 구분할 수 있어야 한다(헌재 2003. 12. 18. 2002헌마593).

▶ 경찰공무원과 군인은 주된 임무가 다르지만, 양자 모두 국민의 생명·신체 및 재산에 대한 구체적이고 직접적인 위험을 예방하고 보호하는 업무를 수행하면서 그 과정에서 생명과 신체에 대한 상당한 위험을 부담한다. 이를 고려하여 볼 때, 직무의 곤란성과 책임의 정도에 따라 결정되는 공무원보수의 책정에 있어서, 경찰공무원과 군인은 본질적으로 동일·유사한 집단이라고 할 것이다(헌재 2008. 12. 26. 2007헌마444).

▶ 대한민국 국민인 남자에 한하여 병역의무를 부과한 구 병역법 제3조 제1항 전문은 헌법이 특별히 양성평등을 요구하는 경우나 관련 기본권에 중대한 제한을 초래하는 경우의 차별취급을 그 내용으로 하고 있다고 보기 어려우며, 징집대상자의 범위 결정에 관하여는 입법자의 광범위한 입법형성권이 인정된다는 점에 비추어 위 법률조항이 평등권을 침해하는지 여부는 '완화된 심사기준'에 따라 판단하여야 한다(헌재 2010. 11. 25. 2006헌마328).

▶ 고등학교 진학 기회의 제한은 대학 등 고등교육기관에 비하여 당사자에게 미치는 제한의 효과가 더욱 크므로 보다 더 엄격히 심사하여야 한다. 따라서 자사고를 지원한 학생에게 평준화지역 후기학교에 중복지원하는 것을 금지한 초·중등교육법 시행령 제81조 제5항의 차별 목적과 차별의 정도가 비례원칙을 준수하는지 살펴본다(헌재 2019. 4. 11. 2018헌마221).

▶ 국가는 소방공무원이 국가유공자로 예우를 받게 되는 대상자의 범위 등을 국가의 재정능력, 전체적인 사회보장의 수준과 국가에 대한 공헌과 희생의 정도 등을 감안하여 합리적인 범위 내에서 단계적으로 확대해왔다. 그렇다면 국가에 대한 공헌과 희생, 업무의 위험성의 정도, 국가의 재정상태 등을 고려하여 화재진압, 구조·구급 업무수행 또는 이와 관련된 교육훈련 이외의 사유로 직무수행 중 사망한 소방공무원에 대하여 순직군경으로서의 보훈혜택을 부여하지 않는다고 해서 이를 합리적인 이유없는 차별에 해당한다고 볼 수 없다(헌재 2005. 9. 29. 2004헌바53).

▶ 지방자치단체가 유서 깊은 천주교 성당 일대를 문화관광지로 조성하기 위하여 상급 단체로부터 문화관광지 조성계획을 승인받은 후 사업부지 내 토지 등을 수용재결한 것은 위 성당을 문화재로 보호할 가치가 충분하고 위 문화관광지 조성계획은 지방자치단체가 지역경제의 활성화를 도모하기 위하여 추진한 것으로 보이며 특정 종교를 우대·조장하거나 배타적 특권을 부여하는 것으로 볼 수 없어, 그 계획의 승인과 그에 따른 토지 등 수용재결이 헌법의 정교분리원칙이나 평등권에 위배되지 않는다(대판 2009. 5. 28. 2008두16933).

▶ 혼인한 등록의무자 모두 배우자가 아닌 본인의 직계존·비속의 재산을 등록하도록 공직자윤리법 제4조 제1항 제3호가 개정되었음에도 개정 전 공직자윤리법 조항에 따라 이미 배우자의 직계존·비속의 재산을 등록한 혼인한 여성 등록의무자는 종전과 동일하게 계속해서 배우자의 직계존·비속의 재산을 등록하도록 규정한 공직자윤리법 부칙 제2조는 성별에 의한 차별금지 및 혼인과 가족생활에서의 양성의 평등을 천명하고 있는 헌법에 정면으로 위배되는 것으로 그 목적의 정당성을 인정할 수 없다. 따라서 이 사건 부칙조항은 평등원칙에 위배된다(헌재 2021. 9. 30. 2019헌가3).

▶ 동일한 성격인 공법상 금전지급청구소송임에도 피고가 누구인지에 따라 가집행선고를 할 수 있는지 여부가 달라진다면 상대방 소송 당사자인 원고로 하여금 불합리한 차별을 받도록 하는 결과가 된다. 재산권의 청구가 공법상 법률관계를 전제로 한다는 점만으로 국가를 상대로 하는 당사자소송에서 국가를 우대할 합리적인 이유가 있다고 할 수 없고, 집행가능성 여부에 있어서도 국가와 지방자치단체 등이 실질적인 차이가 있다고 보기 어렵다는 점에서, 국가를 상대로 하는 당사자소송의 경우에는 가집행선고를 할 수 없다고 규정한 행정소송법 제43조는 국가가 당사자소송의 피고인 경우 가집행의 선고를 제한하여, 국가가 아닌 공공단체 그 밖의 권리주체가 피고인 경우에 비하여 합리적인 이유 없이 차별하고 있으므로 평등원칙에 반한다(헌재 2022. 2. 24. 2020헌가12).

▶ 법적으로 확보된 근속가능기간 측면에서 10년마다 연임절차를 거쳐야 정년까지 근무할 수 있는 법관과 그러한 절차 없이도 정년까지 근무할 수 있는 다른 경력직공무원은 동일하다고 보기 어려운 점 등을 고려할 때, 법관의 명예퇴직수당 정년잔여기간 산정에 있어 정년퇴직일 전에 임기만료일이 먼저 도래하는 경우 임기만료일을 정년퇴직일로 보도록 정한 구 '법관 및 법원공무원 명예퇴직수당 등 지급규칙' 제3조 제5항 본문이 임기만료일을 법관 명예퇴직수당 정년잔여기간 산정의 기준 중 하나로 정한 것은 그 합리성을 인정할 수 있다(헌재 2020. 4. 23. 2017헌마321).

▶ 1993. 12. 31. 이전에 출생한 사람들에 대한 예외를 두지 않고 재외국민 2세의 지위를 상실할 수 있도록 규정한 병역법 시행령 제128조 제7항 제2호(본인이 18세 이후 통틀어 3년을 초과하여 국내에 체재한 경우)에 의해 재외국민 2세의 지위를 상실할 경우 청구인들은 일반 국외이주자에 해당하여 1년의 기간 내에 통틀어 6개월 이상 국내에 체재하면 국외여행허가가 취소됨으로써 병역의무가 부과될 수 있다. 그런데 1993. 12. 31. 이전에 출생한 재외국민 2세와 1994. 1. 1. 이후 출생한 재외국민 2세는 병역의무의 이행을 연기하고 있다는 점에서 차이가 없고, 3년을 초과하여

국내에 체재한 경우 실질적인 생활의 근거지가 대한민국에 있다고 볼 수 있어 더 이상 특례를 인정해야 할 필요가 없다는 점에서도 동일하다. 1993. 12. 31. 이전에 출생한 재외국민 2세 중에는 기존 제도가 유지될 것으로 믿고 국내에 생활의 기반을 형성한 경우가 있을 수 있으나, 출생년도를 기준으로 한 특례가 앞으로도 지속될 것이라는 신뢰에 대하여 보호가치가 인정된다고 볼 수 없고, 병역의무의 평등한 이행을 확보하기 위하여 출생년도와 상관없이 모든 재외국민 2세를 동일하게 취급하는 것은 합리적인 이유가 있으므로, 심판대상조항은 청구인들의 평등권을 침해하지 아니한다(헌재 2021. 5. 27. 2019헌마177).

▶ 반의사불벌죄에서의 자복은, 형사소추권의 행사 여부를 좌우할 수 있는 자에게 자신의 범죄를 알리는 행위란 점에서 자수와 그 구조 및 성격이 유사하므로, 이 사건 법률조항이 청구인과 같이 반의사불벌죄 이외의 죄를 범하고 피해자에게 자복한 사람에 대하여 반의사불벌죄를 범하고 피해자에게 자복한 사람과 달리 임의적 감면의 혜택을 부여하지 않고 있다 하더라도 이를 자의적인 차별이라고 보기 어렵다. 따라서 피해자의 의사에 반하여 처벌할 수 없는 죄에 있어서 피해자에게 자복한 때에는 그 형을 감경 또는 면제할 수 있도록 정한 형법 제52조 제2항은 평등원칙에 위반되지 아니한다(헌재 2018. 3. 29. 2016헌바270).

▶ 교육과 언론은 공공성이 강한 영역으로 공공부문과 민간부문이 함께 참여하고 있고, 참여 주체의 신분에 따른 차별을 두기 어려운 분야이다. 따라서 사립학교 관계자와 언론인 못지않게 공공성이 큰 민간분야 종사자에 대해서 청탁금지법이 적용되지 않는다는 이유만으로 부정청탁금지조항과 금품수수금지조항 및 신고조항과 제재조항이 청구인들의 평등권을 침해한다고 볼 수 없다(헌재 2016. 7. 28. 2015헌마236).

▶ 집행유예기간을 경과한 자의 경우에는 원칙적으로 형의 선고에 의한 법적 효과가 장래를 향하여 소멸하고 향후 자격제한 등의 불이익을 받지 아니함에도, 소년범 중 형의 집행이 종료되거나 면제된 자에 한하여 자격에 관한 법령의 적용에 있어 장래에 향하여 형의 선고를 받지 아니한 것으로 본다고 규정한 구 소년법 제67조에 따르면 집행유예를 선고받은 자의 자격제한을 완화하지 아니하여 집행유예기간이 경과한 경우에도 그 후 일정 기간 자격제한을 받게 되었으므로, 명백히 자의적인 차별에 해당하여 평등원칙에 위반된다(헌재 2018. 1. 25. 2017헌가7 헌법불합치).

▶ 수사경력자료는 검사의 불기소처분이 있거나 법원의 무죄·면소 또는 공소기각의 판결, 공소기각의 결정이 확정된 경우로서, 그 법적 효과가 유죄판결에 대한 기록인 범죄경력자료와 다르다. 수사경력자료와 범죄경력자료의 보존 필요성을 달리하는 데 있어 중요한 것은 수사대상 또는 심판대상이 된 범죄의 종류나 법정형의 경중이 아니라, 수사절차나 재판절차에서 어떠한 처분으로 종결되어 어떠한 법적 효과를 가지게 되었는지 여부이다. 결국 수사경력자료와 범죄경력자료는 어떤 범죄의 혐의를 받았느냐를 불문하고 그 처리 결과를 달리하는 경우로서 자료 보존의 목적과 필요성을 달리하여, 그러한 차이를 이유로 자료의 삭제가능성에 대해 달리 규정하는 데에는 차별의 합리적인 이유가 있으므로, 이 사건 수사경력자료 정리조항은 청구인의 평등권을 침해하지 않는다(헌재 2012. 7. 26. 2010헌마446).

✎ 핵심 기출 ||||||||||||||||||||||||||||||||||||||||||||||||||||||||||||||||

헌법상 평등권 내지 평등원칙에 대한 설명으로 가장 적절하지 않은 것은? (다툼이 있는 경우 헌법재판소 판례에 의함) 2019 경정승진

① 평등위반 여부를 심사함에 있어 엄격한 심사척도에 의할 것인지 완화된 심사척도에 의할 것인지는 입법자에게 인정되는 입법형성권의 정도에 따라 달라진다.

② 자의심사의 경우에는 차별을 정당화하는 합리적인 이유가 있는지만을 심사하기 때문에 그에 해당하는 비교대상 간의 사실상의 차이나 입법목적(차별목적)의 발견, 확인에 그친다.

③ 헌법에서 특별히 평등을 요구하고 있는 경우나 차별적 취급으로 인하여 관련 기본권에 중대한 제한을 초래하게 되는 경우에는 완화된 심사척도인 자의금지원칙이 적용된다.

④ 헌법상 평등원칙은 국가가 합리적인 기준에 따라 능력이 허용하는 범위 내에서 법적 가치의 상향적 구현을 위한 제도의 단계적인 개선을 추진할 수 있는 길을 선택할 수 있도록 한다.

③ 헌법에서 특별히 평등을 요구하고 있는 경우나 차별적 취급으로 인하여 관련 기본권에 중대한 제한을 초래하는 경우 이외에는 완화된 심사척도인 자의금지원칙에 의하여 심사하면 족하다(헌재 2011. 10. 25. 2010헌마661).
① 헌재 2003. 12. 18. 2002헌마593
② 헌재 1999. 12. 23. 98헌마363
④ 헌재 1990. 6. 25. 89헌마107

정답 ③

✓ 핵심 O·X ——————————————————————————

01 친양자의 양친을 기혼자로 한정하고 독신자는 친양자 입양을 할 수 없도록 규정한 민법 제908조의2는 독신자를 기혼자에 비하여 차별하는 것으로 평등원칙에 위배된다. ( )

02 선거범죄를 저지른 낙선자를 제외하고 선거범죄로 당선이 무효로 된 자에게만 이미 반환받은 기탁금과 보전받은 선거비용을 다시 반환하도록 한 구 공직선거법 제265조의2제1항은 평등원칙에 위배되지 않는다. ( )

03 형사소송절차와 달리 소년심판절차에서 검사에게 상소권이 인정되지 않는 것은 소년심판절차의 특수성을 감안하면 합리적 이유가 있어 피해자의 평등권을 침해했다고 할 수 없다. ( )

04 의사 또는 치과의사의 지도하에서만 의료기사가 업무를 할 수 있도록 규정하고, 한의사의 지도하에서는 의료기사인 물리치료사가 물리치료는 물론 한방물리치료를 할 수 없도록 하는 의료기사 등에 관한 법률조항은 평등권을 침해한다. ( )

05 관광진흥개발기금 관리·운용업무에 종사토록 하기 위해 문화체육관광부장관이 채용한 민간 전문가에 대해 형법상 뇌물죄의 적용에 있어서 공무원으로 의제하는 관광진흥개발기금법 조항은 평등원칙에 위배되지 않는다. ( )

06 형법 조항과 똑같은 구성요건을 규정하면서 법정형만 상향 조정한 특정범죄 가중처벌 등에 관한 법률 조항은 인간의 존엄성과 가치를 보장하는 헌법의 기본원리에 위배될 뿐만 아니라 그 내용에 있어서도 평등원칙에 위반된다. ( )

정답
01 ✕ (평등원칙에 위배되지 아니한다)
02 ○
03 ○
04 ✕ (평등권을 침해하지 아니한다)
05 ○
06 ○

Theme

32

07 대통령령으로 정하는 공공기관 및 공기업으로 하여금 매년 정원의 100분의 3 이상씩 34세 이하의 청년 미취업자를 채용하도록 한 「청년고용촉진 특별법」 조항은 35세 이상 미취업자들의 평등권과 직업선택의 자유를 침해하지 않는다. ( )

08 입양기관을 운영하고 있지 않은 사회복지법인과 달리 입양기관을 운영하는 사회복지법인으로 하여금 '기본생활지원을 위한 미혼모자가족복지시설'을 설치·운영할 수 없게 하는 것은, 입양기관을 운영하는 사회복지법인과 그렇지 않은 사회복지법인이 본질적으로 다르므로 입양기관을 운영하는 사회복지법인의 평등권을 제한하는 것이 아니다. ( )

09 「국가인권위원회법」상 '평등권 침해의 차별행위'에는 합리적인 이유 없이 성적 지향을 이유로 성희롱을 하는 행위도 포함된다. ( )

10 대한민국 국민인 남성에 한하여 병역의무를 부과한 구 「병역법」 제3조제1항은 헌법이 특별히 양성평등을 요구하는 경우나 관련 기본권에 중대한 제한을 초래하는 경우의 차별취급을 그 내용으로 하고 있다고 보기 어렵다는 점에서 평등권 침해 여부에 관하여 합리적 이유의 유무를 심사하는 것에 그치는 자의금지원칙에 따른 심사를 한다. ( )

11 후보자의 선거운동에서 독자적으로 후보자의 명함을 교부할 수 있는 주체를 후보자의 배우자와 직계존비속으로 제한한 공직선거법 규정은 배우자나 직계존비속이 있는 후보자와 그렇지 않은 후보자를 합리적 이유 없이 달리 취급하고 있기에 평등권을 침해한다. ( )

12 보훈보상대상자의 부모에 대한 유족보상금 지급 시, 부모 중 수급권자를 1인에 한정하고 어떠한 예외도 두지 않는 보훈보상대상자 지원에 관한 법률 규정은 보상금을 지급받지 못하는 부모 일방의 평등권을 침해하지 아니한다. ( )

13 주민등록법상 재외국민으로 등록·관리되고 있는 영유아를 보육료·양육수당의 지원 대상에서 제외한 규정은 국가의 재정능력에 비추어 보았을 때 국내에 거주하면서 재외국민인 영유아를 양육하는 부모를 차별하고 있더라도 평등권을 침해하지는 않는다. ( )

14 구 소년법 규정이 소년으로 범한 죄에 의하여 형의 선고를 받은 자가 그 집행을 종료하거나 면제받은 때와 달리 집행유예를 선고받은 소년범에 대한 자격완화 특례규정을 두지 아니하여 자격제한을 함에 있어 군인사법 등 해당 법률의 적용을 받도록 한 것은 불합리한 차별이라 할 것이므로 평등원칙에 위반된다. ( )

15 사회적 신분이란 사회에서 장기간 점하는 지위로서 일정한 사회적 평가를 수반하는 것을 의미한다 할 것이므로 전과자도 사회적 신분에 해당된다. ( )

16 헌법에서 스스로 차별의 근거로 삼아서는 아니되는 기준을 제시하거나 차별을 특히 금지하고 있는 영역을 제시하는 경우에는 완화된 심사척도가 적용되어야 하나, 차별적 취급으로 인하여 관련 기본권에 대한 중대한 제한을 초래하게 되는 경우에는 엄격한 심사척도를 적용할 수 있다. ( )

정답
07 ○
08 × (평등권을 제한한다)
09 ○
10 ○
11 × (평등권을 침해하지 아니한다)
12 × (평등권을 침해한다)
13 × (평등권을 침해한다)
14 ○
15 ○
16 × (엄격한 심사척도)

17 국가유공자 본인이 국가기관이 실시하는 채용시험에 응시하는 경우에 10%의 가점을 주도록 한「국가유공자 등 예우 및 지원에 관한 법률」조항은 헌법 제32조 제6항에서 특별히 평등을 요구하고 있는 경우에 해당하므로, 이에 대해서는 엄격한 비례성 심사에 따라 평등권 침해여부를 심사하여야 한다. ( )

18 공무상 질병 또는 부상으로 인하여 퇴직 후 장애 상태가 확정된 군인에게 상이연금을 지급하도록 한 개정된「군인연금법」제23조 제1항을 개정법 시행일 이후부터 적용하도록 한「군인연금법」조항은 평등원칙에 위반된다. ( )

19 자기 또는 배우자의 직계존속을 고소하지 못하도록 규정한「형사소송법」제224조는 비속을 차별 취급하여 평등권을 침해한다. ( )

Theme

32

033 죄형법정주의

죄형법정주의에서는 죄형법정
주의의 적용범위, 죄형법정주의
의 파생원칙에 관한 헌재결정을
묻는 문제가 출제되고 있다.

🔍 테마 출제 키워드

과태료, 처벌법규의 위임, 명확
성 원칙, 형벌불소급원칙, 적정
성 원칙

헌법 제12조
① 모든 국민은 신체의 자유를 가진다. 누구든지 법률에 의하지 아니하고는 체포·구속·압수·수
색 또는 심문을 받지 아니하며, 법률과 적법한 절차에 의하지 아니하고는 처벌·보안처분 또는
강제노역을 받지 아니한다.

헌법 제13조
① 모든 국민은 행위시의 법률에 의하여 범죄를 구성하지 아니하는 행위로 소추되지 아니하며, 동
일한 범죄에 대하여 거듭 처벌받지 아니한다.

핵심 이론

1 의의

자유주의, 권력분립, 법치주의 및 국민주권의 원리에 입각한 것으로서 무엇이 범죄
이며 그에 대한 형벌이 어떠한 것인가는 반드시 국민의 대표로 구성된 입법부가
제정한 법률로써 정하여야 한다는 원칙이다(헌재 1991. 7. 8. 91헌가4).

2 내용

(1) 법률주의

의의	죄형법정주의를 천명한 헌법 제12조 제1항 후단이나 제13조 제1항 전단에서 말하는 법률은 입법부에서 제정한 형식적 의미의 법률을 의미(헌재 1991. 7. 8. 91헌가4)
처벌법규의 위임	위임입법에 관한 헌법 제75조는 처벌법규에도 적용되는 것이지만 그 요건과 범위가 보다 엄격하게 제한적으로 적용되어야 함(헌재 1991. 7. 8. 91헌가4).
위임의 요건	처벌법규의 위임은 첫째, 특히 긴급한 필요가 있거나 미리 법률로써 자세히 정할 수 없는 부득이한 사정이 있는 경우에 한정되어야 하고, 둘째, 이러한 경우에도 법률에서 범죄의 구성요건은 처벌대상인 행위가 어떠한 것일 거라고 이를 예측할 수 있을 정도로 구체적으로 정하고, 셋째, 형벌의 종류 및 상한과 폭을 명백히 규정하여야 함(헌재 2008. 4. 24. 2005헌마373).

(2) 명확성 원칙

죄형법정주의에서 파생되는 명확성의 원칙은 누구나 법률이 처벌하고자 하는 행위가
무엇이며 그에 대한 형벌이 어떠한 것인지를 예견할 수 있고, 그에 따라 자신의 행위
를 결정할 수 있도록 구성요건이 명확할 것을 의미한다(헌재 2000. 6. 29. 98헌가10).

(3) 형벌불소급원칙

형벌법규는 시행된 이후의 행위에 대해서만 적용되고, 시행 이전의 행위에 대해서는 소급하여 불리하게 적용되어서는 안 된다(헌재 2015. 2. 26. 2012헌바268).

(4) 유추해석금지원칙

범죄와 형벌에 대한 규정이 없음에도 해석을 통하여 유사한 성질을 가지는 사항에 대하여 범죄와 형벌을 인정하는 것을 금지하는 원칙이다(헌재 2015. 11. 26. 2013헌바343).

(5) 적정성의 원칙

범죄와 형벌을 규정하는 형벌법규의 내용은 인간의 존엄과 가치를 실질적으로 보장할 수 있도록 처벌의 필요성과 합리성이 인정되어야 한다.

⚞ 핵심 판례

▶ 과태료는 행정상의 질서유지를 위한 행정질서벌에 해당할 뿐 형벌이라고 할 수 없어 죄형법정주의의 규율대상에 해당하지 아니한다(헌재 1998. 5. 28. 96헌바83).

▶ 고시와 같은 형식으로 입법위임을 할 때에는 법령이 전문적ㆍ기술적 사항이나 경미한 사항으로서 업무의 성질상 위임이 불가피한 사항에 한정된다(헌재 2019. 11. 28. 2017헌바449).

▶ 형벌에 관한 준용규정이 죄형법정주의 명확성 원칙에 위배되는지 여부는 구성요건 및 벌칙규정의 준용 여부가 준용규정에 의하여 명확한지에 달린 것이지 형벌규정이라고 해서 포괄적 준용 방식은 금지되고 반드시 열거적 준용 방식을 택하여만 하는 것은 아니다(헌재 2022. 6. 30. 2020헌바15).

▶ 형벌규정에 대한 예측가능성의 유무는 당해 특정조항 하나만을 가지고 판단할 것이 아니고, 관련 법조항 전체를 유기적ㆍ체계적으로 종합 판단하여야 하며, 각 대상법률의 성질에 따라 구체적ㆍ개별적으로 검토하여야 한다(헌재 2019. 11. 28. 2017헌바182).

▶ 건강보험심사평가원 직원을 형법상 뇌물죄를 적용함에 있어 공무원으로 의제하는 구 국민건강보험법 제61조 부분은 죄형법정주의의 명확성 원칙에 위배되지 않는다(헌재 2019. 8. 29. 2017헌바262).

▶ '여러 사람의 눈에 뜨이는 곳에서 공공연하게 알몸을 지나치게 내놓거나 가려야 할 곳을 내놓아 다른 사람에게 부끄러운 느낌이나 불쾌감을 준 사람'을 처벌하는 경범죄처벌법 제3조 제1항 제33호는 죄형법정주의의 명확성 원칙에 위배된다(헌재 2016. 11. 24. 2016헌가3).

▶ 형벌불소급원칙에서 의미하는 '처벌'은 단지 형법에 규정되어 있는 형식적 의미의 형벌 유형에 국한되지 않는다. 범죄행위에 따른 제재의 내용이나 실제적 효과가 가중되거나 부수효과가 불이익하게 변경되는 경우에는 행위시법을 적용함이 바람직하다. 특히 범죄행위에 따른 제재의 내용이나 실제적 효과가 형벌적 성격이 강하여, 신체의 자유를 박탈하거나 이에 준하는 정도로 신체의 자유를 제한하는 경우에는 법적 안정성, 예측 가능성 및 국민의 신뢰를 보호하기 위하여 형벌불소급원칙이 적용되어야 한다(헌재 2017. 10. 26. 2015헌바239).

Theme

33

▶ 형벌불소급의 원칙은 형사소추가 "언제부터 어떠한 조건하에서" 가능한가의 문제에 관한 것이고, "얼마동안" 가능한가의 문제에 관한 것은 아니다. 다시 말하면 헌법의 규정은 "행위의 가벌성"에 관한 것이기 때문에 소추가능성에만 연관될 뿐, 가벌성에는 영향을 미치지 않는 공소시효에 관한 규정은 원칙적으로 그 효력범위에 포함되지 않는다(헌재 1996. 2. 16. 96헌가2).

▶ 형사처벌을 규정하고 있던 행위시법이 사후 폐지되었음에도 신법이 아닌 행위시법에 의하여 형사처벌하도록 규정한 것은 헌법 제13조 제1항의 형벌불소급원칙 보호영역에 포섭되지 아니한다(헌재 2015. 2. 26. 2012헌바268).

▶ 행위 당시의 판례에 의하면 처벌대상이 되지 아니하는 것으로 해석되었던 행위를 판례의 변경에 따라 확인된 내용의 형법 조항에 근거하여 처벌한다고 하여 그것이 형벌불소급원칙에 위반된다고 할 수 없다(헌재 2014. 5. 29. 2012헌바390).

▶ 국가공무원법·지방공무원법에 따른 공무원이 아님에도 법령에 기하여 공무에 종사한다는 이유로 공무원 의제규정이 없는 사인(私人)을 이 사건 법률조항의 '공무원'에 포함된다고 해석하는 것은 처벌의 필요성만을 지나치게 강조하여 범죄와 형벌에 대한 규정이 없음에도 구성요건을 확대한 것으로서 죄형법정주의와 조화될 수 없다. 따라서 제주특별법 조항의 '공무원'에 국가공무원법·지방공무원법에 따른 공무원이 아니고 공무원으로 간주되는 사람도 아닌 제주자치도 위촉위원이 포함된다고 해석하는 것은 법률해석의 한계를 넘은 것으로서 죄형법정주의에 위배된다(헌재 2012. 12. 27. 2011헌바117).

▶ '책임 없는 자에게 형벌을 부과할 수 없다.'는 형벌에 관한 책임주의는 형사법의 기본원리로서, 헌법상 법치국가의 원리에 내재하는 원리인 동시에, 헌법 제10조의 취지로부터 도출되는 원리이고, 법인의 경우도 자연인과 마찬가지로 책임주의원칙이 적용된다(헌재 2012. 2. 23. 2012헌가2).

▶ 기본권의 최고이념인 인간의 존엄과 가치에 근거한 책임주의는 형벌은 범행의 경중과 행위자의 책임(형벌) 사이에 비례성을 갖추어야 함을 의미한다(헌재 2004. 12. 16. 2003헌가12).

▶ 법인의 대표자 등이 법인의 재산을 국외로 도피한 경우 행위자를 벌하는 외에 그 법인에도 도피액의 2배 이상 10배 이하에 상당하는 벌금형을 과하는 특정경제범죄 가중처벌 등에 관한 법률조항 중 법인의 대표자 관련 부분은 법인의 직접책임을 근거로 하여 법인을 처벌하므로 책임주의원칙에 반하지 아니하고, 법인의 종업원등 관련 부분은 법인의 과실책임에 기초하여 법인을 처벌하므로 책임주의원칙에 반하지 아니한다(헌재 2019. 4. 11. 2015헌바443).

▶ 법인의 대리인·사용인 기타의 종업원이 그 법인의 업무에 관하여 근로자가 노동조합을 조직 또는 운영하는 것을 지배하거나 이에 개입하는 행위를 한 때에 그 법인에 대하여도 벌금형을 과하도록 한 노동조합법 제94조 부분은 종업원 등의 범죄행위에 관하여 비난할 근거가 되는 법인의 의사결정 및 행위구조, 즉 종업원 등이 저지른 행위의 결과에 대한 법인의 독자적인 책임에 관하여 전혀 규정하지 않은 채, 단순히 법인이 고용한 종업원 등이 업무에 관하여 범죄행위를 하였다는 이유만으로 법인에 대하여 형벌을 부과하도록 정하고 있는바, 이는 다른 사람의 범죄에 대하여 그 책임 유무를 묻지 않고 형사처벌하는 것이므로 헌법상 법치국가원리로부터 도출되는 책임주의원칙에 위배된다(헌재 2019. 4. 11. 2017헌가30).

▶ 음주운전 금지규정 위반 또는 음주측정거부 전력이 1회 이상 있는 사람이 다시 음주운전 금지규정 위반행위를 한 경우 2년 이상 5년 이하의 징역이나 1천만 원 이상 2천만 원 이하의 벌금에 처하도록 규정한 도로교통법 제148조의2 제1항 부분은 과거 위반 전력의 시기 및 내용이나 음주운전 당시의 혈중알코올농도 수준과 발생한 위험 등을 고려할 때 비난가능성이 상대적으로 낮은 재범행위까지도 법정형의 하한인 2년 이상의 징역 또는 1천만 원 이상의 벌금을 기준으로 처벌하도록 하고 있어, 책임과 형벌 사이의 비례성을 인정하기 어렵다. 따라서 심판대상조항은 책임과 형벌 간의 비례원칙에 위반된다(헌재 2022. 5. 26. 2021헌가30).

▶ 예비군대원 본인의 부재시 예비군훈련 소집통지서를 수령한 같은 세대 내의 가족 중 성년자가 정당한 사유없이 소집통지서를 본인에게 전달하지 아니한 경우 형사처벌을 하는 예비군법 제15조 제10항 전문 부분은 행정절차적 협력의무에 불과한 소집통지서 전달의무의 위반에 대하여 과태료 등의 행정적 제재가 아닌 형사처벌을 부과하고 있는데, 이는 형벌의 보충성에 반하고, 책임에 비하여 처벌이 지나치게 과도하여 비례원칙에도 위반된다. 위와 같은 사정들에 비추어 보면, 심판대상조항은 책임과 형벌 간의 비례원칙에 위반된다(헌재 2022. 5. 26. 2019헌가12).

▶ 형벌체계상의 균형성 및 평등원칙이란, 죄질과 보호법익 등이 유사한 범죄는 합리적인 범위 내에서 비슷한 법정형으로 처벌되어야 하고, 반대로 행위불법과 결과불법이 다른 범죄에 대해서는 동일하게 평가하여서는 아니 된다는 것을 말한다. 따라서 법정형의 종류와 범위를 정함에 있어서 고려해야 할 사항 중 가장 중요한 것은 당해 범죄의 보호법익과 죄질로서 보호법익이 다르면 법정형의 내용이 다를 수 있고, 보호법익이 같다고 하더라도 죄질이 다르면 또 그에 따라 법정형의 내용이 달라질 수밖에 없다(헌재 2019. 2. 28. 2016헌가13).

✎ 핵심 기출

죄형법정주의에 대한 설명으로 적절하지 않은 것을 모두 고른 것은? (다툼이 있는 경우 판례에 의함)

2022 경정승진

> ㉠ 죄형법정주의는 범죄와 형벌이 법률로 정하여져야 함을 의미하는 것으로 이러한 죄형법정주의에서 파생되는 명확성의 원칙은 누구나 법률이 처벌하고자 하는 행위가 무엇이며, 그에 대한 형벌이 어떠한 것인지를 예견할 수 있어야 하나, 반드시 그에 따라 자신의 행위를 결정할 수 있도록 하는 구성요건의 명확성까지 요구하는 것은 아니다.
>
> ㉡ 형벌구성요건의 실질적 내용을 법률에서 직접 규정하지 아니하고 새마을금고의 정관에 위임한 것은 범죄와 형벌에 관하여는 입법부가 제정한 형식적 의미의 법률로써 정하여야 한다는 죄형법정주의 원칙에 위반된다.
>
> ㉢ 법정형의 폭이 지나치게 넓게 되면 자의적인 형벌권의 행사가 가능하게 되어 형벌체계상의 불균형을 초래할 수 있을 뿐만 아니라, 피고인이 구체적인 형의 예측이 현저하게 곤란해지고 죄질에 비하여 무거운 형에 처해질 위험에 직면하게 되므로 법정형의 폭이 지나치게 넓어서는 아니 된다는 것은 죄형법정주의의 한 내포라고 할 수 있다.
>
> ㉣ 처벌을 규정하고 있는 법률조항이 구성요건이 되는 행위를 같은 법률조항에서 직접 규정하지 않고 다른 법률조항에서 이미 규정한 내용을 원용하였다거나 그 내용 중 일부를 괄호 안에 규정한 경우 그 사실만으로 명확성 원칙에 위반된다.

① ㉠, ㉡

② ㉠, ㉣

③ ㉡, ㉢

④ ㉢, ㉣

㉠ (×) 헌법 제12조 및 제13조에서 규정하고 있는 죄형법정주의의 원칙은 법률이 처벌하고자 하는 행위가 무엇이며 그에 대한 형벌이 어떠한 것인지를 누구나 예견할 수 있고, 그에 따라 자신의 행위를 결정할 수 있게끔 구성요건을 명확하게 규정할 것을 요구하는바, 여기서 요구되는 구성요건의 명확성이란 입법권자가 모든 구성요건을 단순한 의미의 서술적인 개념에 의하여 규정하여야 한다는 것은 아니고, 자의를 허용하지 않는 통상의 해석방법에 의하더라도 당해 처벌법규의 보호법익과 그에 의하여 금지된 행위 및 처벌의 종류와 정도를 누구나 알 수 있도록 규정되어 있어야 한다는 의미로 파악하여야 할 것이다(헌재 2010. 9. 30. 2009헌바355).

㉡ (○) 헌재 2001. 1. 18. 99헌바112

㉢ (○) 헌재 1997. 9. 25. 96헌가16

㉣ (×) 형벌을 규정함에 있어 구성요건 조항과 처벌 조항을 별개의 법률조항으로 나누어 규정하는 것은 통상적인 입법기술의 하나로서, 동일한 내용의 사항을 서로 다른 조항에서 반복해서 규정하는 경우에는 그 내용을 이미 규정하고 있는 조항을 원용하여 규정하는 것이 보편적인 방식이며, 처벌을 규정하고 있는 법률조항이 구성요건이 되는 행위를 같은 법률조항에서 직접 규정하지 않고 다른 법률조항에서 이미 규정한 내용을 원용하였다고 해서 그 법률조항의 내용이 불명확해진다고 볼 수는 없다. 또한 법률조항이 규율하고자 하는 내용 중 일부를 괄호 안에 규정하는 것 역시 단순한 입법기술상의 문제에 불과할 뿐, 괄호 안에 규정되어 있다는 사실만으로 그 내용이 중요한 의미를 가지는 것이 아니라고 볼 아무런 근거가 없으며 일반 국민이 법률조항을 해석함에 있어서도 괄호 안에 기재된 내용은 중요한 의미를 갖지 않는 것으로 받아들일 것이라는 주장은 객관적인 사실과 자료들에 의해 전혀 뒷받침되지 못하여 받아들이기 어렵다(헌재 2010. 3. 25. 2009헌바121).

정답 ②

Theme

33

✔ 핵심 O·X

01 죄형법정주의가 적용되는 대상으로는 형벌뿐 아니라 과태료등의 행정질서벌까지 포함된다. ( )

02 행위 당시의 판례에 의하면 처벌대상이 아니었던 행위가 판례변경에 따라 처벌되게 되었다면 형벌불소급의 원칙에 반한다. ( )

03 '의료인도 면허된 것 이외의 의료행위'를 할 수 없도록 금지하고 이를 위반하면 처벌하는 의료법 규정 중 '면허된 것 이외의 의료행위' 부분은 무엇이 면허된 의료행위인지를 전혀 명시하지 못하는 것이어서 죄형법정주의의 명확성 원칙에 위배된다. ( )

04 죄형법정주의의 명확성 원칙은 법률이 처벌하고자 하는 행위가 무엇이며 그에 대한 형벌이 어떠한 것인지를 누구나 예견할 수 있고 그에 따라 자신의 행위를 결정할 수 있게끔 구성요건을 명확하게 규정할 것을 요구한다. ( )

05 형사소송법상의 재정신청에 적용되는 공소시효정지의 규정을 헌법소원에 적용하는 것은 죄형법정주의 원칙에 반한다는 것이 헌법재판소의 입장이다. ( )

06 「경범죄처벌법」 제3조 제1항 제33호(과다노출) '여러 사람의 눈에 뜨이는 곳에서 공공연하게 알몸을 지나치게 내놓거나 가려야 할 곳을 내놓아 다른 사람에게 부끄러운 느낌이나 불쾌감을 준 사람'의 부분은 죄형법정주의의 명확성 원칙에 위배된다. ( )

07 강도상해죄 또는 강도치상죄를 무기 또는 7년 이상의 징역에 처하도록 규정한 형법 제337조는, 강도치상죄가 강간치상죄, 인질치상죄, 현주건조물등방화치상죄 등에 비하여 법정형의 하한이 높게 규정되어 있다 하더라도, 기본범죄, 보호법익, 죄질 등이 다른 이들 범죄를 강도치상죄와 단순히 평면적으로 비교하여 법정형의 과중여부를 판단할 수 없으므로, 심판대상조항이 형벌체계상 균형을 상실하여 평등원칙에 위반된다고 할 수 없다. ( )

08 종업원이 고정조치의무를 위반하여 화물을 적재하고 운전한 경우 그를 고용한 법인을 면책사유 없이 형사처벌하도록 규정한 구 「도로교통법」 조항은 책임주의원칙에 위배되지 아니한다. ( )

09 종업원의 위반행위에 대하여 양벌조항으로서 개인인 영업주에게도 동일하게 무기 또는 2년 이상의 징역형의 법정형으로 처벌하도록 규정하고 있는 「보건범죄단속에 관한 특별조치법」 조항은 형사법상 책임원칙에 위반된다. ( )

10 「형법」 제129조 제1항의 수뢰죄를 범한 사람에게 수뢰액의 2배 이상 5배 이하의 벌금을 병과하도록 규정한 「특정범죄 가중처벌 등에 관한 법률」 조항은 책임과 형벌의 비례원칙에 위배되지 아니한다. ( )

정답
01 × (포함되지 아니한다)
02 × (형벌불소급의 원칙에 반하지 아니한다)
03 × (명확성 원칙에 위배되지 아니한다)
04 ○
05 ○
06 ○
07 ○
08 × (책임주의원칙에 위배된다)
09 ○
10 ○

034 적법절차원칙

> **헌법 제12조**
> ① 누구든지 법률과 적법한 절차에 의하지 아니하고는 처벌·보안처분 또는 강제노역을 받지 아니한다.
> ③ 체포·구속·압수 또는 수색을 할 때에는 적법한 절차에 따라 검사의 신청에 의하여 법관이 발부한 영장을 제시하여야 한다.

핵심 이론

1 의의

적법절차의 원칙(due process of law)은 공권력에 의한 국민의 생명·자유·재산의 침해는 반드시 합리적이고 정당한 법률에 의거해서 정당한 절차를 밟은 경우에만 유효하다(헌재 2018. 4. 26. 2016헌바453).

2 실체적 적법절차

미국헌법상 적법절차 법리의 전개는 절차적정성 내지 절차의 정의합치성을 뜻하는 절차적 적법절차에 그치지 아니하고, 입법내용의 적정성을 뜻하는 실체적 적법절차로 발전되어 왔다. 따라서 위 헌법조항의 적법한 절차라 함은 인신의 구속이나 처벌 등 형사절차만이 아니라 국가작용으로서의 모든 입법작용과 행정작용에도 광범위하게 적용되는 독자적인 헌법원리의 하나로, 절차가 형식적 법률로 정하여져야 할 뿐만 아니라 적용되는 법률의 내용에 있어서도 합리성과 정당성을 갖춘 적정한 것이어야 함을 요구한다(헌재 1997. 11. 27. 92헌바28).

3 과잉금지원칙과의 관계

적법절차의 원칙은 단순히 입법권의 유보제한이라는 한정적인 의미에 그치는 것이 아니라 모든 국가작용을 지배하는 독자적인 헌법의 기본원리로서 해석되어야 할 원칙이라는 점에서 입법권의 유보적 한계를 선언하는 과잉입법금지의 원칙과는 구별된다(헌재 1992. 12. 24. 92헌가8).

4 적용대상

우리 현행 헌법에서는 제12조 제1항의 처벌, 보안처분, 강제노역 등 및 제12조 제3항의 영장주의와 관련하여 각각 적법절차의 원칙을 규정하고 있지만, 이는 그 대상을 한정적으로 열거하고 있는 것이 아니라 그 적용대상을 예시한 것에 불과하다고 해석하는 것이 우리의 통설적 견해이다(헌재 1992. 12. 24. 92헌가8).

5 적용범위

적법절차의 원칙은 헌법조항에 규정된 형사절차상의 제한된 범위 내에서만 적용되는 것이 아니라 국가작용으로서 기본권 제한과 관련되든 관련되지 않든 모든 입법작용 및 행정작용에도 광범위하게 적용된다(헌재 1992. 12. 24. 92헌가8).

⚖ 핵심 판례

▶ 국회의 탄핵소추절차는 국회와 대통령이라는 헌법기관 사이의 문제이고, 국회의 탄핵소추의결에 의하여 사인으로서의 대통령의 기본권이 침해되는 것이 아니라, 국가기관으로서의 대통령의 권한행사가 정지되는 것이다. 따라서 국가기관이 국민과의 관계에서 공권력을 행사함에 있어서 준수해야 할 법원칙으로서 형성된 적법절차의 원칙을 국가기관에 대하여 헌법을 수호하고자 하는 탄핵소추절차에는 직접 적용할 수 없다(헌재 2004. 5. 14. 2004헌나1).

▶ 특정공무원범죄의 범인에 대한 추징판결을 범인 외의 자가 그 정황을 알면서 취득한 불법재산 및 그로부터 유래한 재산에 대하여 그 범인 외의 자를 상대로 집행할 수 있도록 규정한 '공무원범죄에 관한 몰수 특례법' 제9조의2가 제3자에 대하여 특정공무원범죄를 범한 범인에 대한 추징판결을 집행하기에 앞서 제3자에게 통지하거나 의견을 진술할 기회를 부여하지 않은 데에는 합리적인 이유가 있다. 따라서 심판대상조항은 적법절차원칙에 위배된다고 볼 수 없다(헌재 2020. 2. 27. 2015헌가4).

▶ 전투경찰순경에 대한 영창처분은 그 사유가 제한되어 있고, 징계위원회의 심의절차를 거쳐야 하며, 징계 심의 및 집행에 있어 징계대상자의 출석권과 진술권이 보장되고 있다. 또한 소청과 행정소송 등 별도의 불복절차가 마련되어 있고 소청에서 당사자 의견진술 기회 부여를 소청결정의 효력에 영향을 주는 중요한 절차적 요건으로 규정하는바, 구 전투경찰대 설치법 제5조 제1항, 제2항이 헌법에서 요구하는 수준의 절차적 보장 기준을 충족하지 못했다고 볼 수 없으므로 헌법 제12조 제1항의 적법절차원칙에 위배되지 아니한다(헌재 2016. 3. 31. 2013헌바190).

✎ 핵심 기출

적법절차의 원칙에 관한 설명 중 적절하지 않은 것으로 묶인 것은? (다툼이 있는 경우 판례에 의함)

2014 경정승진

> ㉠ 적법절차의 원칙은 모든 국가작용을 지배하는 독자적인 헌법의 기본원리로 해석되어야 한다는 점에서 입법권의 유보적 한계를 선언하는 과잉입법금지의 원칙과 구별된다.
> ㉡ 당사자에 대한 적절한 고지와 의견 및 자료 제출의 기회를 부여할 것이 적법절차원칙에서 도출할 수 있는 절차적 요청이라고 볼 수는 없다.
> ㉢ 압수물에 대한 소유권포기가 있다면, 사법경찰관이 법에서 정한 압수물폐기의 요건과 상관없이 임의로 압수물을 폐기하였어도, 이것이 적법절차원칙을 위반한 것은 아니다.
> ㉣ 국가기관이 국민과의 관계에서 공권력을 행사함에 있어서 준수해야 할 법원칙으로서 형성된 적법절차의 원칙은 국가기관에 대하여 헌법을 수호하고자 하는 탄핵소추절차에는 직접 적용되지 않는다.

① ㉠, ㉡

② ㉠, ㉢

③ ㉡, ㉢

④ ㉢, ㉣

㉠ (○) 헌재 1992. 12. 24. 92헌가8

㉡ (×) 적법절차원칙에서 도출할 수 있는 중요한 절차적 요청으로는 당사자에게 적절한 고지를 행할 것, 당사자에게 의견 및 자료 제출의 기회를 부여할 것 등을 들 수 있다(헌재 2006. 5. 25. 2004헌바12).

㉢ (×) 압수물은 검사의 이익을 위해서뿐만 아니라 이에 대한 증거신청을 통하여 무죄를 입증하고자 하는 피고인의 이익을 위해서도 존재하므로 사건종결 시까지 이를 그대로 보존할 필요성이 있다. 피청구인은 이 사건 압수물을 보관하는 것 자체가 위험하다고 볼 수 없을 뿐만 아니라 이를 보관하는 데 아무런 불편이 없는 물건임이 명백함에도 압수물에 대하여 소유권포기가 있다는 이유로 이를 사건종결 전에 폐기하였는바, 위와 같은 피청구인의 행위는 적법절차의 원칙을 위반하고, 청구인의 공정한 재판을 받을 권리를 침해한 것이다(헌재 2012. 12. 27. 2011헌마351).

㉣ (○) 헌재 2004. 5. 14. 2004헌나1

정답 ③

✓ 핵심 O·X

01 「출입국관리법」은 출국금지 후 즉시 서면으로 통지하도록 하고 있고 이의신청이나 행정소송을 통하여 출국금지결정에 대해 사후적으로 다툴 수 있는 기회를 제공하여 절차적 참여를 보장해 주고 있으므로, 형사재판에 계속 중인 사람에 대하여 출국을 금지할 수 있다고 규정한 「출입국관리법」은 적법절차원칙에 위배되지 않는다. ( )

02 체포·구속·압수 또는 수색을 할 때에는 적법한 절차에 따라 검사의 신청에 의하여 법관이 발부한 영장을 제시하여야 하며, 주거에 대한 압수나 수색을 할 때에는 검사의 신청에 의하여 법관이 발부한 영장을 제시하여야 한다. ( )

03 헌법 제12조제1항의 적법절차원칙은 형사소송절차에 국한되지 않으므로 전투경찰순경의 인신구금을 내용으로 하는 영창처분에 있어서도 적법절차원칙이 준수되어야 한다. ( )

04 범칙금 통고처분을 받고도 납부기간 이내에 범칙금을 납부하지 아니한 사람에 대하여 행정청에 대한 이의제기나 의견진술 등의 기회를 주지 않고 경찰서장이 곧바로 즉결심판을 청구하도록 한 구「도로교통법」조항은 적법절차원칙에 위배된다. ( )

05 적법절차의 원칙은 형사소송절차에 국한하지 않고 모든 국가작용에 대하여 문제된 법률의 실체적 내용이 합리성과 정당성을 갖추고 있는지 여부를 판단하는 기준으로 적용된다. ( )

06 적법절차의 원칙은 기본권 제한이 있음을 전제로 하여 적용된다. ( )

07 압수·수색의 사전통지나 집행 당시의 참여권의 보장은 압수·수색에 있어 국민의 기본권을 보장하고 헌법상의 적법절차원칙의 실현을 위한 구체적인 방법의 하나일 뿐, 헌법상 명문으로 규정된 권리는 아니다. ( )

08 헌법 제12조 제3항의 적법절차원칙은 기본권 제한 정도가 가장 심한 형사상 강제처분의 영역에서 기본권을 더욱 강하게 보장하려는 의지를 담아 중복규정된 것이라고 해석함이 상당하다. ( )

09 검사가 법원의 증인으로 채택된 수감자를 그 증언에 이르기까지 거의 매일 검사실로 하루 종일 소환하여 피고인측 변호인이 접근하는 것을 차단하고 검찰에서의 진술을 번복하는 증언을 하지 않도록 회유, 협박하는 것은 적법절차에 위배된다. ( )

10 범죄의 피의자로 입건된 사람이 경찰공무원이나 검사의 신문을 받으면서 자신의 신원을 밝히지 않고 지문채취에 불응한 경우 그로 하여금 벌금, 과료, 구류의 형사처벌을 받도록 하는 구「경범죄처벌법」조항은 적법절차원칙에 위배되지 않는다. ( )

정답
01 ○
02 ○
03 ○
04 × (적법절차원칙에 위배되지 아니한다)
05 ○
06 × (적법절차원칙은 기본권 제한과 관련되든 관련되지 않든 모든 입법작용 및 행정작용에도 광범위하게 적용된다)
07 ○
08 ○
09 ○
10 ○

035 이중처벌금지원칙 · 무죄추정원칙 · 영장주의

헌법 제13조
① 모든 국민은 동일한 범죄에 대하여 거듭 처벌받지 아니한다.

헌법 제27조
④ 형사피고인은 유죄의 판결이 확정될 때까지는 무죄로 추정된다.

헌법 제12조
③ 체포·구속·압수 또는 수색을 할 때에는 적법한 절차에 따라 검사의 신청에 의하여 법관이 발부한 영장을 제시하여야 한다. 다만, 현행범인인 경우와 장기 3년 이상의 형에 해당하는 죄를 범하고 도피 또는 증거인멸의 염려가 있을 때에는 사후에 영장을 청구할 수 있다.

📖 **테마 출제경향**

이중처벌금지원칙에서는 이중처벌금지원칙의 적용요건, 무죄추정의 원칙에서는 무죄추정의 효과, 영장주의에서는 영장주의의 적용요건과 관련한 헌재결정을 묻는 문제가 출제되고 있다.

🔑 **테마 출제 키워드**

동일한 사건, 처벌, 불구속수사 · 불구속재판의 원칙, 강제처분

핵심 이론

1 이중처벌금지원칙

의의		한번 판결이 확정되면 동일한 사건에 대해서는 다시 심판할 수 없다는 일사부재리의 원칙이 국가형벌권의 기속원리로 헌법상 선언된 것(헌재 1994. 6. 30. 92헌바38)
요건	동일한 행위	이중처벌금지의 원칙은 처벌 또는 제재가 "동일한 행위"를 대상으로 행해질 때에 적용될 수 있는 것이고, 그 대상이 동일한 행위인지의 여부는 기본적 사실관계가 동일한지 여부에 의하여 가려야 한다(헌재 2011. 10. 25. 2009헌바140).
	처벌	헌법 제13조 제1항에서 말하는 처벌은 원칙으로 범죄에 대한 '국가의 형벌권 실행으로서의 과벌'을 의미하는 것이고, 국가가 행하는 일체의 제재나 불이익처분을 모두 그 처벌에 포함시킬 수는 없다(헌재 1994. 6. 30. 92헌바38).

2 무죄추정원칙

의의	형사절차와 관련하여 아직 공소가 제기되지 아니한 피의자는 물론 공소가 제기된 피고인이라 할지라도 유죄의 판결이 확정될 때까지는 원칙적으로 죄가 없는 자로 다루어져야 하고 불이익은 필요최소한에 그쳐야 한다는 원칙(헌재 1997. 5. 29. 96헌가17)
내용	무죄추정의 원칙이 제도적으로 표현된 것으로는, 공판절차의 입증단계에서 거증책임을 검사에게 부담시키는 제도, 보석 및 구속적부심 등 인신구속의 제한을 위한 제도, 그리고 피의자 및 피고인에 대한 부당한 대우 금지 등(헌재 2001. 11. 29. 2001헌바41)

Theme

35

3 영장주의

의의	형사절차와 관련하여 체포·구속·압수·수색의 강제처분을 함에 있어서는 사법권 독립에 의하여 신분이 보장되는 법관이 발부한 영장에 의하지 않으면 아니 된다는 원칙(헌재 2018. 6. 28. 2012헌마191)	
요건	강제처분	영장주의가 적용되는 강제처분은 물리적 강제력을 행사하는 경우(헌재 2004. 9. 23. 2002헌가17)
	검사의 청구	현행 헌법 제12조 제3항 중 "검사의 신청"이라는 부분의 취지도 모든 영장의 발부에 검사의 신청이 필요하다는 것이 아니라 수사단계에서 영장의 발부를 신청할 수 있는 자를 검사로 한정한 것으로 해석함이 타당(헌재 1997. 3. 27. 96헌바28)
	법관의 발부	영장주의의 본질은 신체의 자유를 침해하는 강제처분을 함에 있어서는 중립적인 법관이 구체적 판단을 거쳐 발부한 영장에 의하여야만 한다는 데에 있으므로 당연히 법관이 발부해야 함(헌재 1997. 3. 27. 96헌바28).

✎ 핵심 판례

▶ 형사판결은 국가주권의 일부분인 형벌권 행사에 기초한 것으로서, 외국의 형사판결은 원칙적으로 우리 법원을 기속하지 않으므로 동일한 범죄행위에 관하여 다수의 국가에서 재판 또는 처벌을 받는 것이 배제되지 않는다. 따라서 이중처벌금지원칙은 동일한 범죄에 대하여 대한민국 내에서 거듭 형벌권이 행사되어서는 안 된다는 뜻으로 새겨야 할 것이므로 이 사건 법률조항은 헌법 제13조 제1항의 이중처벌금지원칙에 위배되지 아니한다(헌재 2015. 5. 28. 2013헌바129).

▶ 이중처벌은 처벌 또는 제재가 동일한 행위를 대상으로 거듭 행해질 때 발생하는 문제로서, 심판대상조항과 같이 하나의 형사재판절차에서 다루어진 사건을 대상으로 동시에 징역형과 자격정지형을 병과하는 것은 이중처벌금지원칙에 위반되지 아니한다(헌재 2018. 3. 29. 2016헌바361).

▶ 집행유예가 실효되는 경우에 부활되는 본형은 이미 판결이 확정된 동일한 사건에 대하여 다시 심판한 결과 새로이 부과되는 것이 아니라 집행유예에 본래부터 내재되어 있던 효과가 발생한 것에 불과하고 동일한 범죄행위에 대하여 국가가 형벌권을 거듭 행사하도록 하는 것이 아니므로 이중처벌금지원칙은 문제되지 않는다(헌재 2020. 6. 25. 2019헌마192).

▶ 미결구금은 신체의 자유를 침해받는 피의자 또는 피고인의 입장에서 보면 실질적으로 자유형의 집행과 다를 바 없으므로, 인권보호 및 공평의 원칙상 형기에 전부 산입되어야 한다. 따라서 형법 제57조 제1항 중 "또는 일부 부분"은 헌법상 무죄추정의 원칙 및 적법절차의 원칙 등을 위배하여 합리성과 정당성 없이 신체의 자유를 침해한다(헌재 2009. 6. 25. 2007헌바25).

▶ 1심 결정에 의한 소년원 수용기간을 항고심 결정에 의한 보호기간에 산입하지 않더라도 이는 무죄추정원칙과는 관련이 없으므로 소년보호사건에 있어 제1심 결정에 의한 소년원 수용기간을 항고심 결정에 의한 보호기간에 산입하지 아니하는 소년법 제33조는 무죄추정원칙에 위배되지 않는다(헌재 2015. 12. 23. 2014헌마768).

▶ 형사절차가 아니라 하더라도 실질적으로 수사기관에 의한 인신구속과 동일한 효과를 발생시키는 인신구금은 영장주의의 본질상 그 적용대상이 되어야 한다(헌재 2020. 9. 24. 2017헌바157 영창사건 4인의 재판관의 보충의견).

▶ 각급선거관리위원회 위원·직원의 선거범죄 조사에 있어서 피조사자에게 자료제출의무를 부과하고 허위자료를 제출하는 경우 형사처벌하는 공직선거법 조항에 의한 자료제출요구는 행정조사의 성격을 가지는 것으로 수사기관의 수사와 근본적으로 그 성격을 달리하며, 청구인에 대하여 직접적으로 어떠한 물리적 강제력을 행사하는 강제처분을 수반하는 것이 아니므로 영장주의의 적용대상이 아니다(헌재 2019. 9. 26. 2016헌바381).

▶ 헌법에 규정된 영장신청권자로서의 검사는 검찰권을 행사하는 국가기관인 검사로서 공익의 대표자이자 수사단계에서의 인권옹호기관으로서의 지위에서 그에 부합하는 직무를 수행하는 자를 의미하는 것이지, 검찰청법상 검사만을 지칭하는 것으로 보기 어렵다(헌재 2021. 1. 28. 2020헌마264).

▶ 긴급체포한 피의자를 구속하고자 할 때에는 48시간 이내에 구속영장을 청구하되, 그렇지 않은 경우 사후 영장청구 없이 피의자를 즉시 석방하도록 한 형사소송법 제200조의4 제1항 및 제2항은 헌법상 영장주의에 위반되지 아니한다(헌재 2021. 3. 25. 2018헌바212).

▶ 헌법에 명문으로 규정된 영장주의는 구속의 개시시점에 한하지 않고 구속영장의 효력을 계속 유지할 것인지 아니면 취소 또는 실효시킬 것인지의 여부도 사법권 독립의 원칙에 의하여 신분이 보장되고 있는 법관의 판단에 의하여만 결정되어야 한다는 것을 의미하고 그 밖에 검사나 다른 국가기관의 의견에 의하여 좌우되도록 하는 것은 헌법상의 적법절차의 원칙에 위배된다(헌재 1992. 12. 24. 92헌가8).

✎ 핵심 기출

일사부재리 내지 이중처벌금지원칙에 관한 설명 중 가장 적절하지 않은 것은? (다툼이 있는 경우 판례에 의함)

2022 제2차 경찰공채

① 형법이 누범을 가중처벌하는 것은 전범에 대하여 형벌을 받았음에도 다시 범행을 하였다는 데 있는 것이지, 전범에 대하여 처벌을 받았음에도 다시 범행을 하는 경우 전범도 후범과 일괄하여 다시 처벌한다는 것은 아님이 명백하므로, 누범에 대하여 형을 가중하는 것이 일사부재리원칙에 위배하는 것은 아니다.

② 행정법은 의무를 명하거나 금지를 설정함으로써 일정한 행정 목적을 달성하려고 하는데, 그 실효성을 확보하기 위하여 행정형벌, 과태료, 영업허가의 취소·정지, 과징금 등을 가함으로써 의무위반 당사자로 하여금 더 이상 위반을 하지 않도록 유도하는 것이 필요하고, 이와 같이 '제재를 통한 억지'는 행정규제의 본원적 기능이라 볼 수 있으므로, 어떤 행정제재의 기능이 오로지 제재에 있다고 하여 이를 헌법 제13조 제1항에서 말하는 '이중처벌'에 해당한다고 할 수 없다.

③ 공직선거법위반죄를 범하여 형사처벌을 받은 공무원에 대하여 당선무효라는 불이익을 가하는 것은 공직선거법위반 행위 자체에 대한 국가의 형벌권 실행으로서의 과벌에 해당하므로, 이중처벌금지원칙에 위배될 가능성이 크다.

④ 형사판결은 국가주권의 일부분인 형벌권 행사에 기초한 것으로서, 외국의 형사판결은 원칙적으로 우리 법원을 기속하지 않으므로 동일한 범죄행위에 관하여 다수의 국가에서 재판 또는 처벌을 받는 것이 배제되지 않는다고 할 것인바, 외국에서 형의 전부 또는 일부의 집행을 받은 자에 대하여 형을 감경 또는 면제할 수 있도록 규정한 형법 제7조는 이중처벌금지원칙에 위반되지 아니한다.

③ 공직선거법위반죄를 범하여 형사처벌을 받은 공무원에 대하여 당선무효라는 불이익을 가하는 것은 선거의 공정성을 해친 자에게 일정한 불이익을 줌으로써 선거의 공정성을 확보하고, 불법적인 방법으로 당선된 공직자에 의한 장래의 부적절한 공직수행을 차단하기 위한 법적 조치로서, 공직선거법위반 행위 자체에 대한 국가의 형벌권 실행으로서의 과벌에 해당하지 아니하므로, 헌법 제13조 제1항이 금지하는 이중처벌금지원칙이 적용되지 않는다. 따라서 공직선거법위반죄를 범함으로 인하여 징역형의 선고를 받은 공직자의 당선을 무효로 하는 당선무효조항은 이중처벌금지원칙에 위반되지 아니한다(헌재 2015. 2. 26. 2012헌마581).

① 헌재 1995. 2. 23. 93헌바43

② 헌재 2003. 7. 24. 2001헌가25

④ 헌재 2015. 5. 28. 2013헌바129

정답 ③

Theme

35

✓ 핵심 **O·X**

01 신상정보 공개·고지명령은 형벌과는 목적이나 심사대상 등을 달리하는 보안처분에 해당하므로 동일한 범죄행위에 대하여 형벌이 부과된 이후 다시 신상정보 공개·고지명령이 선고 및 집행된다고 하여 이중처벌금지원칙에 위반된다고 할 수 없다. ( )

02 일정한 성폭력범죄를 범한 사람에게 유죄판결을 선고하는 경우 성폭력치료프로그램 이수명령을 병과하도록 한 것은 그 목적이 과거의 범죄행위에 대한 제재로서 대상자의 건전한 사회복귀 및 범죄예방과 사회보호에 있어 형벌과 본질적 차이가 나지 않는 보안처분에 해당하므로, 동일한 범죄행위에 대하여 형벌과 병과될 경우 이중처벌금지원칙에 위배된다. ( )

03 무죄추정의 원칙상 금지되는 '불이익'이란 '범죄사실의 인정 또는 유죄를 전제로 그에 대하여 법률적·사실적 측면에서 유형·무형의 차별취급을 가하는 유죄인정의 효과로서의 불이익'을 뜻한다. ( )

04 무죄추정의 원칙은 형사절차 내에서만 적용되고 형사절차 이외의 기타 일반 법생활 영역에서의 기본권 제한과 같은 경우에는 적용되지 않는다. ( )

05 수사 및 재판단계에서 유죄가 확정되지 아니한 미결수용자에게 수용시설 밖에서 재소자용 의류를 입게 하는 것은 무죄추정의 원칙에 위배된다. ( )

06 헌법상 영장주의는 신체에 대한 직접적이고 현실적인 강제력이 행사되는 경우에만 적용되므로 특별검사법상 참고인에 대한 동행명령조항과 같이 형벌에 의한 불이익을 통해 심리적·간접적으로 일정한 행위를 강요하는 것에는 영장주의가 적용되지 않는다. ( )

07 지방자치법에 근거한 조례에 의하여 지방의회에서의 사무감사·조사를 위한 증인의 동행명령장을 지방의회 의장이 발부하는 것은 영장주의원칙에 위배된다. ( )

08 수사단계가 아닌 공판단계에서 법관이 직권으로 영장을 발부하여 구속하는 경우에는 검사의 영장신청이 불필요하다. ( )

정답
01 ○
02 × (이중처벌금지원칙에 위배되지 아니한다)
03 ○
04 × (기본권 제한 같은 경우에도 적용된다)
05 ○
06 × (영장주의가 적용된다)
07 ○
08 ○

036

변호인의 조력을 받을 권리

📖 **테마 출제경향**

변호인의 조력을 받을 권리에서는 변호인의 조력을 받을 권리의 주체와 내용, 변호인의 변호권에 관한 헌재결정을 묻는 문제가 출제되고 있다.

🔍 **테마 출제 키워드**

미결수용자와 수형자, 접견교통권, 수사기록에 대한 열람 · 등사권, 피의자신문시 변호인참여권

헌법 제12조

④ 누구든지 체포 또는 구속을 당한 때에는 즉시 변호인의 조력을 받을 권리를 가진다. 다만, 형사피고인이 스스로 변호인을 구할 수 없을 때에는 법률이 정하는 바에 의하여 국가가 변호인을 붙인다.

⑤ 누구든지 체포 또는 구속의 이유와 변호인의 조력을 받을 권리가 있음을 고지받지 아니하고는 체포 또는 구속을 당하지 아니한다. 체포 또는 구속을 당한 자의 가족등 법률이 정하는 자에게는 그 이유와 일시 · 장소가 지체없이 통지되어야 한다.

핵심 이론

1 의의

국가권력의 일방적인 형벌권 행사에 대항하여 자신에게 부여된 헌법상 · 소송법상 권리를 효율적이고 독립적으로 행사하기 위하여 변호인의 도움을 얻을 피의자 및 피고인의 권리를 말한다(헌재 2016. 4. 28. 2015헌마243).

2 주체

피의자와 피고인	불구속 피의자의 경우에도 변호인의 조력을 받을 권리는 우리 헌법에 나타난 법치국가원리, 적법절차원칙에서 인정되는 당연한 내용(헌재 2004. 9. 23. 2000헌마138)
수형자	형사절차가 종료되어 교정시설에 수용중인 수형자는 원칙적으로 변호인의 조력을 받을 권리의 주체가 될 수 없다. 다만, 수형자의 경우에도 재심절차 등에는 변호인 선임을 위한 일반적인 교통 · 통신이 보장될 수도 있다(헌재 1998. 8. 27. 96헌마398).

3 인정 범위

구속(구인과 구금)	현행 헌법이 종래의 "구금"을 "구속"으로 바꾼 것은 헌법 제12조에 규정된 신체의 자유의 보장 범위를 구금된 사람뿐 아니라 구인된 사람에게까지 넓히기 위한 것으로 해석하는 것이 타당(헌재 2018. 5. 31. 2014헌마346)
형사절차와 행정절차	헌법 제12조 제4항 본문은 형사절차뿐 아니라 행정절차에도 적용된다고 해석하는 것이 헌법 제12조 제4항 본문 자체의 문리해석의 측면에서 타당(헌재 2018. 5. 31. 2014헌마346)

Theme

36

4 내용

(1) 변호인 선임권

피의자 등의 변호인 선임권은 변호인의 조력을 받을 권리의 출발점이자 가장 기초적인 구성부분으로서 법률로써도 제한할 수 없는 권리이다(헌재 2019. 2. 28. 2015헌마1204).

(2) 변호인과의 접견교통권

근거	변호인의 조력을 받을 권리의 필수적 내용은 신체구속을 당한 사람과 변호인과의 접견교통권이다(헌재 1992. 1. 28. 91헌마111).
전제	변호인의 조력은 구속된 자와 변호인의 대화내용에 대하여 비밀이 완전히 보장되고 어떠한 제한, 영향, 압력 또는 부당한 간섭없이 자유롭게 대화할 수 있는 접견을 통하여서만 가능하고 이러한 자유로운 접견은 구속된 자와 변호인의 접견에 교도관이나 수사관 등 관계공무원의 참여가 없어야 가능하다(헌재 1992. 1. 28. 91헌마111).
제한	변호인과의 접견교통권 역시 국가안전보장·질서유지 또는 공공복리를 위해 필요한 경우에는 법률로써 제한될 수 있다(헌재 2016. 4. 28. 2015헌마243).

(3) 변호인과 상담하고 조언을 구할 권리

변호인과 상담하고 조언을 구할 권리는 변호인의 조력을 받을 권리의 내용 중 구체적인 입법형성이 필요한 다른 절차적 권리의 필수적인 전제요건으로서 변호인의 조력을 받을 권리 그 자체에서 막바로 도출되는 것이다(헌재 2004. 9. 23. 2000헌마138).

(4) 피의자신문 시 변호인 참여 요구권

불구속 피의자가 피의자신문시 변호인의 조언과 상담을 원한다면, 위법한 조력의 우려가 있어 이를 제한하는 다른 규정이 있고 그가 이에 해당한다고 하지 않는 한 수사기관은 피의자의 위 요구를 거절할 수 없다(헌재 2004. 9. 23. 2000헌마138).

(5) 수사기록 열람·등사신청권

변호인의 조력을 받을 권리는 변호인과의 자유로운 접견교통권에 그치지 아니하고 더 나아가 변호인을 통하여 수사서류를 포함한 소송관계 서류를 열람·등사하고 이에 대한 검토결과를 토대로 공격과 방어의 준비를 할 수 있는 권리도 포함된다(헌재 1997. 11. 27. 94헌마60).

5 변호인의 변호권

(1) 법적 성질

피의자 및 피고인이 가지는 변호인의 조력을 받을 권리가 실질적으로 확보되기 위해서는 피의자 및 피고인에 대한 변호인의 조력할 권리의 핵심적인 부분(변호인의 변호권)은 헌법상 기본권으로서 보호되어야 한다(헌재 2017. 11. 30. 2016헌마503).

(2) 변호인의 변호권의 내용

접견교통권	변호인이 되려는 자의 접견교통권은 피의자 등을 조력하기 위한 핵심적인 권리로서, 피의자 등이 가지는 변호인이 되려는 자의 조력을 받을 권리가 실질적으로 확보되기 위하여 이 역시 헌법상 기본권으로서 보장되어야 한다(헌재 2019. 2. 28. 2015헌마1204).
고소장 등에 대한 열람·등사권	고소로 시작된 형사피의사건의 구속적부심절차에서 고소장과 피의자신문조서에 대한 열람은 피구속자를 충분히 조력하기 위하여 변호인에게 반드시 보장되지 않으면 안 되는 핵심적 권리이다(헌재 2003. 3. 27. 2000헌마474).
피의자신문 참여권	변호인이 피의자신문에 자유롭게 참여할 수 있는 권리는 피의자가 가지는 변호인의 조력을 받을 권리를 실현하는 수단이라고 할 수 있으므로 헌법상 기본권인 변호인의 변호권으로서 보호되어야 한다(헌재 2017. 11. 30. 2016헌마503).

🐾 핵심 판례

▶ 형사절차가 종료되어 교정시설에 수용 중인 수형자나 미결수용자가 형사사건의 변호인이 아닌 민사재판, 행정재판, 헌법재판 등에서 변호사와 접견할 경우에는 원칙적으로 헌법상 변호인의 조력을 받을 권리의 주체가 될 수 없다(헌재 2013. 8. 29. 2011헌마122).

▶ 인천국제공항에서 난민인정신청을 하였으나 난민인정심사불회부결정을 받고 인천국제공항 송환대기실에 약 5개월째 수용된 청구인의 변호인 접견신청을 인천공항출입국·외국인청장이 거부한 행위는 청구인에게 보장되는 헌법 제12조 제4항 본문에 의한 변호인의 조력을 받을 권리를 침해하므로 헌법에 위반된다(헌재 2018. 5. 31. 2014헌마346).

▶ 형사소송법 제165조의2 제3호 중 '피고인 등'에 대하여 차폐시설을 설치하고 신문할 수 있도록 한 부분은 청구인의 공정한 재판을 받을 권리 및 변호인의 조력을 받을 권리를 침해한다고 할 수 없다(헌재 2016. 12. 29. 2015헌바221).

▶ 법원의 수사서류 열람·등사 허용 결정에도 불구하고 검사가 해당 수사서류의 등사를 거부한 행위는 청구인들의 신속하고 공정한 재판을 받을 권리 및 변호인의 조력을 받을 권리가 침해되었다고 보아야 한다(헌재 2017. 12. 28. 2015헌마632).

▶ 청구인이 '변호인이 되려는 자'의 자격으로 피의자 접견 신청을 하였음에도 이를 허용하기 위한 조치를 취하지 않은 검사의 행위가 헌법상 기본권인 청구인의 접견교통권을 침해하였다고 할 것이다(헌재 2019. 2. 28. 2015헌마1204).

▶ 검찰수사관인 피청구인이 피의자신문에 참여한 변호인인 청구인에게 피의자 후방에 앉으라고 요구한 행위는 변호인인 청구인의 변호권을 침해한다(헌재 2017. 11. 30. 2016헌마503).

Theme

36

③ 이 사건 CCTV 관찰행위는 금지물품의 수수나 교정사고를 방지하거나 이에 적절하게 대처하기 위한 것으로 교도관의 육안에 의한 시선계호를 CCTV 장비에 의한 시선계호로 대체한 것에 불과하므로 그 목적의 정당성과 수단의 적합성이 인정되고, 변호인접견실에 설치된 CCTV는 교도관이 CCTV를 통해 미결수용자와 변호인 간의 접견을 관찰하더라도 접견내용의 비밀이 침해되거나 접견교통에 방해가 되지 않도록 조치를 취하고 있는 점, 금지물품의 수수를 적발하거나 교정사고를 효과적으로 방지하고 교정사고가 발생하였을 때 신속하게 대응하기 위하여는 CCTV를 통해 관찰하는 방법 외에 더 효과적인 다른 방법을 찾기 어려운 점 등에 비추어보면, 이 사건 CCTV 관찰행위는 그 목적을 달성하기 위하여 필요한 범위 내의 제한으로 침해의 최소성을 갖추었으며, CCTV 관찰행위로 침해되는 법익은 변호인접견 내용의 비밀이 폭로될 수 있다는 막연한 추측과 감시받고 있다는 심리적인 불안 내지 위축으로 법익의 침해가 현실적이고 구체화되어 있다고 보기 어려운 반면, 이를 통하여 구치소 내의 수용질서 및 규율을 유지하고 교정사고를 방지하고자 하는 것은 교정시설의 운영에 꼭 필요하고 중요한 공익이므로, 법익의 균형성도 갖추었다(헌재 2016. 4. 28. 2015헌마243).

① 헌재 2016. 4. 28. 2015헌마243

② 헌재 2013. 8. 29. 2011헌마122

④ 헌재 2019. 2. 28. 2015헌마1204

정답 ③

✎ 핵심 기출 ‖‖

변호인의 조력을 받을 권리에 관한 설명 중 가장 적절하지 않은 것은? (다툼이 있는 경우 판례에 의함)

2022 제2차 경찰공채

① 변호인의 조력을 받을 권리란 국가권력의 일방적인 형벌권 행사에 대항하여 자신에게 부여된 헌법상 소송법상 권리를 효율적이고 독립적으로 행사하기 위하여 변호인의 도움을 얻을 피의자 및 피고인의 권리를 말한다.

② 교정시설 내 수용자와 변호사 사이의 접견교통권의 보장은 헌법상 보장되는 재판청구권의 한 내용 또는 그로부터 파생되는 권리로 볼 수 있다.

③ 변호인접견실에 CCTV를 설치하여 교도관이 그 CCTV를 통해 미결수용자와 변호인 간의 접견을 관찰한 행위는 변호인의 조력을 받을 권리를 침해한다.

④ '변호인이 되려는 자'의 접견교통권은 피의자 등을 조력하기 위한 핵심적인 부분으로서, 피의자 등이 가지는 헌법상의 기본권인 '변호인이 되려는 자'와의 접견교통권과 표리의 관계에 있으므로 피의자 등이 가지는 '변호인이 되려는 자'의 조력을 받을 권리가 실질적으로 확보되기 위해서는 '변호인이 되려는 자'의 접견교통권 역시 헌법상 기본권으로서 보장되어야 한다.

✓ 핵심 O·X

01 피의자·피고인의 구속 여부를 불문하고 변호인과 상담하고 조언을 구할 권리는 변호인의 조력을 받을 권리의 내용 중 구체적인 입법형성이 필요한 다른 절차적 권리의 필수적인 전제요건으로서 변호인의 조력을 받을 권리 그 자체에서 막바로 도출되는 것이다. ( )

02 검찰수사관이 피의자신문에 참여한 변호인에게 피의자 후방에 앉으라고 요구한 행위는 변호인의 피의자신문참여권 행사에 어떠한 지장도 초래하지 않으므로 변호인의 변호권을 침해하지 아니한다. ( )

03 형사절차가 종료되어 교정시설에 수용 중인 수형자나 미결수용자가 형사사건의 변호인이 아닌 민사재판, 행정재판, 헌법재판 등에서 변호사와 접견할 경우에는 원칙적으로 변호인의 조력을 받을 권리의 주체가 될 수 없다. ( )

04 피의자 등이 가지는 '변호인이 되려는 자'의 조력을 받을 권리가 실질적으로 확보되기 위해서는 '변호인이 되려는 자'의 접견교통권 역시 헌법상 기본권으로서 보장되어야 한다. ( )

05 「형사소송법」은 차폐시설을 설치하고 증인신문절차를 진행할 경우 피고인으로부터 의견을 듣도록 하는 등 피고인이 받을 수 있는 불이익을 최소화하기 위한 장치를 마련하고 있으므로, '피고인 등'에 대하여 차폐시설을 설치하고 신문할 수 있도록 한 것이 변호인의 조력을 받을 권리를 침해한다고 할 수는 없다. ( )

06 헌법 제12조제4항 본문에 규정된 변호인의 조력을 받을 권리는 형사절차에서 피의자 또는 피고인의 방어권을 보장하기 위한 것으로서 「출입국관리법」상 보호 또는 강제퇴거의 절차에는 적용되지 않는다. ( )

07 변호인의 수사서류 열람·등사권은 피고인의 신속·공정한 재판을 받을 권리 및 변호인의 조력을 받을 권리라는 헌법상 기본권의 중요한 내용이자 구성요소이며 이를 실현하는 구체적인 수단이 된다. ( )

08 미결수용자와 변호인 간에 주고받는 서류를 확인하고 이를 소송관계서류처리부에 등재하는 행위는 그 자체만으로는 미결수용자의 변호인 접견교통권을 제한하는 행위라고 볼 수는 없다. ( )

09 불구속 피의자나 피고인의 경우 형사소송법상 특별한 명문의 규정이 없더라도 스스로 선임한 변호인의 조력을 받기 위하여 변호인을 옆에 두고 조언과 상담을 구하는 것은 수사절차의 개시에서부터 재판절차의 종료에 이르기까지 언제나 가능하다. ( )

10 미결수용자의 변호인의 조력을 받을 권리는 국가안전보장·질서유지 또는 공공복리를 위해 필요한 경우에 법률로써 제한될 수 있다. ( )

정답
01 ○
02 × (변호인의 변호권을 침해한다)
03 ○
04 ○
05 ○
06 × (출입국관리법상 보호 또는 강제퇴거의 절차에도 적용된다)
07 ○
08 × (변호인 접견교통권을 제한하는 행위라 볼 수 있다)
09 ○
10 ○

Theme

36

037

사생활의 자유와 비밀

📑 **테마 출제경향**

사생활의 자유에서는 사생활의 비밀과 자유의 개념, 내용, 특히 개인정보자기결정권과 관련한 헌재결정을 묻는 문제가 출제되고 있다.

🔍 **테마 출제 키워드**

개인정보자기결정권, 사생활의 비밀과 언론출판의 자유

헌법 제17조
　모든 국민은 사생활의 비밀과 자유를 침해받지 아니한다.

핵심 이론

1 의의

사생활의 자유란 사회공동체의 일반적인 생활규범의 범위 내에서 사생활을 자유롭게 형성해 나가고 그 설계 및 내용에 대해서 외부로부터의 간섭을 받지 아니할 권리, 사생활의 비밀이란 사생활과 관련된 사사로운 자신만의 영역이 본인의 의사에 반해서 타인에게 알려지지 않도록 할 수 있는 권리를 말한다(헌재 2001. 8. 30. 99헌바92).

2 개인정보자기결정권

의의	자신에 관한 정보가 언제 누구에게 어느 범위까지 알려지고 또 이용되도록 할 것인지를 그 정보주체가 스스로 결정할 수 있는 권리. 즉 정보주체가 개인정보의 공개와 이용에 관하여 스스로 결정할 권리(헌재 2005. 5. 26. 99헌마513)
보호대상	개인정보자기결정권의 보호대상이 되는 개인정보는 개인의 신체, 신념, 사회적 지위, 신분 등과 같이 개인의 인격주체성을 특징짓는 사항으로서 그 개인의 동일성을 식별할 수 있게 하는 일체의 정보라고 할 수 있고, 반드시 개인의 내밀한 영역이나 사사(私事)의 영역에 속하는 정보에 국한되지 않고 공적 생활에서 형성되었거나 이미 공개된 개인정보까지 포함(헌재 2005. 5. 26. 99헌마513)

3 사생활의 비밀 · 자유와 언론의 자유

명예훼손적 표현의 피해자가 공적 인물인지 아니면 사인인지, 그 표현이 공적인 관심 사안에 관한 것인지 순수한 사적인 영역에 속하는 사안인지의 여부에 따라 헌법적 심사기준에는 차이가 있어야 하고, 공적 인물의 공적 활동에 대한 명예훼손적 표현은 그 제한이 더 완화되어야 한다(헌재 2013. 12. 26. 2009헌마747).

✎ 핵심 판례

▶ 어린이집에 폐쇄회로 텔레비전(CCTV)을 원칙적으로 설치하도록 정한 영유아보육법 제15조의4 제1항 제1호 등은 어린이집 보육교사의 사생활의 비밀과 자유 등을 침해하지 않는다(헌재 2017. 12. 28. 2015헌마994).

▶ 금융감독원의 4급 이상 직원에 대하여 공직자윤리법상 재산등록의무를 부과하는 공직자윤리법 제3조 제1항 제13호 부분은 금융감독원의 4급 직원인 청구인들의 사생활의 비밀의 자유를 침해 하지 아니한다(헌재 2014. 6. 26. 2012헌마331).

▶ 변호사에게 전년도에 처리한 수임사건의 건수 및 수임액을 소속 지방변호사회에 보고하도록 규 정하고 있는 구 변호사법 제28조의2는 청구인들의 사생활의 비밀을 침해하는 것이라 할 수 없다 (헌재 2009. 10. 29. 2007헌마667).

▶ '미결수용자의 접견내용의 녹음·녹화'에 관해 규정하고 있는 형집행법 제41조 제2항 제1호, 제3 호 등은 과잉금지원칙에 위배되어 청구인의 사생활의 비밀과 자유 등을 침해하지 않는다(헌재 2016. 11. 24. 2014헌바401).

▶ 보안관찰처분대상자에게 출소 후 신고사항에 변동이 있을 때에는 변동이 있는 날부터 7일 이내 에 그 변동된 사항을 관할경찰서장에게 신고의무를 부과하고 이를 위반한 경우 처벌하는 보안관 찰법 제6조 제2항 및 제27조는 과잉금지원칙을 위반하여 청구인의 사생활의 비밀과 자유 및 개 인정보자기결정권을 침해한다(헌재 2021. 6. 24. 2017헌바479 헌법불합치).

▶ 등록대상자는 성명, 주민등록번호 등을 제출하여야 하고 위 정보가 변경된 경우 그 사유와 변경 내용을 제출하여야 한다고 규정한 구 성폭력처벌법 제43조 제1항 본문 등은 청구인의 개인정보 자기결정권을 침해하지 않는다(헌재 2016. 3. 31. 2014헌마457).

▶ 법무부장관이 신상정보 등록대상자의 정보를 검사 또는 각급 경찰관서의 장에게 배포할 수 있도 록 규정한 성폭력처벌법 제46조 제1항은 청구인의 개인정보자기결정권을 침해하지 않는다(헌재 2019. 11. 28. 2017헌마399).

▶ 대통령의 지시로 대통령 비서실장 등이 야당 소속 후보를 지지하였거나 정부에 비판적 활동을 한 문화예술인이나 단체를 정부의 문화예술 지원사업에서 배제할 목적으로 개인의 정치적 견해 에 관한 정보를 수집·보유·이용한 행위는 법률유보원칙을 위반하여 청구인들의 개인정보자기 결정권을 침해한다(헌재 2020. 12. 23. 2017헌마416).

▶ 법무부장관은 변호사시험 합격자가 결정되면 즉시 명단을 공고하여야 한다고 규정한 변호사시 험법 제11조 중 '명단 공고' 부분은 과잉금지원칙에 위배되어 청구인들의 개인정보자기결정권을 침해한다고 볼 수 없다(헌재 2020. 3. 26. 2018헌마77).

▶ 국민건강보험공단이 2013. 12. 20. 서울용산경찰서장에게 청구인들의 요양급여내역을 제공한 행위는 과잉금지원칙에 위배되어 청구인들의 개인정보자기결정권을 침해하였다(헌재 2018. 8. 30. 2014헌마368).

▶ 가족관계의 등록 등에 관한 법률' 제14조 제1항 본문 중 '직계혈족이 제15조에 규정된 증명서 가 운데 가족관계증명서 및 기본증명서의 교부를 청구'하는 부분은 가정폭력 피해자인 청구인의 개 인정보가 가정폭력 가해자인 전 배우자에게 무단으로 유출될 수 있는 가능성을 열어놓고 있으므 로 과잉금지원칙에 위배되어 청구인의 개인정보자기결정권을 침해한다(헌재 2020. 8. 28. 2018 헌마927 헌법불합치).

▶ 통신매체이용음란죄로 유죄판결이 확정된 자는 신상정보 등록대상자가 된다고 규정한 성폭력처 벌법 제42조 제1항 부분은 통신매체이용음란죄의 죄질 및 재범의 위험성에 따라 등록대상을 축 소하거나, 유죄판결 확정과 별도로 신상정보 등록 여부에 관하여 법관의 판단을 받도록 하는 절 차를 두는 등 기본권 침해를 줄일 수 있는 다른 수단을 채택하지 않았다는 점에서 침해의 최소성 원칙에 위배되고, 법익의 균형성도 인정하기 어렵다(헌재 2016. 3. 31. 2015헌마688).

▶ 법무부장관은 등록정보를 최초 등록일부터 20년간 보존·관리하여야 한다고 규정한 성폭력처벌법 제45조 제1항은 모든 등록대상 성범죄자에 대하여 일률적으로 20년의 등록기간을 적용하고 있으며, 이 사건 관리조항에 따라 등록기간이 정해지고 나면, 등록의무를 면하거나 등록기간을 단축하기 위해 심사를 받을 수 있는 여지도 없어 지나치게 가혹하므로 개인정보자기결정권을 침해한다(헌재 2015. 7. 30. 2014헌마340 헌법불합치).

▶ 디엔에이감식시료 채취대상자가 사망할 때까지 디엔에이신원확인정보를 데이터베이스에 수록, 관리할 수 있도록 규정한 디엔에이법 제13조 제3항 중 수형인 등에 관한 부분은 과도하게 개인정보자기결정권을 침해한다고 볼 수 없다(헌재 2014. 8. 28. 2011헌마28).

▶ 4급 이상 공무원들의 병역 면제사유인 질병명을 관보와 인터넷을 통해 공개하도록 하는 것은 입법목적 실현에 치중한 나머지 사생활 보호의 헌법적 요청을 현저히 무시한 것이고, 이로 인하여 청구인들을 비롯한 해당 공무원들의 헌법 제17조가 보장하는 기본권인 사생활의 비밀과 자유를 침해하는 것이다(헌재 2007. 5. 31. 2005헌마1139 헌법불합치).

▶ 경찰공무원에게 재산등록의무를 부과하고 있는 공직자윤리법 시행령 조항은 청구인의 사생활의 비밀과 자유를 침해한다고 할 수 없다(헌재 2010. 10. 28. 2009헌마544).

✎ 핵심 기출 |||||||||||||||||||||||||||||||||||||||

개인정보자기결정권에 관한 설명 중 가장 적절하지 않은 것은? (다툼이 있는 경우 판례에 의함)

2022 제1차 경찰공채

① 아동·청소년 성매수죄로 유죄가 확정된 자는 신상정보 등록대상자가 되도록 규정한 「성폭력범죄의 처벌 등에 관한 특례법」 제42조 제1항 중 "구 「아동·청소년의 성보호에 관한 법률」 제2조 제2호 가운데 제10조 제1항의 범죄로 유죄판결이 확정된 자는 신상정보 등록대상자가 된다."는 부분은 청구인의 개인정보자기결정권을 침해하지 않는다.

② 성적목적공공장소침입죄로 형을 선고받아 유죄판결이 확정된 자는 신상정보 등록대상자가 된다고 규정한 성폭력범죄의 처벌 등에 관한 특례법 제42조 제1항 중 "제12조의 범죄로 유죄판결이 확정된 자"에 관한 부분은 청구인의 개인정보자기결정권을 침해하지 않는다.

③ 통신매체이용음란죄로 유죄판결이 확정된 자는 신상정보 등록대상자가 된다고 규정한 「성폭력범죄의 처벌 등에 관한 특례법」 제42조 제1항 중 "제13조의 범죄로 유죄판결이 확정된 자는 신상정보 등록대상자가 된다."는 부분은 청구인의 개인정보자기결정권을 침해한다.

④ 가상의 아동·청소년이용음란물배포죄로 유죄판결이 확정된 자는 신상정보 등록대상자가 되도록 규정한 성폭력범죄의 처벌 등에 관한 특례법 제42조 제1항 중 구 「아동청소년의 성보호에 관한 법률」 제8조 제4항의 아동·청소년이용음란물 가운데 "아동청소년으로 인식될 수 있는 사람이나 표현물이 등장하는 것"에 관한 부분으로 유죄판결이 확정된 자에 관한 부분은 청구인의 개인정보자기결정권을 침해한다.

④ 등록조항은 아동·청소년대상 성범죄의 발생 및 재범을 예방하고 그 범행이 현실적으로 이뤄진 경우에 수사의 효율성과 신속성을 높이기 위한 것으로, 목적의 정당성과 수단의 적합성이 인정된다. 등록조항은 아동·청소년이용음란물을 소지한 행위로 징역형이 선고된 경우에는 신상정보 등록대상이 되지만, 벌금형이 선고된 경우에는 신상정보 등록대상에서 제외함으로써 신상정보 등록대상의 범위를 입법목적에 필요한 범위 내로 제한하고 있으므로 침해의 최소성에 위배되지 않는다. 등록조항에 의하여 제한되는 사익에 비하여 아동·청소년대상 성범죄의 발생 및 재범 방지와 사회 방위라는 공익이 크다는 점에서, 법익의 균형성도 인정된다. 따라서 등록조항은 청구인의 개인정보자기결정권을 침해하지 않는다(헌재 2017. 10. 26. 2016헌마656).

① 헌재 2016. 2. 25. 2013헌마830
② 헌재 2016. 10. 27. 2014헌마709
③ 헌재 2016. 3. 31. 2015헌마688

정답 ④

✓ 핵심 O·X

01 사생활의 자유란 사회공동체의 일반적인 생활규범의 범위 내에서 사생활을 자유롭게 형성해 나가고 그 설계 및 내용에 대해서 외부로부터의 간섭을 받지 아니할 권리를 의미한다. （ ）

02 자동차를 도로에서 운전할 때 운전자가 좌석안전띠를 착용할 의무는 운전자의 사생활의 비밀과 자유를 침해하는 것이라 할 수 없다. （ ）

03 청소년 성매수 범죄자들의 '성명, 연령, 직업 등의 신상과 범죄사실의 요지'를 공개하도록 하는 규정에 따라 범죄인들의 신상과 전과를 일반인이 알게 된다고 하여 그들의 인격권 내지 사생활의 비밀을 침해하는 것은 아니다. （ ）

04 교도소 내 엄중격리대상자의 수용거실에 CCTV를 설치하여 24시간 감시하는 행위는 그들에 대한 지속적이고 부단한 감시의 필요성과 그들의 자살·자해나 흉기 제작 등의 위험성 등을 고려하더라도 사생활의 비밀과 자유를 침해하는 것이다. （ ）

05 범죄의 경중·재범의 위험성 여부를 불문하고 모든 신상정보등록대상자의 등록정보를 20년 동안 보존·관리하도록 한 성폭력범죄의 처벌 등에 관한 특례법 관련 규정은 신상정보등록대상자의 개인정보자기결정권을 침해한다. （ ）

06 질병은 병역처분에 있어서 고려되는 본질적 요소이므로 4급 이상 공무원들의 병역 면제사유인 질병명을 관보와 인터넷을 통해 공개하도록 하는 것은 해당 공무원들의 사생활의 비밀과 자유를 침해하지 않는다. （ ）

07 구 특정 범죄자에 대한 위치추적 전자장치 부착 등에 관한 법률에 의하여 성폭력범죄를 2회 이상 범하여 습벽이 인정되고 재범의 위험성이 있는 자에게 검사의 청구에 따라 법원이 10년의 범위 내에서 위치추적 전자장치를 부착할 수 있도록 하는 것은 피부착자의 사생활의 비밀과 자유 및 개인정보자기결정권을 침해한다. （ ）

08 아동·청소년 대상 성범죄자에 대하여 신상정보 등록 후 1년마다 새로 촬영한 사진을 관할경찰관서에 제출하도록 하고 이에 위반하는 경우 형벌로 제재를 가하는 것은 기본권의 최소침해성 원칙에 반한다. （ ）

09 공직자의 자질·도덕성·청렴성에 관한 사실은 그 내용이 개인적인 사생활에 관한 것이라 할지라도 순수한 사생활의 영역에 있다고 보기 어렵다. （ ）

10 구치소장이 미결수용자와 그 배우자 사이의 접견내용을 녹음한 행위는 과잉금지원칙에 위반하여 미결수용자의 사생활의 비밀과 자유를 침해한다. （ ）

11 교도소장이 수용자가 없는 상태에서 실시한 거실 및 작업장 검사행위는 교도소의 안전과 질서를 유지하고, 수형자의 교화·개선에 지장을 초래할 수 있는 물품을 차단하기 위한 것으로서 그 목적이 정당하고, 수단도 적절하며, 검사의 실효성을 확보하기 위한 최소한의 조치로 보이고, 달리 덜 제한적인 대체수단을 찾기 어려운 점 등에 비추어 보면 사생활의 비밀 및 자유를 침해하였다고 할 수 없다. （ ）

정답
01 ○
02 ○
03 ○
04 × (사생활의 비밀과 자유를 침해하지 아니한다)
05 ○
06 × (사생활의 비밀과 자유를 침해한다)
07 × (침해하지 아니한다)
08 × (최소침해성 원칙에 반하지 아니한다)
09 ○
10 × (침해하지 아니한다)
11 ○

12 「주민등록법」에서 주민등록번호 변경에 관한 규정을 두고 있지 않은 것이 주민등록번호 불법 유출 등을 원인으로 자신의 주민등록번호를 변경하고자 하는 사람들의 개인정보자기결정권을 침해하는 것은 아니다. ( )

13 학교폭력 가해학생에 대한 조치사항을 학교생활기록부에 기재하고 졸업할 때까지 보존하는 것은 과잉금지원칙에 위배되어 가해학생의 개인정보자기결정권을 침해한다. ( )

14 통신매체이용음란죄로 유죄판결이 확정된 사람을 일률적으로 신상정보등록대상자가 되도록 하는 것은 침해의 최소성에 위배되어 개인정보자기결정권을 침해한다. ( )

15 기소유예처분에 관한 수사경력자료를 최장 5년까지 보존하도록 하는 것은 기소유예처분을 받은 자의 개인정보자기결정권을 침해한다. ( )

16 국민건강보험공단이 피의자의 급여일자와 요양기관명에 관한 정보를 수사기관에 제공하는 것은, 당해 정보가 개인의 건강에 관한 것이기는 하나 개인의 건강 상태에 관한 막연하고 추상적인 정보에 불과하여 보호의 필요성이 높지 않을 뿐만 아니라, 검거 목적에 필요한 최소한의 정보를 제공한 것으로써 그의 개인정보자기결정권을 침해하지 아니한다. ( )

정답
12 × (개인정보자기결정권을 침해한다)
13 × (개인정보자기결정권을 침해하지 아니한다)
14 ○
15 × (개인정보자기결정권을 침해하지 아니한다)
16 × (개인정보자기결정권을 침해한다)

038 통신의 자유

헌법 제18조
모든 국민은 통신의 비밀을 침해받지 아니한다.

🖼 테마 출제경향

통신의 자유에서는 통신의 자유
와 통신의 비밀의 개념, 통신의
자유와 통신의 비밀의 제한과
관련한 헌재결정을 묻는 문제가
출제되고 있다.

🔎 테마 출제 키워드

통신수단의 익명성, 통신제한조
치, 통신사실확인자료

핵심 이론

1 의의

개인이 그 의사나 정보를 우편물이나 전기통신 등의 수단에 의하여 전달 또는 교환
하는 경우에 그 내용 등이 본인의 의사에 반하여 공개되지 아니할 자유가 있다
(헌재 2001. 3. 21. 2000헌바25).

2 내용

통신의 자유	통신의 자유란 통신수단을 자유로이 이용하여 의사소통할 권리이고, 이러한 '통신수단의 자유로운 이용'에는 자신의 인적사항을 누구에게도 밝히지 않는 상태로 통신수단을 이용할 자유, 즉 통신수단의 익명성 보장도 포함(헌재 2019. 9. 26. 2017헌마1209)
통신의 비밀	자유로운 의사소통은 통신내용의 비밀을 보장하는 것만으로는 충분하지 아니하고 구체적인 통신으로 발생하는 외형적인 사실관계, 특히 통신관여자의 인적 동일성·통신시간·통신장소·통신횟수 등 통신의 외형을 구성하는 통신이용의 전반적 상황의 비밀까지도 보장(헌재 2018. 6. 28. 2012헌마191)

3 통신제한조치의 절차

구분	청구권자	허가기관		허가기간	긴급통신제한
범죄수사	• 검사 • 사경 : 검사에게 신청	• 법원 • 군사법원 포함		• 2개월 초과금지 • 2월 범위 내 연장 • 총 연장기간 1년	• 허가 없이 통신제한조치 • 착수 후 36시간 이내에 법원의 허가
국가안보	정보수사기관의 장	내국인	고법 수석판사	• 4개월 초과금지 • 4월 범위 내 연장 • 총 연장기간 1년	범죄수사와 동일
		외국인	대통령		• 소속장관의 승인을 얻어 통신제한조치 • 착수 후 36시간 이내에 대통령의 승인

⚖ 핵심 판례

▶ 전기통신역무제공에 관한 계약을 체결하는 경우 전기통신사업자로 하여금 가입자에게 본인임을 확인할 수 있는 증서 등을 제시하도록 요구하고 부정가입방지시스템 등을 이용하여 본인인지 여부를 확인하도록 한 전기통신사업법 제32조의4 제2항은 청구인들의 개인정보자기결정권 및 통신의 자유를 침해하지 않는다(헌재 2019. 9. 26. 2017헌마1209).

▶ 전기통신역무제공에 관한 계약을 체결하는 경우 전기통신사업자로 하여금 가입자에게 본인임을 확인할 수 있는 증서 등을 제시하도록 요구하고 부정가입방지시스템 등을 이용하여 본인인지 여부를 확인하도록 한 전기통신사업법 제32조의4 제2항은 통신의 비밀이 제한되지 않으며, 오직 인적사항을 밝히지 않는 방식으로 통신수단을 이용할 자유라는 의미에서의 통신의 자유만이 문제된다(헌재 2019. 9. 26. 2017헌마1209).

▶ 구치소장이 구치소에 수용 중인 수형자 앞으로 온 서신 속에 허가받지 않은 물품인 녹취서와 사진이 동봉되어 있음을 이유로 수형자에게 해당 서신수수를 금지하고 해당 녹취서와 사진을 발신자인 교도소에 수용 중인 청구인에게 반송한 행위는 과잉금지원칙에 위반하여 청구인의 통신의 자유를 침해하지 않는다(헌재 2019. 12. 27. 2017헌마413).

▶ 교도소장이 소송대리인인 변호사가 수용자인 청구인에게 온 서신을 개봉한 행위가 청구인의 통신의 자유를 침해하지 아니한다(헌재 2021. 9. 30. 2019헌마919).

▶ 통신비밀보호법 제5조 제2항 중 '인터넷회선을 통하여 송·수신하는 전기통신'에 관한 부분은 과잉금지원칙을 위반하여 청구인의 통신의 자유와 사생활의 자유를 침해한다(헌재 2018. 8. 30. 2016헌마263).

▶ 통신비밀보호법 제13조 제1항 중 '검사 또는 사법경찰관은 수사를 위하여 필요한 경우 전기통신사업법 에 의한 전기통신사업자에게 제2조 제11호 가목 내지 라목(가입자의 전기통신일시, 전기통신개시·종료시간, 발·착신 통신번호 등 상대방의 가입자번호, 사용도수)의 통신사실확인자료의 열람이나 제출을 요청할 수 있다' 부분은 과잉금지원칙에 위반되어 청구인의 개인정보자기결정권과 통신의 자유를 침해한다(헌재 2018. 6. 28. 2012헌마538 헌법불합치).

▶ 통신비밀보호법 제13조 제1항 중 '검사 또는 사법경찰관은 수사를 위하여 필요한 경우 전기통신사업법에 의한 전기통신사업자에게 제2조 제11호 바목, 사목의 통신사실 확인자료(발신기지국의 위치추적자료)의 열람이나 제출을 요청할 수 있다' 부분은 과잉금지원칙에 위반되어 청구인들의 개인정보자기결정권과 통신의 자유를 침해한다(헌재 2018. 6. 28. 2012헌마191 헌법불합치).

▶ 기소중지결정이나 수사 중에는 수사기관에게 위치정보 추적자료를 제공받은 사실 등에 관하여 통지할 의무를 부과하지 아니하고 있는 통신비밀보호법 제13조의3 제1항 부분은 적법절차원칙에 위반되어 청구인들의 개인정보자기결정권을 침해한다(헌재 2018. 6. 28. 2012헌마191 헌법불합치).

✏ 핵심 기출

통신의 자유에 관한 설명 중 가장 적절하지 않은 것은? (다툼이 있는 경우 판례에 의함)

2022 제1차 경찰공채

① 「통신비밀보호법」상 '통신'이라 함은 우편물 및 전기통신을 말한다.

② 전기통신역무제공에 관한 계약을 체결하는 경우 전기통신사업자로 하여금 가입자에게 본인임을 확인할 수 있는 증서 등을 제시하도록 요구하고 부정가입방지시스템 등을 이용하여 본인인지 여부를 확인하도록 한 「전기통신사업법」 조항 및 「전기통신사업법 시행령」 조항은 이동통신서비스에 가입하려는 청구인들의 통신의 비밀을 제한한다.

③ 통신비밀보호법 조항 중 '인터넷회선을 통하여 송·수신하는 전기통신'에 관한 부분은 인터넷회선 감청의 특성을 고려하여 그 집행 단계나 집행 이후에 수사기관의 권한 남용을 통제하고 관련 기본권의 침해를 최소화하기 위한 제도적 조치가 제대로 마련되어 있지 않은 상태에서, 범죄수사 목적을 이유로 인터넷 회선 감청을 통신제한조치 허가 대상 중 하나로 정하고 있으므로 청구인의 기본권을 침해한다.

④ 미결수용자가 교정시설 내에서 규율위반행위 등을 이유로 금치 처분을 받은 경우 금치 기간 중 서신수수, 접견, 전화통화를 제한하는 「형의 집행 및 수용자의 처우에 관한 법률」 조항 중 미결 수용자에게 적용되는 부분은 미결수용자인 청구인의 통신의 자유를 침해하지 않는다.

② 심판대상조항이 통신의 비밀을 제한하는 것은 아니다. 통신의 비밀이란 서신·우편·전신의 통신수단을 통하여 개인 간에 의사나 정보의 전달과 교환(의사소통)이 이루어지는 경우, 통신의 내용과 통신이용의 상황이 개인의 의사에 반하여 공개되지 아니할 자유를 의미한다. 그러나 가입자의 인적사항이라는 정보는 통신의 내용·상황과 관계없는 '비내용적 정보'이며 휴대전화 통신계약 체결 단계에서는 아직 통신수단을 통하여 어떠한 의사소통이 이루어지는 것이 아니므로 통신의 비밀에 대한 제한이 이루어진다고 보기는 어렵다. 따라서 심판대상조항에 의해서는 통신의 비밀이 제한되지 않으며, 오직 인적사항을 밝히지 않는 방식으로 통신수단을 이용할 자유라는 의미에서의 통신의 자유만이 문제된다(헌재 2019. 9. 26. 2017헌마1209).

① 통신비밀보호법 제2조 제1호

③ 헌재 2018. 8. 30. 2016헌마263 헌법불합치

④ 헌재 2016. 4. 28. 2012헌마549

정답 ②

✓ 핵심 O·X

01 미결수용자가 교정시설 내에서 규율위반 행위를 이유로 금치 처분을 받은 경우 금치 기간 중 서신수수·접견·전화통화를 제한하는 것은 통신의 자유를 침해하지 아니한다. ( )

02 국가기관의 감청설비 보유·사용에 대한 관리와 통제를 위한 법적·제도적 장치가 마련되어 있을지라도, 국가기관이 인가 없이 감청설비를 보유·사용할 수 있다는 사실만 가지고 바로 국가기관에 의한 통신비밀 침해행위를 예상할 수 있으므로 국가기관이 감청설비의 보유 및 사용에 있어서 주무장관의 인가를 받지 않아도 된다는 것은 통신의 자유를 침해한다. ( )

03 신병훈련소에서 교육훈련을 받는 동안 신병의 전화사용을 통제하는 육군 신병교육지침서는 통신의 자유를 필요한 정도를 넘어 과도하게 제한하고 있는 것은 아니다. ( )

정답
01 ○
02 × (통신의 자유를 침해하지 아니한다)
03 ○

04 수사기관이 아닌 사인이 공개되지 아니한 타인 간의 대화를 비밀녹음한 녹음테이프에 대한 검증조서의 증거능력은 인정되지 않는다. ( )

05 마약류사범인 미결수용자와 변호인이 아닌 접견인 사이의 화상 접견내용이 모두 녹음·녹화된 경우 이는 화상접견시스템이라는 전기통신수단을 이용하여 개인 간의 대화내용을 녹음·녹화하는 것으로 미결수용자의 통신의 비밀을 침해하지 아니한다. ( )

06 인터넷회선 감청은 서버에 저장된 정보가 아니라, 인터넷상에서 발신되어 수신되기까지의 과정 중에 수집되는 정보, 즉 전송 중인 정보의 수집을 위한 수사이므로, 압수·수색에 해당된다. ( )

07 자유로운 의사소통은 통신내용의 비밀을 보장하는 것만으로는 충분하지 아니하고 구체적인 통신관계의 발생으로 야기된 모든 사실관계, 특히 통신관여자의 인적 동일성·통신장소·통신횟수·통신시간 등 통신의 외형을 구성하는 통신이용의 전반적 상황의 비밀까지도 보장한다. ( )

08 수사를 위하여 필요한 경우 수사기관으로 하여금 법원의 허가를 얻어 전기통신사업자에게 특정 시간대 특정 기지국에서 발신된 모든 전화번호의 제공을 요청할 수 있도록 하는 것은 그 통신서비스이용자의 개인정보자기결정권과 통신의 자유를 침해한다. ( )

09 「통신비밀보호법」 제3조의 규정에 위반하여, 불법검열에 의하여 취득한 우편물이나 그 내용 및 불법감청에 의하여 지득 또는 채록된 전기통신의 내용은 재판 또는 징계절차에서 증거로 사용할 수 없다. ( )

10 「통신비밀보호법」상 '감청'이란 대상이 되는 전기통신의 송·수신과 동시에 이루어지는 경우만을 의미하고 이미 수신이 완료된 전기통신의 내용을 지득하는 등의 행위는 포함되지 아니한다. ( )

11 통신제한조치 기간의 연장을 허가함에 있어 총연장기간 내지 총연장횟수의 제한을 두지 아니하고 무제한 연장을 허가할 수 있도록 규정한 「통신비밀보호법」 중 전기통신에 관한 '통신제한조치 기간의 연장'에 관한 부분은 과잉금지원칙을 위반하여 통신의 비밀을 침해한다. ( )

12 피청구인 구치소장이 구치소에 수용 중인 수형자에게 온 서신에 '허가 없이 수수되는 물품'인 녹취서와 사진이 동봉되어 있음을 확인하여 서신수수를 금지하고 발신인인 청구인에게 위 물품을 반송한 것은 과잉금지원칙에 위반되어 청구인의 통신의 자유를 침해한다. ( )

정답
04 ○
05 ○
06 × (인터넷회선 감청은 압수·수색에 해당하지 아니한다)
07 ○
08 ○
09 ○
10 ○
11 ○
12 × (통신의 자유를 침해하지 아니한다)

039 양심의 자유

헌법 제19조
모든 국민은 양심의 자유를 가진다.

📖 **테마 출제경향**

양심의 자유에서는 양심의 개념, 양심의 자유의 내용, 특히 부작위에 의한 양심실현의 자유에 대한 헌재결정을 묻는 문제가 출제되고 있다.

🔑 **테마 출제 키워드**

인격적 존재가치, 양심 표명, 양심에 반하는 행위의 강제 금지

핵심 이론

1 양심의 개념

헌법상 보호되는 양심은 어떤 일의 옳고 그름을 판단함에 있어서 그렇게 행동하지 아니하고는 자신의 인격적인 존재가치가 허물어지고 말 것이라는 강력하고 진지한 마음의 소리로서 절박하고 구체적인 양심을 말한다(헌재 2018. 6. 28. 2011헌바379).

2 양심의 자유의 내용

(1) 양심형성의 자유

외부로부터의 부당한 간섭이나 강제를 받지 않고 개인의 내심영역에서 양심을 형성하고 양심상의 결정을 내리는 자유를 의미한다(헌재 2011. 8. 30. 2007헌가12).

(2) 양심실현의 자유

내용	형성된 양심을 외부로 표명하고 양심에 따라 삶을 형성할 자유로, 양심을 표명하거나 또는 양심을 표명하도록 강요받지 아니할 자유(양심표명의 자유), 양심에 반하는 행동을 강요받지 아니할 자유(부작위에 의한 양심실현의 자유), 양심에 따른 행동을 할 자유(작위에 의한 양심실현의 자유)를 모두 포함(헌재 2011. 8. 30. 2007헌가12)
양심적 병역거부	병역의무가 인정되는 징병제 국가에서 종교적·윤리적·철학적 또는 이와 유사한 동기로부터 형성된 양심상의 결정을 이유로 병역의무의 이행을 거부하는 행위(헌재 2018. 6. 28. 2011헌바379)
대체복무제	양심적 병역거부를 인정하는 징병제 국가들은 대부분 양심적 병역거부자로 하여금 비군사적 성격의 공익적 업무에 종사하게 함으로써 병역의무의 이행에 갈음하는 제도(헌재 2018. 6. 28. 2011헌바379)

3 제한

양심형성의 자유는 내심에 머무르는 한 절대적으로 보호되는 기본권이라 할 수 있는 반면, 양심적 결정을 외부로 표현하고 실현할 수 있는 권리인 양심실현의 자유는 법질서에 위배되거나 타인의 권리를 침해할 수 있기 때문에 법률에 의하여 제한될 수 있다(헌재 2018. 6. 28. 2011헌바379).

☆ 핵심 판례

▶ 특정한 내적인 확신 또는 신념이 양심으로 형성된 이상 그 내용 여하를 떠나 양심의 자유에 의해 보호되는 양심이 될 수 있으므로, 헌법상 양심의 자유에 의해 보호받는 '양심'으로 인정할 것인지의 판단은 그것이 깊고, 확고하며, 진실된 것인지 여부에 따르게 된다(헌재 2018. 6. 28. 2011헌바379).

▶ 양심상의 결정이 어떠한 종교관·세계관 또는 그 외의 가치체계에 기초하고 있는가와 관계없이 모든 내용의 양심상의 결정이 양심의 자유에 의하여 보장된다(헌재 2004. 8. 26. 2002헌가1).

▶ 단순한 사실관계의 확인과 같이 가치적·윤리적 판단이 개입될 여지가 없는 경우는 양심의 자유의 보호대상이 아니다. 이 사건에서 채무자가 부담하는 행위의무는 강제집행의 대상이 되는 재산관계를 명시한 재산목록을 제출하고 그 재산목록의 진실함을 법관 앞에서 선서하는 것으로서, 개인의 인격형성에 관계되는 내심의 가치적·윤리적 판단이 개입될 여지가 없는 단순한 사실관계의 확인에 불과한 것이므로, 헌법 제19조에 의하여 보장되는 양심의 영역에 포함되지 않는다(헌재 2014. 9. 25. 2013헌마11).

▶ 자신의 태도나 입장을 외부에 설명하거나 해명하는 행위는 진지한 윤리적 결정에 관계된 행위라기보다는 단순한 생각이나 의견, 사상이나 확신 등의 표현행위라고 볼 수 있어, 그 행위가 선거에 영향을 미치게 하기 위한 것이라는 이유로 이를 하지 못하게 된다 하더라도 내면적으로 구축된 인간의 양심이 왜곡 굴절된다고는 할 수 없다는 점에서 양심의 자유의 보호영역에 포괄되지 아니한다(헌재 2001. 8. 30. 99헌바92).

▶ 법률해석에 관하여 여러 견해가 갈리는 경우처럼 다소의 가치관련성을 가진다고 하더라도 개인의 인격형성과는 관계가 없는 사사로운 사유나 의견 등은 그 보호대상이 아니다(헌재 2002. 1. 31. 2001헌바43).

▶ '양심적' 병역거부는 실상 당사자의 '양심에 따른' 혹은 '양심을 이유로 한' 병역거부를 가리키는 것일 뿐이지 병역거부가 '도덕적이고 정당하다'는 의미는 아닌 것이다(헌재 2018. 6. 28. 2011헌바379).

▶ 병역의 종류를 현역, 예비역, 보충역, 병역준비역, 전시근로역의 다섯 가지로 한정하여 규정하고 양심적 병역거부자에 대한 대체복무제를 규정하지 아니한 병역법 제5조(병역종류)는 과잉금지원칙을 위반하여 양심적 병역거부자의 양심의 자유를 침해한다(헌재 2018. 6. 28. 2011헌바379 헌법불합치).

▶ 현역입영 또는 소집 통지서를 받은 사람이 정당한 사유 없이 입영일이나 소집일부터 3일이 지나도 입영하지 아니하거나 소집에 응하지 아니한 경우를 처벌하는 병역법 제88조 제1항 본문 제1호, 제2호(처벌조항)는 과잉금지원칙을 위반하여 양심적 병역거부자의 양심의 자유를 침해한다고 볼 수는 없다(헌재 2018. 6. 28. 2011헌바379).

▶ 양심적 병역거부자에게 병역의무의 이행을 일률적으로 강제하고 그 불이행에 대하여 형사처벌 등 제재를 하는 것은 양심의 자유를 비롯한 헌법상 기본권 보장체계와 전체 법질서에 비추어 타당하지 않을 뿐만 아니라 소수자에 대한 관용과 포용이라는 자유민주주의 정신에도 위배된다. 따라서 진정한 양심에 따른 병역거부라면, 이는 병역법 제88조 제1항의 '정당한 사유'에 해당한다(대판 2018. 11. 1. 2016도10912).

▶ 양심의 자유는 내심에서 우러나오는 윤리적 확신과 이에 반하는 외부적 법질서의 요구가 서로 회피할 수 없는 상태로 충돌할 때에만 침해될 수 있다. 그러므로 당해 실정법이 특정의 행위를 금지하거나 명령하는 것이 아니라 단지 특별한 혜택을 부여하거나 권고 내지 허용하고 있는 데에 불과하다면, 수범자는 수혜를 스스로 포기하거나 권고를 거부함으로써 법질서와 충돌하지 아니한 채 자신의 양심을 유지, 보존할 수 있으므로 양심의 자유에 대한 침해가 된다 할 수 없다. 따라서 양심의 자유를 침해하는 정도의 외부적 법질서의 요구가 있다고 할 수 있기 위해서는 법적 의무의 부과와 위반시 이행강제, 처벌 또는 법적 불이익의 부과 등 방법에 의하여 강제력이 있을 것임을 요한다. 여기서 법적 불이익의 부과라고 함은 권리침해의 정도에는 이르지 아니하더라도 기존의 법적 지위를 박탈하거나 법적 상태를 악화시키는 등 적어도 현재의 법적 지위나 상태를 장래에 있어 불안하게 변모시키는 것을 의미한다(헌재 2002. 4. 25. 98헌마425).

✎ 핵심 기출

양심의 자유에 관한 설명 중 적절하지 않은 것으로 묶인 것은? (다툼이 있는 경우 판례에 의함)

2014 경정승진

㉠ 양심의 자유는 윤리적 판단을 국가권력에 의하여 외부에 표명하도록 강제받지 아니할 자유를 포함하지 않는다.
㉡ 헌법이 보호하고자 하는 양심은 구체적인 양심을 말하며, 막연하고 추상적인 개념으로서의 양심이 아니다.
㉢ 양심상의 결정이 양심의 자유에 의하여 보장되기 위해서는 어떠한 종교관·세계관 또는 그 외의 가치체계에 기초하고 있어야 한다.
㉣ 음주측정거부자에게 필요적 면허취소를 규정한 것은 양심의 자유나 행복추구권 등에 대한 침해가 될 수 없다.

① ㉠, ㉡
② ㉠, ㉢
③ ㉡, ㉢
④ ㉢, ㉣

㉠ (×) 양심형성의 자유란 외부로부터의 부당한 간섭이나 강제를 받지 않고 개인의 내심영역에서 양심을 형성하고 양심상의 결정을 내리는 자유를 말하고, 양심실현의 자유란 형성된 양심을 외부로 표명하고 양심에 따라 삶을 형성할 자유, 구체적으로는 양심을 표명하거나 또는 양심을 표명하도록 강요받지 아니할 자유(양심표명의 자유), 양심에 반하는 행동을 강요받지 아니할 자유(부작위에 의한 양심실현의 자유), 양심에 따른 행동을 할 자유(작위에 의한 양심실현의 자유)를 모두 포함한다(헌재 2011. 8. 30. 2007헌가12).

㉡ (○) 헌법이 보호하고자 하는 양심은 어떤 일의 옳고 그름을 판단함에 있어서 그렇게 행동하지 않고는 자신의 인격적 존재가치가 파멸되고 말 것이라는 강력하고 진지한 마음의 소리로서의 절박하고 구체적인 양심을 말한다. 따라서 막연하고 추상적인 개념으로서의 양심이 아니다(헌재 1997. 3. 27. 96헌가11).

㉢ (×) 양심상의 결정이 어떠한 종교관·세계관 또는 그 외의 가치체계에 기초하고 있는가와 관계없이, 모든 내용의 양심상의 결정이 양심의 자유에 의하여 보장된다(헌재 2004. 8. 26. 2002헌가1).

㉣ (○) 음주측정요구와 그 거부는 양심의 자유의 보호영역에 포괄되지 아니하므로 이 사건 법률조항을 두고 헌법 제19조에서 보장하는 양심의 자유를 침해하는 것이라고 할 수 없다(헌재 1997. 3. 27. 96헌가11).

정답 ②

✓ 핵심 O·X

01 양심의 자유의 '양심'은 민주적 다수의 사고나 가치관과 일치하는 것이 아니라, 개인적 현상으로서 지극히 주관적인 것이다. ( )

02 양심은 그 대상이나 내용 또는 동기에 의하여 판단되는 것으로, 특히 양심상의 결정이 이성적·합리적인가, 타당한가 또는 법질서나 사회규범·도덕률과 일치하는가 하는 관점이 양심의 존재를 판단하는 기준이 된다. ( )

03 「보안관찰법」상의 보안관찰처분은 보안관찰처분대상자의 내심의 작용을 문제 삼는 것이 아니라, 보안관찰처분대상자가 보안관찰해당범죄를 다시 저지를 위험성이 내심의 영역을 벗어나 외부에 표출되는 경우에 재범의 방지를 위하여 내려지는 특별예방적 목적의 처분이므로, 보안관찰처분 근거 규정에 의한 보안관찰처분이 양심의 자유를 침해한다고 할 수 없다. ( )

04 인터넷언론사의 공개된 게시판·대화방에서 스스로의 의사에 의하여 정당·후보자에 대한 지지·반대의 글을 게시하는 행위가 양심의 자유나 사생활 비밀의 자유에 의하여 보호되는 영역이라고 할 수 없다. ( )

05 법률해석에 다른 의견이 있는 경우와 같이 개인의 인격형성과의 관련성이 거의 없는 의견은 양심의 자유의 보호대상에 속하지 않는다. ( )

06 양심적 결정을 외부로 표현하고 실현할 수 있는 권리인 양심 실현의 자유는 법질서에 위배되거나 타인의 권리를 침해할 수 있기 때문에 법률에 의하여 제한될 수 있다. ( )

07 양심의 자유는 인간으로서의 존엄성 유지와 개인의 자유로운 인격발현을 위해 개인의 윤리적 정체성을 보장하는 기능을 담당한다. ( )

08 현역입영 또는 소집통지서를 받은 자가 정당한 사유 없이 입영하지 않거나 소집에 응하지 않은 경우를 처벌하는 구「병역법」처벌조항은 과잉금지원칙을 위배하여 양심적 병역거부자의 양심의 자유를 침해한다. ( )

09 헌법이 보장하는 양심의 자유는 정신적인 자유로서, 어떠한 사상·감정을 가지고 있다고 하더라도 그것이 내심에 머무르는 한 절대적인 자유이므로 제한할 수 없다. ( )

10 양심의 자유는 내심에서 우러나오는 윤리적 확신과 이에 반하는 외부적 법질서의 요구가 서로 회피할 수 없는 상태로 충돌할 때에만 침해될 수 있다. ( )

11 특정한 내적인 확신 또는 신념이 양심으로 형성된 이상 그 내용 여하를 떠나 양심의 자유에 의해 보호되는 양심이 될 수 있으므로, 헌법상 양심의 자유에 의해 보호받는 양심으로 인정할 것인지의 판단은 그것이 깊고, 확고하며, 진실된 것인지 여부와 관계없다. ( )

12 공정거래위원회가 「독점규제 및 공정거래에 관한 법률」위반행위를 한 사업자단체에 대하여 법위반사실의 공표를 명할 수 있도록 한 법률 규정은 양심의 자유를 침해한다고 볼 수 없다. ( )

정답

01 ○
02 × (양심은 대상이나 내용 또는 동기에 의하여 판단되는 것도 아니고, 양심상의 결정이 이성적·합리적인가, 타당한가 또는 법질서나 사회규범·도덕률과 일치하는가 하는 관점은 양심의 존재를 판단하는 기준이 아니다)
03 ○
04 ○
05 ○
06 ○
07 ○
08 × (양심의 자유를 침해하지 아니한다)
09 ○
10 ○
11 × (헌법상 양심의 자유에 의해 보호받는 '양심'으로 인정할 것인지의 판단은 그것이 깊고, 확고하며, 진실된 것인지 여부에 따르게 된다)
12 ○

040 종교의 자유

헌법 제20조
① 모든 국민은 종교의 자유를 가진다.
② 국교는 인정되지 아니하며, 종교와 정치는 분리된다.

📋 **테마 출제경향**

종교의 자유에서는 종교의 자유의 내용과 관련한 헌재결정 및 대법원 판례를 묻는 문제와 정교분리원칙과 관련한 헌재결정 및 대법원 판례를 묻는 문제가 출제되고 있다.

🔑 **테마 출제 키워드**

선교의 자유, 종교교육의 자유, 국교부인, 정교분리

핵심 이론

1 의의

자신이 선호하는 종교를 자신이 원하는 방법으로 신봉하는 자유이다.

2 내용

(1) 신앙의 자유

신과 피안 또는 내세에 대한 인간의 내적 확신에 대한 자유를 말하는 것으로서, 이러한 신앙의 자유는 그 자체가 내심의 자유의 핵심이기 때문에 법률로써도 이를 침해할 수 없다(헌재 2016. 6. 30. 2015헌바46).

(2) 종교적 행위의 자유

종교상의 의식·예배 등 종교적 행위를 각 개인이 임의로 할 수 있는 등 종교적인 확신에 따라 행동하고 교리에 따라 생활할 수 있는 자유와 소극적으로는 자신의 종교적인 확신에 반하는 행위를 강요당하지 않을 자유, 그리고 선교의 자유, 종교교육의 자유 등이 포함된다(헌재 2016. 6. 30. 2015헌바46).

(3) 종교적 집회·결사의 자유

같은 신앙을 가진 사람끼리 종교적 목적의 단체를 조직하고 종교행사를 위해서 모임을 가질 수 있는 자유를 말한다(헌재 2016. 6. 30. 2015헌바46).

3 제한

신앙의 자유는 그 자체가 내심의 자유의 핵심이기 때문에 법률로써도 이를 침해할 수 없으나 종교적 행위의 자유와 종교적 집회·결사의 자유는 신앙의 자유와는 달리 절대적 자유는 아니지만, 이를 제한할 경우에는 헌법 제37조 제2항의 과잉금지원칙을 준수하여야 한다(헌재 2011. 12. 29. 2009헌마527).

⚖ 핵심 판례

▶ 종교(선교활동)의 자유는 국민에게 그가 선택한 임의의 장소에서 자유롭게 행사할 수 있는 권리까지 보장한다고 할 수 없다(헌재 2008. 6. 26. 2007헌마1366).

▶ 종교교육이라고 할지라도 그것이 일반국민에게 피해를 주지 않고 교단 내부적으로 종교지도자 양성을 위한 순수한 종교활동의 연장으로 운영되고 학교나 학원법상의 학원 형태라고 볼 수 없는 것이라면, 이는 종교교육의 자유에 속하는 단순한 종교내부의 활동으로서 국가의 제재를 받기에 적절하지 않다. 그러나 종교교육이라 하더라도 그것이 학교나 학원이라는 교육기관의 형태를 취할 경우에는 교육법이나 학원법상의 규정에 의한 규제를 받게 된다고 보아야 할 것이고, 종교교육이라고 해서 예외가 될 수 없다(헌재 2000. 3. 30. 99헌바14).

▶ 대학은 헌법상 자치권이 부여되어 있으므로 사립대학은 종교교육 내지 종교선전을 위하여 학생들의 신앙을 가지지 않을 자유를 침해하지 않는 범위 내에서 학생들로 하여금 일정한 내용의 종교교육을 받을 것을 졸업요건으로 하는 학칙을 제정할 수 있다(대판 1998. 11. 10. 96다37268).

▶ 국가 또는 지방자치단체외의 자가 양로시설을 설치하고자 하는 경우 신고하도록 규정하고 이를 위반한 경우 처벌하는 노인복지법 제33조 제2항 등은 과잉금지원칙에 위배되어 종교의 자유를 침해한다고 볼 수 없다(헌재 2016. 6. 30. 2015헌바46).

▶ 종교의 자유에서 종교에 대한 적극적인 우대조치를 요구할 권리가 직접 도출되거나 우대할 국가의 의무가 발생하지 아니한다. 종교시설의 건축행위에만 기반시설부담금을 면제한다면 국가가 종교를 지원하여 종교를 승인하거나 우대하는 것으로 비칠 소지가 있어 헌법 제20조 제2항의 국교금지·정교분리에 위배될 수도 있다고 할 것이므로 종교시설의 건축행위에 대하여 기반시설부담금 부과를 제외하거나 감경하지 아니하였더라도, 종교의 자유를 침해하는 것이 아니다(헌재 2010. 2. 25. 2007헌바131).

▶ 이미 우리 사회공동체 구성원들 사이에서 관습화된 문화요소로 인식되고 받아들여질 정도에 이르렀다면, 이는 정교분리원칙이 적용되는 종교의 영역이 아니라 헌법적 보호가치를 지닌 문화의 의미를 갖게 된다. 그러므로 이미 문화적 가치로 성숙한 종교적인 의식, 행사, 유형물에 대한 국가 등의 지원은 일정 범위 내에서 전통문화의 계승·발전이라는 문화국가원리에 부합하며 정교분리원칙에 위배되지 않는다(대판 2009. 5. 28. 2008두16933).

✎ 핵심 기출 ||||||||||||||||||||||||||||||||||||||||||||||||||||||||||||||||||||||

종교의 자유에 관한 설명 중 옳은 것을 모두 고른 것은? (다툼이 있는 경우 판례에 의함)

2022 제2차 경찰공채

> ㉠ 종교의 자유에는 선교의 자유가 포함되고, 선교의 자유에는 다른 종교를 비판하거나 다른 종교의 신자에 대하여 개종을 권고하는 자유도 포함된다.
>
> ㉡ 기독교재단이 설립한 사립대학에서 6학기 동안 대학예배에 참석할 것을 졸업요건으로 하는 학칙은 비록 위 대학예배가 복음 전도나 종교인 양성에 직접적인 목표가 있는 것이 아니고 신앙을 가지지 않을 자유를 침해하지 않는 범위 내에서 학생들에게 종교교육을 함으로써 진리 · 사랑에 기초한 보편적 교양인을 양성하는 데 목표를 두고 있다고 하더라도 헌법상 보장된 종교의 자유를 침해하는 것이다.
>
> ㉢ 지방자치단체가 유서 깊은 천주교 성당 일대를 문화관광지로 조성하기 위하여 상급단체로부터 문화관광지 조성계획을 승인받은 후 사업부지 내 토지 등을 수용재결한 것은 헌법의 정교분리 원칙에 위배되지 않는다.
>
> ㉣ 종교시설의 건축행위에만 기반시설부담금을 면제한다면 국가가 종교를 지원하여 종교를 승인하거나 우대하는 것으로 비칠 소지가 있어 헌법 제20조 제2항의 국교금지 · 정교분리에 위배될 수도 있다.
>
> ㉤ 종교단체의 복지시설 운영에 대한 제한은 종교단체 내 복지시설을 운영하는 법인의 인격권 및 법인운영의 자유를 제한하는 것이므로 종교의 자유 침해가 아닌 법인운영의 자유를 침해하는지 여부에 대한 문제로 귀결된다.

① ㉠, ㉡, ㉤

② ㉠, ㉢, ㉣

③ ㉡, ㉣, ㉤

④ ㉢, ㉣, ㉤

㉠ (○) 선교의 자유에는 다른 종교를 비판하거나 다른 종교의 신자에 대하여 개종을 권고하는 자유도 포함되는바, 종교적 선전, 타 종교에 대한 비판 등은 동시에 표현의 자유의 보호대상이 되는 것이나, 그 경우 종교의 자유에 관한 헌법 제20조 제1항은 표현의 자유에 관한 헌법 제21조 제1항에 대하여 특별 규정의 성격을 갖는다 할 것이므로 종교적 목적을 위한 언론 · 출판의 경우에는 그 밖의 일반적인 언론 · 출판에 비하여 보다 고도의 보장을 받게 된다(대판 1996. 9. 6. 96다19246).

㉡ (×) 대판 1998. 11. 10. 96다37268

㉢ (○) 대판 2009. 5. 28. 2008두16933

㉣ (○) 헌재 2010. 2. 25. 2007헌바131

㉤ (×) 종교인 또는 종교단체가 사회취약계층이나 빈곤층을 위해 양로시설과 같은 사회복지시설을 마련하여 선교행위를 하는 것은 오랜 전통으로 확립된 선교행위의 방법이며, 사회적 약자를 위한 시설을 지어 도움을 주는 것은 종교의 본질과 관련이 있다. 따라서 심판대상조항에 의하여 신고의 대상이 되는 양로시설에 종교단체가 운영하는 양로시설을 제외하지 않는 것은 자유로운 양로시설 운영을 통한 선교의 자유, 즉 종교의 자유 제한의 문제를 불러온다(헌재 2016. 6. 30. 2015헌바46).

정답 ②

✓ 핵심 **O·X**

01 종교의 자유에 관한 헌법 제20조제1항은 표현의 자유에 관한 헌법 제21조제1항에 대하여 특별규정의 성격을 갖는다 할 것이므로 종교적 목적을 위한 언론·출판의 경우에는 그 밖의 일반적인 언론·출판에 비하여 고도의 보장을 받게 된다.　　　(　　)

02 종교의 자유에는 종교전파의 자유가 포함되며, 종교전파의 자유는 국민에게 그가 선택한 임의의 장소에서 자유롭게 행사할 수 있는 권리까지 보장한다.　　　(　　)

03 종립학교의 학교법인이 국·공립학교의 경우와는 달리 종교교육을 할 자유와 운영의 자유를 가진다고 하더라도, 그 종립학교가 공교육체계에 편입되어 있는 이상 원칙적으로 학생의 종교의 자유, 교육을 받을 권리를 고려한 대책을 마련하는 등의 조치를 취하는 속에서 그러한 자유를 누린다.　　　(　　)

04 신앙의 자유는 신과 피안 또는 내세에 대한 인간의 내적 확신에 대한 자유를 말하는 것으로서, 이러한 신앙의 자유는 그 자체가 내심의 자유의 핵심이기 때문에 법률로써도 이를 침해할 수 없다.　　　(　　)

05 전통사찰에 대하여 채무명의를 가진 일반채권자가 전통사찰 소유의 전법(傳法)용 경내지의 건조물 등에 대하여 압류하는 것을 금지하는「전통사찰의 보존 및 지원에 관한 법률」조항은 '전통사찰의 일반채권자'의 재산권을 제한하지만, 종교의 자유의 내용 중 어떠한 것도 제한되지 않는다.　　　(　　)

06 구치소장이 수용자 중 미결수용자에 대하여 일률적으로 종교행사 등에의 참석을 불허한 것은 교정시설의 여건 및 수용관리의 적정성을 기하기 위한 것으로서 목적이 정당하고, 일부 수용자에 대한 최소한의 제한에 해당하므로 종교의 자유를 침해한 것으로 볼 수 없다.　　　(　　)

041 언론·출판의 자유의 내용과 한계

헌법 제21조
① 모든 국민은 언론·출판의 자유와 집회·결사의 자유를 가진다.
③ 통신·방송의 시설기준과 신문의 기능을 보장하기 위하여 필요한 사항은 법률로 정한다.
④ 언론·출판은 타인의 명예나 권리 또는 공중도덕이나 사회윤리를 침해하여서는 아니된다. 언론·출판이 타인의 명예나 권리를 침해한 때에는 피해자는 이에 대한 피해의 배상을 청구할 수 있다.

📋 테마 출제경향

언론·출판의 자유의 내용에서는 표현의 자유의 매개체, 익명표현의 자유와 관련한 헌재결정이, 언론·출판의 자유의 한계에서는 헌법 제21조 제4항의 해석론과 관련한 헌재결정이 출제되고 있다.

🔑 테마 출제 키워드

집필의 자유, 익명표현의 자유, 언론·출판의 자유의 제한 요건, 음란한 표현

핵심 이론

1 언론·출판의 자유의 내용

(1) 표현의 자유

의의	사상 또는 의견의 자유로운 표명(발표의 자유)과 그것을 전파할 자유(전달의 자유)를 의미(헌재 2009. 5. 28. 2006헌바109)
매개체	의사표현 또는 전파의 매개체는 어떠한 형태이건 가능하며 그 제한이 없으므로, 담화·연설·토론·연극·방송·음악·영화·가요 등과 문서·소설·시가·도화·사진·조각·서화 등 모든 형상의 의사표현 또는 의사전파의 매개체를 포함(헌재 2009. 5. 28. 2006헌바109)

(2) 알 권리

의의	모든 정보원으로부터 일반적 정보를 수집하고 이를 처리할 수 있는 권리. 여기서 일반적이란 신문, 잡지, 방송 등 불특정다수인에게 개방될 수 있는 것을, 정보란 양심, 사상, 의견, 지식 등의 형성에 관련이 있는 일체의 자료를 의미(헌재 2010. 10. 28. 2008헌마638).
법적 성격	알 권리는 표현의 자유와 표리일체의 관계에 있으며 자유권적 성질과 청구권적 성질을 공유(헌재 1991. 5. 13. 90헌마133).
내용	알 권리의 핵심은 정부가 보유하고 있는 정보에 대한 국민의 알 권리 즉, 국민의 정부에 대한 일반적 정보공개를 구할 권리(청구권적 기본권)(헌재 1989. 9. 4. 88헌마22)

(3) 언론기관 설립 및 언론기관의 자유

설립의 자유	국민이 언론기관을 자유롭게 설립할 수 있는 자유
기관의 자유	언론기관을 운영하고 언론기관으로서의 기능을 자유롭게 행사하는 자유

2 언론 · 출판의 자유의 한계

법적 성격	헌법 제21조 제4항은 언론 · 출판의 자유에 따르는 책임과 의무를 강조하는 동시에 '언론 · 출판의 자유에 대한 제한의 요건'을 명시한 규정으로 볼 것이고, 헌법상 표현의 자유의 보호영역 한계를 설정한 것이라고는 볼 수 없다(헌재 2009. 5. 28. 2006헌바109).
보호영역	음란표현은 헌법 제21조가 규정하는 언론 · 출판의 자유의 보호영역 내에 있다(헌재 2009. 5. 28. 2006헌바109).

🔨 핵심 판례

▶ 상업광고 규제에 관한 비례의 원칙 심사에 있어서 '피해의 최소성' 원칙은 같은 목적을 달성하기 위하여 달리 덜 제약적인 수단이 없을 것인지, 혹은 입법목적을 달성하기 위하여 필요한 최소한의 제한인지를 심사하기보다는 '입법목적을 달성하기 위하여 필요한 범위 내의 것인지'를 심사하는 정도로 완화하는 것이 상당하다(헌재 2005. 10. 27. 2003헌가3).

▶ 집필은 문자를 통한 모든 의사표현의 기본 전제가 된다는 점에서 당연히 표현의 자유의 보호영역에 속해 있다(헌재 2005. 2. 24. 2003헌마289).

▶ 자유로운 표명과 전파의 자유에는 자신의 신원을 누구에게도 밝히지 아니한 채 익명 또는 가명으로 자신의 사상이나 견해를 표명하고 전파할 익명표현의 자유도 그 보호영역에 포함된다(헌재 2010. 2. 25. 2008헌마324).

▶ 국가 또는 지방자치단체의 기관이 보관하고 있는 문서 등에 관하여 이해관계 있는 국민이 공개를 요구함에도 정당한 이유 없이 이에 응하지 아니하거나 거부하는 것은 당해 국민의 알 권리를 침해하는 것이다(헌재 1994. 8. 31. 93헌마174).

▶ 변호사시험에 응시한 사람은 해당 시험의 합격자 발표일부터 1년 내에 법무부장관에게 본인의 성적 공개를 청구할 수 있다고 규정하고 있는 변호사법 제18조 제1항 부분은 과잉금지원칙에 위배되어 청구인의 정보공개청구권을 침해한다(헌재 2019. 7. 25. 2017헌마1329).

▶ 군사기밀보호법 제6조 등은 동법 제2조 제1항의 군사상의 기밀이 비공지의 사실로서 적법절차에 따라 군사기밀로서의 표지를 갖추고 그 누설이 국가의 안전보장에 명백한 위험을 초래한다고 볼 만큼의 실질가치를 지닌 것으로 인정되는 경우에 한하여 적용된다 할 것이므로 그러한 해석하에 헌법에 위반되지 아니한다(헌재 1992. 2. 25. 89헌가104 한정합헌).

▶ 헌법 제21조 제1항에 의해 보장되는 언론 · 출판의 자유에는 방송의 자유가 포함된다. 방송의 자유는 주관적 권리로서의 성격과 함께 자유로운 의견형성이나 여론형성을 위해 필수적인 기능을 행하는 객관적 규범질서로서 제도적 보장의 성격을 함께 가진다(헌재 2003. 12. 18. 2002헌바49).

▶ 명예란 사람의 품성, 명성, 신용 등 인격적 가치에 대하여 사회로부터 받는 객관적인 평가를 말한다(대판 2000. 7. 28. 99다6203).

▶ 신문보도의 명예훼손적 표현의 피해자가 공적 인물인지 아니면 사인인지, 그 표현이 공적인 관심 사안에 관한 것인지 순수한 사적인 영역에 속하는 사안인지의 여부에 따라 헌법적 심사기준에는 차이가 있어야 한다(헌재 1999. 6. 24. 97헌마265).

✎ 핵심 기출 |||||||||||||||||||||||||||||||||||||||||||||||||||||||||||||||||

표현의 자유에 관한 설명 중 가장 적절한 것은? (다툼이 있는 경우 판례에 의함)

2022 제1차 경찰공채

① '익명표현'은 표현의 자유를 행사하는 하나의 방법으로서 그 자체로 규제되어야 하는 것은 아니고, 부정적 효과가 발생하는 것이 예상되는 경우에 한하여 규제될 필요가 있다.

② 헌법 제21조 제4항 전문은 "언론출판은 타인의 명예나 권리 또는 공중도덕이나 사회윤리를 침해하여서는 아니 된다."라고 규정하고 있는바, 이는 헌법상 표현의 자유의 보호영역에 대한 한계를 설정한 것이라고 보아야 한다.

③ '음란표현'은 헌법상 언론 출판의 자유의 보호영역 밖에 있다고 보아야 한다.

④ 인터넷언론사에 대하여 선거일 전 90일부터 선거일까지 후보자 명의의 칼럼이나 저술을 게재하는 보도를 제한하는 구 「인터넷 선거보도 심의기준 등에 관한 규정」은 인터넷 선거보도의 공정성과 선거의 공정성을 확보하려는 것이므로 후보자인 청구인의 표현의 자유를 침해하지 않는다.

① 익명표현은 표현의 자유를 행사하는 하나의 방법으로서 그 자체로 규제되어야 하는 것은 아니고, 부정적 효과가 발생하는 것이 예상되는 경우에 한하여 규제될 필요가 있다(헌재 2021. 1. 28. 2018헌마456).

② 헌재 2009. 5. 28. 2006헌바109

③ 헌재 2009. 5. 28. 2006헌바109

④ 이 사건 시기제한조항은 선거일 전 90일부터 선거일까지 후보자 명의의 칼럼 등을 게재하는 인터넷 선거보도가 불공정하다고 볼 수 있는지에 대해 구체적으로 판단하지 않고 이를 불공정한 선거보도로 간주하여 선거의 공정성을 해치지 않는 보도까지 광범위하게 제한한다. 공직선거법상 인터넷 선거보도 심의의 대상이 되는 인터넷언론사의 개념은 매우 광범위한데, 이 사건 시기제한조항이 정하고 있는 일률적인 규제와 결합될 경우 이로 인해 발생할 수 있는 표현의 자유 제한이 작다고 할 수 없다. 따라서 이 사건 시기제한조항은 과잉금지원칙에 반하여 청구인의 표현의 자유를 침해한다(헌재 2019. 11. 28. 2016헌마90).

정답 ①

✓ 핵심 O·X

01 광고가 단순히 상업적인 상품이나 서비스에 관한 사실을 알리는 경우에는 그 내용이 공익을 포함하고 있더라도 헌법 제21조의 표현의 자유에 의하여 보호되는 것은 아니다. ( )

02 음란표현도 헌법 제21조가 규정하는 언론·출판의 자유의 보호영역에는 해당하나, 헌법 제37조 제2항에 따라 국가안전보장·질서유지 또는 공공복리를 위하여 제한할 수 있는 것이다. ( )

03 개인의 외적 명예에 관한 인격권 보호의 필요성, 일단 훼손되면 완전한 회복이 사실상 불가능하다는 보호법익의 특성, 사회적으로 명예가 중시되나 명예훼손으로 인한 피해는 더 커지고 있는 우리 사회의 특수성, 명예훼손죄의 비범죄화에 관한 국민적 공감대의 부족 등을 종합적으로 고려하면, 공연히 사실을 적시하여 다른 사람의 명예를 훼손하는 행위를 금지하고 위반시 형사처벌하도록 정하고 있다고 하여 바로 과도한 제한이라 단언하기 어렵다. ( )

정답
01 × (광고도 표현의 자유에 의해 보호된다)
02 ○
03 ○

04 신문보도의 명예훼손적 표현의 피해자가 공적 인물인지 아니면 사인인지, 그 표현이 공적인 관심 사안에 관한 것인지 순수한 사적인 영역에 속하는 사안인지의 여부에 따라 헌법적 심사기준에는 차이가 있어야 한다. ( )

05 언론·출판의 자유의 내용 중 의사표현·전파의 자유에 있어서 의사표현 또는 전파의 매개체는 어떠한 형태이건 가능하며 그 제한이 없다. ( )

06 검사의 '혐의없음' 처분을 받은 피의자에 관한 수사경력에 관한 전산자료를 「형의 실효 등에 관한 법률」에 의하여 5년간 보존하는 것은 ~~과잉제한금지원칙에 위반된다~~. ( )

07 알권리는 표현의 자유와 표리일체의 관계에 있으며 자유권적 성질과 청구권적 성질을 공유하는 것이다. ( )

08 알권리의 실현은 법률의 제정이 뒤따라 이를 구체화시키는 것이 충실하고도 바람직하지만 그러한 법률이 제정되어 있지 않다고 하더라도 헌법 제21조에 의해 직접 보장될 수 있다. ( )

09 알권리에서 파생되는 정부의 공개의무는 특별한 사정이 없는 한 국민의 적극적인 정보수집행위, 특히 특정의 정보에 대한 공개청구가 있는 경우에야 비로소 존재하므로 정보공개청구가 없었던 경우 정보를 사전에 공개할 정부의 의무는 인정되지 않는다. ( )

10 저속한 간행물의 출판을 전면 금지시키고 출판사의 등록을 취소시킬 수 있도록 하는 것은 청소년 보호를 위해 지나치게 과도한 수단을 선택한 것으로서, 성인의 알 권리를 침해하는 것이다. ( )

11 국민의 알 권리의 내용에는 자신의 권익보호와 직접 관련이 있는 정보의 공개를 청구할 수 있는 개별적 정보공개청구권만이 포함되고, 일반 국민 누구나 국가에 대하여 보유·관리하고 있는 정보의 공개를 청구할 수 있는 ~~일반적 정보공개청구권은 포함되지 않는다~~. ( )

12 한의사 국가시험의 문제와 정답을 공개하지 아니할 수 있도록 한 것은 과잉금지원칙에 위반하여 알 권리를 침해한다고 볼 수 없다. ( )

13 변호인에게 고소장과 피의자신문조서에 대한 열람 및 등사를 거부한 경찰서장의 정보비공개결정은 변호인의 피구속자를 조력할 권리 및 알 권리를 침해한다. ( )

14 의사의 자유로운 표명과 전파의 자유에는 책임이 따르므로 자신의 신원을 밝히지 아니한 채 익명 또는 가명으로 자신의 사상이나 견해를 표명하고 전파할 ~~익명표현의 자유는 보장되지 않는다~~. ( )

정답
04 ○
05 ○
06 × (과잉금지원칙에 위반되지 아니한다)
07 ○
08 ○
09 ○
10 ○
11 × (일반적 정보공개청구권이 포함된다)
12 ○
13 ○
14 × (익명표현의 자유도 보장된다)

042 사전검열금지원칙

헌법 제21조
② 언론·출판에 대한 허가나 검열과 집회·결사에 대한 허가는 인정되지 아니한다.

▣ 테마 출제경향

사전검열금지의 원칙에서는 사전검열의 의의와 요건, 사전검열금지원칙 위반 여부에 관한 헌재결정이 출제되고 있다.

핵심 이론

🔎 테마 출제 키워드

검열기관, 독립적 위원회, 민간 심의기구, 표현의 내용 심사

1 의의

헌법 제21조 제2항의 검열은 그 명칭이나 형식과 관계없이 실질적으로 행정권이 주체가 되어 사상이나 의견 등이 발표되기 이전에 예방적 조치로서 그 내용을 심사, 선별하여 발표를 사전에 억제하는, 즉 허가받지 아니한 것의 발표를 금지하는 제도를 뜻하고, 이러한 사전검열은 법률로써도 불가능한 것으로서 절대적으로 금지된다(헌재 2001. 8. 30. 2000헌가9).

2 요건

첫째, 일반적으로 허가를 받기 위한 표현물의 제출의무가 존재할 것, 둘째, 행정권이 주체가 된 사전심사절차가 존재할 것, 셋째, 허가를 받지 아니한 의사표현을 금지할 것, 넷째, 심사절차를 관철할 수 있는 강제수단이 존재할 것을 요건으로 한다(헌재 2008. 6. 26. 2005헌마506).

3 적용범위

현행 헌법상 사전검열은 예외 없이 금지되는 것으로 보아야 한다(헌재 2015. 12. 23. 2015헌바75).

🔨 핵심 판례

▶ 사전검열금지원칙이 모든 형태의 사전적인 규제를 금지하는 것은 아니고, 의사표현의 발표 여부가 오로지 행정권의 허가에 달려있는 사전심사만을 금지한다(헌재 2008. 6. 26. 2005헌마506).

▶ 영화의 상영으로 인한 실정법위반의 가능성을 사전에 막고, 청소년 등에 대한 상영이 부적절할 경우 이를 유통단계에서 효과적으로 관리할 수 있도록 미리 등급을 심사하는 것은 사전검열이 아니다(헌재 1996. 10. 4. 93헌가13).

▶ 방영금지가처분은 행정권에 의한 사전심사나 금지처분이 아니라 개별 당사자간의 분쟁에 관하여 사법부가 사법절차에 의하여 심리, 결정하는 것이어서 헌법에서 금지하는 사전검열에 해당하지 아니한다(헌재 2001. 8. 30. 2000헌바36).

▶ 검열을 행정기관이 아닌 독립적인 위원회에서 행한다고 하더라도, 행정권이 주체가 되어 검열절차를 형성하고 검열기관의 구성에 지속적인 영향을 미칠 수 있는 경우라면 실질적으로 그 검열기관은 행정기관이라고 보아야 한다(헌재 2008. 10. 30. 2004헌가18).

▶ 민간심의기구가 심의를 담당하는 경우에도 행정권이 개입하여 그 사전심의에 자율성이 보장되지 않는다면 이 역시 행정기관의 사전검열에 해당하게 된다(헌재 2015. 12. 23. 2015헌바75).

▶ 사전심의를 받은 내용과 다른 내용의 건강기능식품 기능성광고를 금지하고 이를 위반한 경우 처벌하는 '건강기능식품에 관한 법률' 제18조 제1항 제6호 등 부분은 헌법이 금지하는 사전검열에 해당하므로 헌법에 위반된다(헌재 2018. 6. 28. 2016헌가8).

▶ 의료기기와 관련하여 심의를 받지 아니하거나 심의받은 내용과 다른 내용의 광고를 하는 것을 금지하고 이를 위반한 경우 행정제재와 형벌을 부과하도록 한 의료기기법 제24조 제2항 제6호 부분 등은 헌법 제21조 제2항의 사전검열금지원칙에 위반된다(헌재 2020. 8. 28. 2017헌가35).

▶ 방송위원회로부터 위탁을 받은 한국광고자율심의기구로 하여금 텔레비전 방송광고의 사전심의를 담당하도록 한 것은 행정기관에 의한 사전검열로서 헌법이 금지하는 사전검열에 해당한다(헌재 2008. 6. 26. 2005헌마506).

✎ 핵심 기출 ||||||||||||||||||||||||||||||||||||||||||||||||||||||||||||||||||||||||||||

헌법상 금지되는 사전검열에 대한 설명으로 옳은 것만을 모두 고르면? (다툼이 있는 경우 판례에 의함)

2021 5급 공채(행정)

> ㉠ 영화진흥법이 규정하고 있는 영상물등급위원회에 의한 등급분류보류제도는 등급분류보류의 횟수제한이 없어 실질적으로 영상물등급위원회의 허가를 받지 않는 한 영화를 통한 의사표현이 무한정 금지될 수 있으므로 검열에 해당한다.
>
> ㉡ 검열을 행정기관이 아닌 독립적인 위원회에서 행한다고 하더라도, 행정권이 주체가 되어 검열절차를 형성하고 검열기관의 구성에 지속적인 영향을 미칠 수 있는 경우라면 실질적으로 그 검열기관은 행정기관이라고 보아야 한다.
>
> ㉢ 민간심의기구가 심의를 담당하는 경우에도 행정권이 개입하여 그 사전심의에 자율성이 보장되지 않는다면 이 역시 행정기관의 사전검열에 해당하게 된다.
>
> ㉣ 헌법상 사전검열은 표현의 자유 보호대상이면 예외 없이 금지된다.

① ㉠, ㉡

② ㉠, ㉢, ㉣

③ ㉡, ㉢, ㉣

④ ㉠, ㉡, ㉢, ㉣

㉠ (○) 영상물등급위원회는 실질적으로 행정기관인 검열기관에 해당하고, 이에 의한 등급분류보류는 비디오물 유통 이전에 그 내용을 심사하여 허가받지 아니한 것의 발표를 금지하는 제도, 즉 검열에 해당하므로 헌법에 위반된다(헌재 2008. 10. 30. 2004헌가18).

㉡ (○) 헌재 2008. 10. 30. 2004헌가18

㉢ (○) 헌재 2015. 12. 23. 2015헌바75

㉣ (○) 현행 헌법상 사전검열은 예외 없이 금지되는 것으로 보아야 한다. 헌법재판소도 사전검열은 절대적으로 금지되고, 여기에서 절대적이라 함은 언론·출판의 자유의 보호를 받는 표현에 대해서는 사전검열금지원칙이 예외 없이 적용된다는 의미라고 하고 있다(헌재 2015. 12. 23. 2015헌바75).

정답 ④

✓ 핵심 O·X

01 건강기능식품의 기능성 표시·광고를 하고자 하는 자가 사전에 건강기능식품협회의 심의절차를 거치도록 하는 것은 헌법이 금지하는 사전검열에 해당하지는 않지만 과잉금지원칙에 위반하여 건강기능식품 판매업자의 표현의 자유를 침해한다. ( )

02 민사소송법 상의 가처분조항에 방영금지가처분을 포함시켜 가처분에 의한 방영금지를 허용하는 것은 헌법상 사전검열금지원칙에 위배되지 않는다. ( )

03 「신문 등의 진흥에 관한 법률」의 등록조항은 인터넷신문의 명칭, 발행인과 편집인의 인적사항 등 인터넷신문의 외형적이고 객관적 사항을 제한적으로 등록하도록 하고 있는 바, 이는 인터넷신문에 대한 인적 요건의 규제 및 확인에 관한 것으로 인터넷신문의 내용을 심사·선별하여 사전에 통제하기 위한 규정으로 사전허가금지원칙에 위배된다. ( )

04 건강기능식품 기능성 광고 사전심의가 헌법이 금지하는 사전 검열에 해당하려면 심사절차를 관철할 수 있는 강제수단이 존재할 것을 필요로 하는데, 영업허가취소와 같은 행정제재나 벌금형과 같은 형벌의 부과는 사전심의절차를 관철하기 위한 강제수단에 해당한다. ( )

05 외국비디오물을 수입할 때 영상물등급위원회의 추천을 받도록 한 것은 헌법에 위반된다. ( )

정답
01 × (사전검열에 해당한다)
02 ○
03 × (사전허가금지원칙에 위배되지 않는다)
04 ○
05 ○

Theme

42

043 집회의 자유

테마 출제경향

집회의 자유에서는 집회의 개념, 집회의 자유의 내용, 집회의 자유의 한계, 집회의 자유의 제한과 관련한 헌재결정을 묻는 문제가 출제되고 있다.

테마 출제 키워드

내적 유대관계, 집회의 장소, 옥외집회 및 시위에 대한 신고, 야간 옥외집회 및 시위의 금지

헌법 제21조
① 모든 국민은 언론·출판의 자유와 집회·결사의 자유를 가진다.
② 언론·출판에 대한 허가나 검열과 집회·결사에 대한 허가는 인정되지 아니한다.

핵심 이론

1 의의

집회를 통하여 형성된 의사를 집단적으로 표현하고 이를 통해 불특정 다수인의 의사에 영향을 줄 자유. 따라서 시위의 자유 또한 집회의 자유를 규정한 헌법 제21조 제1항에 의하여 보호되는 기본권이다(헌재 2005. 11. 24. 2004헌가17).

2 집회의 개념

일반적으로 집회는, 일정한 장소를 전제로 하여 특정 목적을 가진 다수인이 일시적으로 회합하는 것을 말하는 것으로 일컬어지고 있고, 그 공동의 목적은 '내적인 유대 관계'로 족하다(헌재 2009. 5. 28. 2007헌바22).

3 내용

집회의 자유는 집회의 시간, 장소, 방법과 목적을 스스로 결정할 권리를 보장한다. 집회의 자유에 의하여 구체적으로 보호되는 주요행위는 집회의 준비 및 조직, 지휘, 참가, 집회장소·시간의 선택이다. 그러나 집회를 방해할 의도로 집회에 참가하는 것은 보호되지 않는다. 주최자는 집회의 대상, 목적, 장소 및 시간에 관하여, 참가자는 참가의 형태와 정도, 복장을 자유로이 결정할 수 있다(헌재 2003. 10. 30. 2000헌바67).

4 한계

비록 헌법이 명시적으로 밝히고 있지는 않으나, 집회의 자유에 의하여 보호되는 것은 단지 '평화적' 또는 '비폭력적' 집회이다. 집회의 자유는 민주국가에서 정신적 대립과 논의의 수단으로서, 평화적 수단을 이용한 의견의 표명은 헌법적으로 보호되지만, 폭력을 사용한 의견의 강요는 헌법적으로 보호되지 않는다(헌재 2003. 10. 30. 2000헌바67).

5 제한

(1) 허가제의 금지

헌법 제21조 제2항 후단에서 금지하고 있는 집회에 대한 '허가'는 행정권이 주체가 되어 집회 이전에 예방적 조치로서 집회의 내용·시간·장소 등을 사전에 심사하여 일반적인 집회 금지를 특정한 경우에 해제함으로써 집회를 할 수 있게 하는 제도, 즉 허가를 받지 아니한 집회를 금지하는 제도를 의미한다(헌재 2009. 9. 24. 2008헌가25).

(2) 옥외 집회·시위의 제한

신고제	신고서를 옥외집회나 시위를 시작하기 720시간 전부터 48시간 전에 관할 경찰서장에게 제출
금지시간	해가 뜨기 전이나 해가 진 후
금지장소	국회의사당, 각급 법원, 헌법재판소, 대통령 관저(官邸), 국회의장 공관, 대법원장 공관, 헌법재판소장 공관, 국무총리 공관, 국내 주재 외국의 외교기관이나 외교사절의 숙소의 경계 지점으로부터 100미터 이내의 장소

✍ 핵심 판례

▶ 집회의 목적·내용과 집회의 장소는 일반적으로 밀접한 내적인 연관관계에 있기 때문에, 집회의 자유는 다른 법익의 보호를 위하여 정당화되지 않는 한, 집회장소를 항의의 대상으로부터 분리시키는 것을 금지한다(헌재 2003. 10. 30. 2000헌바67).

▶ '행정청이 주체가 되어 집회의 허용 여부를 사전에 결정하는 것'으로서 행정청에 의한 사전허가는 헌법상 금지되지만, 입법자가 법률로써 일반적으로 집회를 제한하는 것은 헌법상 '사전허가 금지'에 해당하지 않는다(헌재 2009. 9. 24. 2008헌가25).

▶ 헌법 제21조 제2항에 의하여 금지되는 '허가'는 '행정청이 주체가 되어 집회의 허용 여부를 사전에 결정하는 것'으로, 법률적 제한이 실질적으로 행정청의 허가 없는 옥외집회를 불가능하게 하는 것이라면 헌법상 금지되는 사전허가제에 해당하지만, 그에 이르지 아니하는 한 헌법 제21조 제2항에 반하는 것은 아니다(헌재 2014. 4. 24. 2011헌가29).

▶ 집회시위법의 사전신고는 경찰관청 등 행정관청으로 하여금 집회의 순조로운 개최와 공공의 안전보호를 위하여 필요한 준비를 할 수 있는 시간적 여유를 주기 위한 것으로서, 협력의무로서의 신고이다. 집회시위법 전체의 규정 체제에서 보면 집회시위법은 일정한 신고절차만 밟으면 일반적·원칙적으로 옥외집회 및 시위를 할 수 있도록 보장하고 있으므로, 집회에 대한 사전신고제도는 헌법 제21조 제2항의 사전허가금지에 위배되지 않는다(헌재 2014. 1. 28. 2011헌바174).

▶ 집회의 금지와 해산은 원칙적으로 공공의 안녕질서에 대한 직접적인 위협이 명백하게 존재하는 경우에 한하여 허용될 수 있다. 집회의 금지와 해산은 집회의 자유를 보다 적게 제한하는 다른 수단, 즉 조건을 붙여 집회를 허용하는 가능성을 모두 소진한 후에 비로소 고려될 수 있는 최종적인 수단이다(헌재 2003. 10. 30. 2000헌바67).

Theme

43

> ▶ 해가 뜨기 전이나 해가 진 후의 시위를 금지하는 집시법 제10조 본문 중 '시위'에 관한 부분 및 이에 위반한 시위에 참가한 자를 형사처벌하는 집시법 제23조 제3호 부분은, 이미 보편화된 야간의 일상적인 생활의 범주에 속하는 '해가 진 후부터 같은 날 24시까지의 시위'에 적용하는 한 헌법에 위반된다(헌재 2014. 3. 27. 2010헌가2 한정위헌).
>
> ▶ 신고는 행정관청에 집회에 관한 구체적인 정보를 제공함으로써 공공질서의 유지에 협력하도록 하는 데 의의가 있는 것으로 집회의 허가를 구하는 신청으로 변질되어서는 아니 되므로, 신고를 하지 아니하였다는 이유만으로 옥외집회 또는 시위를 헌법의 보호 범위를 벗어나 개최가 허용되지 않는 집회 내지 시위라고 단정할 수 없다(대판 2012. 4. 19. 2010도6388).

② 이 사건 공권력 행사는 경호대상자의 안전보호 및 국가 간 친선관계의 고양, 질서유지 등을 위한 것이다. 돌발적이고 경미한 변수의 발생도 대비하여야 하는 경호의 특수성을 고려할 때, 경호활동에는 다양한 취약 요소들에 사전적·예방적으로 대비할 수 있는 안전조치가 충분히 이루어질 필요가 있고, 이 사건 공권력 행사는 집회 장소의 장소적 특성과 미합중국 대통령의 이동경로, 집회 참가자와의 거리, 질서유지에 필요한 시간 등을 고려하여 경호 목적 달성을 위한 최소한의 범위에서 행해진 것으로 침해의 최소성을 갖추었다. 또한, 이 사건 공권력행사로 인해 제한된 사익은 집회 또는 시위의 자유 일부에 대한 제한으로서 국가 간 신뢰를 공고히 하고 발전적인 외교관계를 맺으려는 공익이 위 제한되는 사익보다 덜 중요하다고 할 수 없다. 따라서 이 사건 공권력 행사는 과잉금지원칙을 위반하여 청구인들의 집회의 자유 등을 침해하였다고 할 수 없다(헌재 2021. 10. 28. 2019헌마1091).

① 헌재 2003. 10. 30. 2000헌바67

③ 헌재 2003. 10. 30. 2000헌바67

④ 옥외집회·시위에 대한 경찰의 촬영행위는 증거보전의 필요성 및 긴급성, 방법의 상당성이 인정되는 때에는 헌법에 위반된다고 할 수 없으나, 경찰이 옥외집회 및 시위 현장을 촬영하여 수집한 자료의 보관·사용 등은 엄격하게 제한하여, 옥외집회·시위 참가자 등의 기본권 제한을 최소화해야 한다. 옥외집회·시위에 대한 경찰의 촬영행위에 의해 취득한 자료는 '개인정보'의 보호에 관한 일반법인 '개인정보 보호법'이 적용될 수 있다(헌재 2018. 8. 30. 2014헌마843).

정답 ②

✎ 핵심 기출 ||||||||||||||||||||||||||||||||||||||||||||||||||||||||||||||||||||||||||

집회의 자유에 관한 설명 중 가장 적절하지 않은 것은? (다툼이 있는 경우 판례에 의함)

2022 제2차 경찰공채

① 집회의 자유는 집권세력에 대한 정치적 반대의사를 공동으로 표명하는 효과적인 수단으로서 현대사회에서 언론매체에 접근할 수 없는 소수집단에게 그들의 권익과 주장을 옹호하기 위한 적절한 수단을 제공한다.

② 대한민국을 방문하는 외국의 국가 원수를 경호하기 위하여 지정된 경호구역 안에서 서울종로경찰서장이 안전 활동의 일환으로 청구인들의 삼보일배행진을 제지한 행위는 집회의 자유를 침해한다.

③ 집회 장소의 선택은 집회의 성과를 결정하는 주요 요인이 되므로, 집회 장소를 선택할 자유는 집회의 자유의 실질적 부분을 형성한다고 볼 수 있다.

④ 옥외집회·시위에 대한 경찰의 촬영행위는 증거보전의 필요성 및 긴급성, 방법의 상당성이 인정되는 때에는 헌법에 위반된다고 할 수 없으나, 경찰이 옥외집회 및 시위 현장을 촬영하여 수집한 자료의 보관 사용 등은 엄격하게 제한하여, 옥외집회 시위 참가자 등의 기본권 제한을 최소화해야 한다.

✔ 핵심 O·X

01 집회란 다수인이 일정한 장소에서 공동목적을 가지고 회합하는 일시적인 결합체를 의미하기 때문에 2인이 모인 집회는 「집회 및 시위에 관한 법률」의 규제대상이 되지 않는다. ( )

02 일몰시간 후부터 같은 날 24시까지의 옥외집회 또는 시위의 경우, 특별히 공공의 질서 내지 법적 평화를 침해할 위험성이 크다고 할 수 없으므로 그와 같은 옥외집회 또는 시위를 원칙적으로 금지하는 것은 과잉금지원칙에 위반됨이 명백하다. ( )

03 헌법 제21조제2항에 의하여 금지되는 '허가'는 '행정청이 주체가 되어 집회의 허용 여부를 사전에 결정하는 것'으로 법률적 제한이 실질적으로 행정청의 허가 없는 옥외집회를 불가능하게 하는 것이라면 헌법상 금지되는 사전허가제에 해당하지만, 그에 이르지 아니하는 한 헌법 제21조제2항에 반하는 것은 아니다. ( )

04 동시에 접수된 두 개의 옥외집회 신고서에 대하여 관할 경찰관서장이 적법한 절차에 따라 접수 순위를 확정하려는 노력을 하지 않고, 폭력사태 발생이 우려되고 상호 충돌을 피한다는 이유로 모두 반려하는 것은 집회의 자유를 침해하는 것이다. ( )

05 집회의 자유는 개인의 인격발현의 요소이자 민주주의를 구성하는 요소라는 이중적 헌법적 기능을 가지고 있다. ( )

06 집회의 자유는 개인이 집회에 참가하는 것을 방해하거나 또는 집회에 참가할 것을 강요하는 국가행위를 금지한다. ( )

07 집회의 금지와 해산은 원칙적으로 공공의 안녕질서에 대한 직접적인 위협이 명백하게 존재하는 경우에 한하여 허용될 수 있다. ( )

08 「집회 및 시위에 관한 법률」상 사방이 폐쇄되어 있으나 천장이 없는 장소에서 여는 집회는 옥외집회에 해당한다. ( )

09 집회의 자유에는 집회를 통하여 형성된 의사를 집단적으로 표현하는 데 그치고, 이를 통하여 불특정 다수인의 의사에 영향을 줄 자유까지를 포함하지는 않는다. ( )

10 헌법이 명시적으로 밝히고 있는 것은 아니지만, 집회의 자유의 보장 대상은 평화적, 비폭력적 집회에 한정된다. ( )

11 국회의사당의 경계지점으로부터 100미터 이내의 장소에서 옥외집회를 금지하는 것은 국회의 기능이나 역할에 비추어 볼 때 집회의 자유를 침해하는 것이 아니다. ( )

12 집회·시위 등 현장에서 집회·시위 참가자에 대한 사진이나 영상촬영 등의 행위는 집회·시위 참가자들에게 심리적 부담으로 작용하여 여론형성 및 민주적 토론절차에 영향을 주고 집회의 자유를 전체적으로 위축시키는 결과를 가져올 수 있으므로 집회의 자유를 제한한다. ( )

정답
01 × (규제대상이 된다)
02 ○
03 ○
04 ○
05 ○
06 ○
07 ○
08 ○
09 × (포함된다)
10 ○
11 × (집회의 자유를 침해한다)
12 ○

044 재산권

📖 테마 출제경향

재산권에서는 우리 헌법상 재산권 보장체계, 우리 헌법상 보장되는 재산권, 소급입법에 의한 재산권 박탈 금지, 재산권의 침해 여부에 관한 헌재결정을 묻는 문제가 출제되고 있다.

🔑 테마 출제 키워드

재산권의 내용과 한계, 공공복리 적합의무, 소급입법, 부담금, 공공필요, 정당한 보상

헌법 제23조
① 모든 국민의 재산권은 보장된다. 그 내용과 한계는 법률로 정한다.
② 재산권의 행사는 공공복리에 적합하도록 하여야 한다.
③ 공공필요에 의한 재산권의 수용·사용 또는 제한 및 그에 대한 보상은 법률로써 하되, 정당한 보상을 지급하여야 한다.

헌법 제13조
② 모든 국민은 소급입법에 의하여 참정권의 제한을 받거나 재산권을 박탈당하지 아니한다.

핵심 이론

1 재산권 보장체계

재산권 형성적 법률	헌법 제23조 제1항(재산권의 내용과 한계에 관한 법률유보)
	헌법 제23조 제2항(재산권 행사의 한계)
재산권 수용적 법률	헌법 제23조 제3항(재산권 수용적 법률의 요건)

2 재산권

(1) 의의

경제적 가치가 있는 모든 공법상·사법상의 권리를 말한다(헌재 1992. 6. 26. 90헌바26).

(2) 범위

동산·부동산에 대한 모든 종류의 물권은 물론, 재산가치 있는 모든 사법상의 채권과 특별법상의 권리 및 재산가치 있는 공법상의 권리 등이 포함된다. 다만 단순한 기대이익·반사적 이익 또는 경제적인 기회 등은 재산권에 속하지 않는다(헌재 1998. 7. 16. 96헌마246).

(3) 공법상의 권리가 헌법상 재산권 보장을 받기 위한 요건

첫째, 공법상의 권리가 권리주체에게 귀속되어 개인의 이익을 위하여 이용가능해야 하며(사적 유용성), 둘째, 국가의 일방적인 급부에 의한 것이 아니라 권리주체의 노동이나 투자, 특별한 희생에 의하여 획득되어 자신이 행한 급부의 등가물에 해당하는 것이어야 하며(수급자의 상당한 자기기여), 셋째, 수급자의 생존의 확보에 기여해야 한다(헌재 2000. 6. 29. 99헌마289).

(4) 소급입법에 의한 재산권 박탈금지

헌법 제13조 제2항이 금하고 있는 소급입법은 진정소급효를 가지는 법률만을 의미하는 것으로서 이에 반하여 부진정소급효의 입법은 원칙적으로 허용되는 것이다. 다만 부진정소급효를 가지는 입법에 있어서도 소급효를 요구하는 공익상의 사유와 신뢰보호의 요청 사이의 비교형량 과정에서 신뢰보호의 관점이 입법자의 형성권에 제한을 가하게 된다(헌재 2005. 6. 30. 2004헌바42).

(5) 부담금 부과의 한계

의의	특별한 행정적 과제를 수행하기 위하여 부과되는 공과금(헌재 2004. 7. 15. 2002헌바42)	
종류	재정조달목적	
	정책실현목적	• 유도적 부담금 • 조정적 부담금
정당화 요건	재정조달목적	• 조세의 우선적 지위 • 납부의무자와 공적 과제와의 특별히 밀접한 관련성
	정책실현목적	
한계	부담금은 국민의 재산권을 제한하는 성격을 가지고 있으므로 부담금을 부과함에 있어서도 평등원칙이나 비례성원칙과 같은 재산권 제한 입법의 한계 역시 준수되어야 함(헌재 2008. 9. 25. 2007헌가1).	

(6) 수용적 법률의 요건

공공필요	헌법재판소는 헌법 제23조 제3항에서 규정하고 있는 공공필요의 의미를 국민의 재산권을 그 의사에 반하여 강제적으로라도 취득해야 할 공익적 필요성으로 해석하여 왔다. 즉 공공필요의 개념은 공익성과 필요성이라는 요소로 구성되어 있다(헌재 2014. 10. 30. 2011헌바172).
법률에 의거	헌법 제23조 제3항은 "공공필요에 의한 재산권의 수용·사용 또는 제한 및 그에 대한 보상은 법률로써 한다"라고 규정하고 있고 이는 법치주의 이념상 너무도 당연한 규정이다. 다만 위와 같은 사항을 대통령령에 위임할 수 있으나 이 경우에도 재산권의 수용·사용·제한 및 보상에 관한 기본적인 것을 구체적으로 법률로 정하여 그 법률로부터 대통령령에 규정될 내용의 대강을 예측할 수 있도록 되어 있어야 한다(헌재 1994. 6. 30. 92헌가18).
정당한 보상	정당한 보상이란 손실보상의 원인이 되는 재산권의 침해가 기존의 법질서 안에서 개인의 재산권에 대한 개별적인 침해인 경우에는 그 손실 보상은 원칙적으로 피수용재산의 객관적인 재산가치를 완전하게 보상하는 것이어야 한다는 완전보상을 뜻하는 것으로서, 재산권의 객체가 갖는 객관적 가치란 그 물건의 성질에 정통한 사람들의 자유로운 거래에 의하여 도달할 수 있는 합리적인 매매가능가격 즉 시가에 의하여 산정되는 것이 보통이다(헌재 1990. 6. 25. 89헌마107).

🔍 핵심 판례

▶ 재산권의 내용과 한계를 법률로 정한다는 것은 헌법적으로 보장된 재산권의 내용을 구체화하면서 이를 제한하는 것으로 볼 수 있다(헌재 2006. 11. 30. 2003헌바66).

▶ 입법자는 헌법 제23조 제1항 제2문에 의거 재산권의 내용과 한계를 구체적으로 형성함에 있어서는 헌법 제23조 제1항 제1문에 의한 사적 재산권의 보장과 함께 헌법 제23조 제2항의 재산권의 사회적 제약을 동시에 고려하여 양 법익이 균형을 이루도록 입법하여야 한다(헌재 2019. 9. 26. 2016헌바314).

▶ 재산권은 이를 구체적으로 형성하는 법이 없을 경우에는 재산에 대한 사실상의 지배만 있을 뿐이므로 다른 기본권과는 달리 그 내용이 입법자에 의하여 법률로 구체화됨으로써 비로소 권리다운 모습을 갖추게 된다(헌재 1998. 12. 24. 89헌마214).

▶ 헌법상의 재산권은 토지소유자가 이용가능한 모든 용도로 토지를 자유로이 최대한 사용할 권리나 가장 경제적 또는 효율적으로 사용할 수 있는 권리를 보장하는 것을 의미하지는 않는다(헌재 1998. 12. 24. 89헌마214).

▶ 재산권 행사의 사회적 의무성의 정도는 재산의 종류, 성질, 형태, 조건 등에 따라 달라질 수 있다. 따라서 재산권 행사의 대상이 되는 객체가 지닌 사회적인 연관성과 사회적 기능이 크면 클수록 입법자에 의한 보다 더 광범위한 제한이 허용된다고 할 것이다(헌재 1999. 4. 29. 94헌바37).

▶ 재산권 수용적 법률이란 국가가 구체적인 공적 과제를 수행하기 위하여 이미 형성된 구체적인 재산적 권리를 전면적 또는 부분적으로 박탈하거나 제한하는 법률을 말한다(헌재 1999. 4. 29. 94헌바37).

▶ 재산권의 내용과 한계를 정하는 법률도 사유재산제도나 사유재산을 부인하는 것은 재산권 보장 규정의 침해를 의미하고 결코 재산권 형성적 법률유보라는 이유로 정당화될 수 없다(헌재 2019. 9. 26. 2016헌바314).

▶ 재산권의 사회적 기속성에 기한 제한 역시 다른 기본권에 대한 제한입법과 마찬가지로 비례원칙을 준수하여야 하고 재산권의 본질적 내용인 사적 이용권과 원칙적인 처분권을 부인하여서는 아니 되며, 이는 사회적 기속성이 더욱 강한 토지재산권에 관하여도 마찬가지이다(헌재 2005. 9. 29. 2002헌바84).

▶ 의료보험법상의 보험급여는 가입자가 기여금의 형태로 납부한 보험료에 대한 반대급부의 성질을 갖는 것이고 본질상, 보험사고로 초래되는 가입자의 재산상의 부담을 전보하여 주는 경제적 유용성을 가지므로 의료보험수급권은 재산권의 성질을 갖는다(헌재 2003. 12. 18. 2002헌바1).

▶ 의료급여수급권은 공공부조의 일종으로서 순수하게 사회정책적 목적에서 주어지는 권리이므로 개인의 노력과 금전적 기여를 통하여 취득되는 재산권의 보호대상에 포함된다고 보기 어렵다(헌재 2009. 9. 24. 2007헌마1092).

▶ 국외강제동원자지원법이 규정하는 위로금 및 의료지원금은 국가의 일방적인 급부로서 헌법상 재산권의 보호대상에 포함된다고 보기 어렵다(헌재 2012. 7. 26. 2011헌바352).

▶ 일본군위안부 피해자들이 일본에 대하여 가지는 배상청구권은 헌법상 보장되는 재산권일 뿐만 아니라, 그 배상청구권의 실현은 무자비하고 지속적으로 침해된 인간으로서의 존엄과 가치 및 신체의 자유를 사후적으로 회복한다는 의미를 가진다(헌재 2011. 8. 30. 2006헌마788).

▶ 개성공단 전면중단 조치로 개성공단에 투자한 청구인들이 입은 피해가 적지 않지만 그럼에도 불구하고 북한의 핵개발에 맞서 개성공단의 운영 중단을 통해 대한민국의 존립과 안전 등을 보장할 필요가 있다는 피청구인 대통령의 결정은 헌법이 대통령에게 부여한 권한 범위 내에서 정치적 책임을 지고 한 판단과 선택이며, 그 판단이 현저히 합리성을 결여한 것이거나 명백히 잘못된 것이라고 평가하기 어렵다. 따라서 개성공단 전면중단 조치는 과잉금지원칙을 위반하여 개성공단

투자기업인 청구인들의 영업의 자유와 재산권을 침해하지 아니한다(헌재 2022. 1. 27. 2016헌마 364).

▶ 환매권의 발생기간을 제한하고 있는 '토지보상법' 제91조 제1항 중 '토지의 협의취득일 또는 수용의 개시일부터 10년 이내에' 부분은 헌법 제37조 제2항에 반하여 재산권을 침해한다(헌재 2020. 11. 26. 2019헌바131 헌법불합치).

▶ 환매권의 발생기간과 행사기간을 동일하게 수용일로부터 10년 이내로 정함에 따라 그 기한에 임박한 시점에 환매권이 발생한 경우에도 또 다른 환매권의 행사기간인 "그 필요 없게 된 때로부터 1년"이 지나지 아니하였다면 환매권을 행사할 수 있다고 볼 수 있는바, 이러한 환매권 행사기간의 설정이 그 형성에 관한 입법재량을 일탈했다고 보기는 힘들다. 따라서, 환매권의 행사기간을 수용일로부터 10년 이내로 제한한 구 토지수용 법 제71조 제1항은 환매권자의 재산권을 침해하지 아니한다(헌재 2011. 3. 31. 2008헌바26).

▶ 피상속인에 대한 부양의무를 이행하지 않은 직계존속의 경우를 상속결격사유로 규정하지 않은 민법 제1004조는 입법형성권의 한계를 일탈하여 다른 상속인 청구인의 재산권을 침해한다고 보기 어렵다(헌재 2018. 2. 22. 2017헌바59).

▶ 1945. 8. 9. 이후 성립된 거래를 전부 무효로 한 재조선미국육군사령부군정청 법령 제2호 제4조 본문과 1945. 8. 9. 이후 일본 국민이 소유하거나 관리하는 재산을 1945. 9. 25.자로 전부 미군정청이 취득하도록 정한 재조선미국육군사령부군정청 법령 제33호 제2조 전단 부분은 소급입법금지원칙에 대한 예외로서 헌법 제13조 제2항에 위반되지 아니한다(헌재 2021. 1. 28. 2018헌바88).

▶ 조세의 부과·징수는 국민의 납세의무에 기초하는 것으로서 원칙으로 재산권의 침해가 되지 않지만 그로 인하여 납세의무자의 사유재산에 관한 이용, 수익, 처분권이 중대한 제한을 받게 되는 경우에는 그것도 재산권의 침해가 될 수 있다(헌재 1997. 12. 24. 96헌가19).

▶ 주택재건축사업은 기본적으로 정비기반시설이 양호한 지역에서 불량·노후한 주택을 소유자 스스로 개선하여 주거생활의 질을 높이고자 하는 목적으로 추진되는 것이고, 주택재개발 사업시행자는 정비구역 안에 도로·상하수도·공원 등의 정비기반시설을 설치하여야 하고 그 비용은 원칙적으로 주택재개발 사업시행자가 부담하도록 하고 있는바, 그렇다면 주택재건축사업과 주택재개발사업은 이 사건 재건축부담금 부과와 관련하여 헌법적으로 의미 있는 비교집단이라고 볼 수 없으므로, 주택재개발사업이 아닌 주택재건축사업에 한하여 재건축부담금을 부과하도록 한 '재건축초과이익 환수에 관한 법률' 제3조 등(환수조항)은 헌법상 평등원칙에 위반된다고 할 수 없다(헌재 2019. 12. 27. 2014헌바381).

▶ 회원제로 운영하는 골프장 시설의 입장료에 대한 부가금을 규정하고 있는 국민체육진흥법 제20조 제1항 제3호가 규정하고 있는 골프장 부가금은 일반 국민에 비해 특별히 객관적으로 밀접한 관련성을 가진다고 볼 수 없는 골프장 부가금 징수 대상 시설 이용자들을 대상으로 하는 것으로서 합리적 이유가 없는 차별을 초래하므로, 헌법상 평등원칙에 위배된다(헌재 2019. 12. 27. 2017헌가21).

✎ 핵심 기출 ||||||||||||||||||||||||||||||||||||||||||||||||||

재산권에 대한 설명으로 옳지 않은 것을 모두 고른 것은? (다툼이 있는 경우 판례에 의함)

2017 경정승진

> ㉠ 재산권의 내용을 새로이 형성하는 법률이 합헌적이기 위해서는 장래에 적용될 법률이 헌법에 합치하여야 하고, 나아가 과거의 법적 상태에 의하여 부여된 구체적 권리에 대한 침해를 정당화하는 이유가 존재하여야 한다.
>
> ㉡ 배우자의 상속공제를 인정받기 위한 요건으로 배우자상속재산분할기한까지 배우자의 상속재산을 분할하여 신고할 것을 요구하면서 위 기한이 경과하면 일률적으로 배우자의 상속공제를 부인하고 있는 구 「상속세 및 증여세법」 제19조 제2항은 배우자인 상속인의 재산권을 침해한다고 볼 수 없다.
>
> ㉢ 헌법이 보장하는 재산권의 내용과 한계를 정하는 법률이 재산권을 형성한다는 의미를 갖는다 하더라도, 이러한 법률이 사유재산제도나 사유재산을 부인하는 것은 재산권 보장규정의 침해를 의미하고 결코 재산권형성적 법률유보라는 이유로 정당화될 수 없다.
>
> ㉣ 토지의 강한 사회성 내지 공공성으로 말미암아 토지재산권에는 다른 재산권에 비하여 보다 강한 제한과 의무가 부과되고 이에 대한 제한입법에는 입법자의 광범위한 입법형성권이 인정되므로, 과잉금지원칙에 의한 심사는 부적절하다.

① ㉠, ㉢ ② ㉠, ㉣
③ ㉡, ㉢ ④ ㉡, ㉣

01 재산권 제한으로 인하여 토지소유자가 종래의 지목과 토지현황에 의한 이용방법에 따른 토지의 사용도 할 수 없거나 실질적으로 토지의 사용·수익을 전혀 할 수 없는 경우에는, 그러한 재산권 제한은 토지소유자가 수인해야 할 사회적 제약의 범주를 넘는 것으로서 손실을 완화하는 보상적 조치가 있어야 비례원칙에 부합한다. ( )

02 소액임차인이 보증금 중 일부를 우선하여 변제받으려면 주택에 대한 경매신청의 등기 전에 대항력을 갖추어야 한다고 규정한 「주택임대차보호법」 조항은 입법형성의 한계를 벗어나 주택에 대한 경매신청의 등기 전까지 주민등록을 미처 갖추지 못한 소액임차인의 재산권을 침해한다고 보기 어렵다. ( )

03 재산권의 내용과 한계를 구체적으로 형성함에 있어서 입법자는 일반적으로 광범위한 입법형성권을 가진다고 할 것이고, 재산권의 본질적 내용을 침해하여서는 아니 된다거나 사회적 기속성을 함께 고려하여 균형을 이루도록 하여야 한다는 등의 입법형성권의 한계를 일탈하지 않는 한 재산권 형성적 법률규정은 헌법에 위반되지 아니한다. ( )

04 농지의 경우 그 사회성과 공공성의 정도는 일반적인 토지의 경우와 동일하므로, 농지 재산권을 제한하는 입법에 대한 헌법심사의 강도는 다른 토지 재산권을 제한하는 입법에 대한 것보다 낮아서는 아니 된다. ( )

05 종전의 관행어업권자들에게 구 수산업법 시행일부터 2년 이내에 어업권원부에 등록을 하도록 하고 그 기간 내에 등록하지 아니한 경우 관행어업권을 소멸하게 하는 것은 지나친 재산권의 제한에 해당하지 아니한다. ( )

06 물건에 대한 재산권 행사에 비하여 동물에 대한 재산권 행사는 사회적 연관성과 사회적 기능이 적다 할 것이므로 이를 제한하는 경우 입법재량의 범위를 좁게 인정함이 타당하다. ( )

07 사립학교교직원 연금법상 퇴직급여 및 퇴직수당을 받을 권리는 사회적 기본권의 하나인 사회보장수급권인 동시에 경제적 가치가 있는 권리로서 헌법 제23조에 의하여 보장되는 재산권이다. ( )

08 수분양자가 아닌 개발사업자를 부과대상으로 하는 학교용지부담금에 관한 학교용지 확보 등에 관한 특례법 관련 조항은 교육의 기회를 균등하게 보장해야 한다는 공익과 개발사업자의 재산적 이익이라는 사익을 적절히 형량하고 있으므로 개발사업자의 재산권을 과도하게 침해하지 아니한다. ( )

09 장기미집행 도시계획시설결정의 실효제도는 도시계획시설부지로 하여금 도시계획시설결정으로 인한 사회적 제약으로부터 벗어나게 하는 것으로서 결과적으로 개인의 재산권이 보다 보호되는 측면이 있는 것은 사실이며, 이와 같은 보호는 헌법상 재산권으로부터 당연히 도출되는 권리이다. ( )

10 헌법상의 재산권은 토지소유자가 이용가능한 모든 용도로 토지를 사용할 권리나 가장 경제적 또는 효율적으로 사용할 수 있는 권리를 보장하는 것은 아니므로 입법자는 중요한 공익상의 이유로 토지를 일정용도로 사용하는 권리를 제한하거나 제외할 수 있다. ( )

정답
01 ○
02 ○
03 ○
04 × (농지에 대하여서는 헌법이 제121조 등에서 경자유전의 원칙 등 특별한 규율을 하고 있어 그 사회성과 공공성은 일반적인 토지의 경우보다 더 강하다고 할 수 있으므로 농지재산권을 제한하는 입법에 대한 헌법심사의 강도는 다른 토지재산권을 제한하는 입법에 대한 것보다 완화된다)
05 ○
06 × (입법재량의 범위를 넓게)
07 ○
08 ○
09 × (헌법상 재산권으로부터 당연히 도출되는 권리가 아니다)
10 ○

11 「국민연금법」상 연금수급권 내지 연금수급기대권이 재산권의 보호대상인 사회보장적 급여라고 한다면 사망일시금은 헌법상 재산권에 해당한다.   (   )

12 「공무원연금법」이 개정되어 시행되기 전에 청구인이 이미 퇴직하여 퇴직연금을 수급할 수 있는 기초를 상실한 경우에는 공무원 퇴직연금의 수급요건을 재직기간 20년에서 10년으로 완화한 개정 「공무원연금법」 규정이 청구인의 재산권을 제한한다고 볼 수 없다.   (   )

13 '사업인정고시가 있은 후에 3년 이상 토지가 공익용도로 사용된 경우' 토지소유자에게 매수 혹은 수용청구권을 인정한 「공익사업을 위한 토지 등의 취득 및 보상에 관한 법률」의 조항을 통하여 인정되는 '수용청구권'은 사적유용성을 지닌 것으로서 재산의 사용, 수익, 처분에 관계되는 법적 권리이므로 헌법상 재산권에 포함된다.   (   )

14 잠수기어업허가를 받아 키조개 등을 채취하는 직업에 종사한다고 하더라도 이는 원칙적으로 자신의 계획과 책임하에 행동하면서 법제도에 의하여 반사적으로 부여되는 기회를 활용하는 것에 불과하므로 잠수기어업허가를 받지 못하여 상실된 이익 등 청구인 주장의 재산권은 헌법 제23조에서 규정하는 재산권의 보호범위에 포함된다고 볼 수 없다.   (   )

15 건설공사를 위하여 문화재발굴허가를 받아 매장문화재를 발굴하는 경우 그 발굴비용을 사업시행자로 하여금 부담하게 하는 것은 문화재 보존을 위해 사업시행자에게 일방적인 희생을 강요하는 것이므로 재산권을 침해한다.   (   )

16 토지의 가격이 취득일 당시에 비하여 현저히 상승한 경우 환매 금액에 대한 협의가 성립하지 아니한 때에는 사업시행자로 하여금 환매금액의 증액을 청구할 수 있도록 한 「공익사업을 위한 토지 등의 취득 및 보상에 관한 법률」 조항은 환매권자의 재산권을 침해하지 아니한다.   (   )

17 「건축법」을 위반한 건축주 등이 건축 허가권자로부터 위반건축물의 철거 등 시정명령을 받고도 그 이행을 하지 않는 경우 「건축법」 위반자에 대하여 시정명령 이행시까지 반복적으로 이행강제금을 부과할 수 있도록 규정한 「건축법」 조항은 과잉금지의 원칙에 위배되어 「건축법」 위반자의 재산권을 침해한다.   (   )

18 행정기관이 개발촉진지구 지역개발사업으로 실시계획을 승인하고 이를 고시하기만 하면 고급골프장 사업과 같이 공익성이 낮은 사업에 대해서까지도 시행자인 민간개발자에게 수용권한을 부여하는 것은 헌법 제23조제3항에 위배된다.   (   )

19 국가에 대한 구상권은 헌법 제23조제1항에 의하여 보장되는 재산권이라 할 수 없다.   (   )

20 토지의 협의취득 또는 수용 후 당해 공익사업이 다른 공익사업으로 변경되는 경우에 당해 토지의 원소유자 또는 그 포괄승계인의 환매권을 제한하고, 환매권 행사기간을 변환 고시일부터 기산하도록 한 구 「공익사업을 위한 토지 등의 취득 및 보상에 관한 법률」 조항은 이들의 재산권을 침해한다.   (   )

정답
11 × (사망일시금은 헌법상 재산권에 해당하지 않는다)
12 ○
13 ○
14 ○
15 × (재산권을 침해하지 아니한다)
16 ○
17 × (재산권을 침해하지 아니한다)
18 ○
19 × (국가에 대한 구상권은 재산권이라 할 수 있다)
20 × (재산권을 침해하지 아니한다)

045 직업의 자유

테마 출제경향

직업의 자유에서는 직업의 개념, 직업의 자유의 내용, 직업의 자유 침해 여부에 관한 헌재결정을 묻는 문제가 출제되고 있다.

헌법 제15조
모든 국민은 직업선택의 자유를 가진다.

테마 출제 키워드

생활수단성, 계속성, 직업교육장선택의 자유, 직장선택의 자유, 직장존속보장청구권

핵심 이론

1 직업의 자유

헌법 제15조에 의한 직업선택의 자유는 자신이 원하는 직업을 자유롭게 선택하는 좁은 의미의 직업선택의 자유와 그가 선택한 직업을 자기가 원하는 방식으로 자유롭게 수행할 수 있는 직업수행의 자유를 포함하는 직업의 자유를 뜻한다(헌재 1998. 3. 26. 97헌마194).

2 직업의 개념

직업이란 생활의 기본적 수요를 충족시키기 위한 계속적인 활동, 즉 총체적이며 경제적 성질을 가지는 모든 소득활동을 의미하며 이러한 활동인 한 그 종류나 성질을 불문한다(헌재 1993. 5. 13. 92헌마80).

3 법적 성질

직업의 자유는 국가자격제도정책과 국가의 경제상황에 따라 법률에 의하여 제한할 수 있고 인류보편적인 성격을 지니고 있지 아니하므로 국민의 권리에 해당한다. 외국인이 국내에서 누리는 직업의 자유는 법률 이전에 헌법에 의해서 부여된 기본권이라고 할 수는 없고, 법률에 따른 정부의 허가에 의해 비로소 발생하는 권리이다(헌재 2014. 8. 28. 2013헌마359).

Theme

45

4 내용

(1) 직업선택의 자유

겸직의 자유	헌법 제15조의 뜻은 누구든지 자기가 선택한 직업에 종사하여 이를 영위하고 언제든지 임의로 그것을 바꿀 수 있는 자유와 여러 개의 직업을 선택하여 동시에 함께 행사할 수 있는 자유, 즉 겸직의 자유도 가질 수 있다(헌재 1997. 4. 24. 95헌마90).
직업변경의 자유	직업선택의 자유는 자기가 선택한 직업에 종사하여 이를 영위하고 언제든지 임의로 그것을 전환할 수 있는 자유로서 민주주의·자본주의 사회에서는 매우 중요한 기본권의 하나로 인식되고 있다(헌재 1993. 5. 13. 92헌마80).
직업교육장선택의 자유	직업선택의 자유에는 자신이 원하는 직업 내지 직종에 종사하는 데 필요한 전문지식을 습득하기 위한 직업교육장을 임의로 선택할 수 있는 직업교육장 선택의 자유도 포함된다(헌재 2009. 2. 26. 2007헌마1262).

(2) 직업수행의 자유

기업의 자유	직업선택의 자유는 기업의 설립과 경영의 자유를 의미하는 기업의 자유를 포함한다(헌재 1998. 10. 29. 97헌마345).
경쟁의 자유	경쟁의 자유는 기본권의 주체가 직업의 자유를 실제로 행사하는 데에서 나오는 결과이므로 당연히 직업의 자유에 의하여 보장되고, 다른 기업과의 경쟁에서 국가의 간섭이나 방해를 받지 않고 기업활동을 할 수 있는 자유를 의미한다(헌재 1996. 12. 26. 96헌가18).
직장선택의 자유	헌법 제15조가 보장하는 직업의 자유는 독립적 형태의 직업활동뿐만 아니라 고용된 형태의 종속적인 직업활동도 보장한다. 따라서 직업선택의 자유는 직장선택의 자유를 포함한다(헌재 2002. 11. 28. 2001헌바50).

5 제한

직업의 자유는 헌법 제37조 제2항에 따라 국가안전보장, 질서유지 또는 공공복리 등 정당하고 중요한 공공의 목적을 달성하기 위하여 필요한 경우에는 그 본질적 내용을 침해하지 않는 범위 내에서 제한될 수 있다(헌재 2010. 5. 27. 2008헌바110).

핵심 판례

▶ 직업의 개념표지들은 개방적 성질을 지녀 엄격하게 해석할 필요는 없는바, '계속성'과 관련하여서는 주관적으로 활동의 주체가 어느 정도 계속적으로 해당 소득활동을 영위할 의사가 있고, 객관적으로도 그러한 활동이 계속성을 띨 수 있으면 족하다고 해석되므로 휴가기간 중에 하는 일, 수습직으로서의 활동 따위도 이에 포함된다고 볼 것이고, 또 '생활수단성'과 관련하여서는 단순한 여가활동이나 취미활동은 직업의 개념에 포함되지 않으나 겸업이나 부업은 삶의 수요를 충족하기에 적합하므로 직업에 해당한다고 말할 수 있다(헌재 2003. 9. 25. 2002헌마519).

▶ 직장선택의 자유는 원하는 직장을 제공하여 줄 것을 청구하거나 한번 선택한 직장의 존속보호를 청구할 권리를 보장하지 않으며, 또한 사용자의 처분에 따른 직장 상실로부터 직접 보호하여 줄 것을 청구할 수도 없다. 다만 국가는 이 기본권에서 나오는 객관적 보호의무, 즉 사용자에 의한 해고로부터 근로자를 보호할 의무를 질 뿐이다(헌재 2002. 11. 28. 2001헌바50).

▶ 직업의 자유에 해당 직업에 합당한 보수를 받을 권리까지 포함되어 있다고 보기 어렵다(헌재 2004. 2. 26. 2001헌마718).

▶ 좁은 의미의 직업선택의 자유를 제한하는 것은 인격발현에 대한 침해의 효과가 직업수행의 자유를 제한하는 경우보다 일반적으로 크기 때문에 전자에 대한 제한은 후자에 대한 제한보다 더 엄격한 제약을 받는다. 또한 직업선택의 자유를 제한하는 경우에 기본권 주체의 능력이나 자격 등 주관적 사유에 의한 제한보다는 기본권 주체와는 전혀 무관한 객관적 사유를 이유로 하는 제한이 가장 심각한 제약이 되므로, 객관적 사유에 의한 직업선택의 자유의 제한은 가장 엄격한 요건이 갖추어진 경우에만 허용될 수 있고 그 제한법률에 대한 심사기준도 엄격한 비례의 원칙이 적용된다(헌재 2010. 5. 27. 2008헌바110).

▶ 대한변호사협회의 변호사 광고에 관한 규정 제5조 제2항 제1호 중 '변호사등과 소비자를 연결' 부분과 제8조 제2항 제2호(대가수수 직접 연결 금지규정)의 규율대상, 제5조 제2항 제1호 중 '변호사등을 광고·홍보·소개하는 행위' 부분(대가수수 광고금지규정)은 과잉금지원칙에 위반되어 청구인들의 표현의 자유, 직업의 자유를 침해한다(헌재 2022. 5. 26. 2021헌마619).

▶ 접촉차단시설이 설치되지 않은 장소에서의 수용자 접견 대상을 소송사건의 대리인인 변호사로 한정한 구 형집행법 시행령 제58조 제4항 제2호는 변호사인 청구인의 업무를 원하는 방식으로 자유롭게 수행할 수 있는 자유를 침해한다고 할 수 없다(헌재 2022. 2. 24. 2018헌마1010).

▶ 화물자동차운송사업을 양수한 자는 양도한 자의 운송사업자로서의 지위를 승계하도록 하고, 양도인의 위법행위를 원인으로 양수인에게 운행정지처분, 감차처분 및 유가보조금 환수처분을 부과하는 구 화물자동차 운수사업법 제14조 제3항 전단 등은 과잉금지원칙을 위반하여 화물자동차 운송사업의 양수인의 직업의 자유와 재산권을 침해한다고 할 수 없다(헌재 2019. 9. 26. 2017헌바397).

▶ 허가받은 지역 밖에서의 이송업의 영업을 금지하고 처벌하는 응급의료법 제51조 제1항 후문 등은 과잉금지원칙을 위반하여 직업수행의 자유를 침해한다고 볼 수 없다(헌재 2018. 2. 22. 2016헌바100).

▶ 어떠한 직업분야에 관하여 자격제도를 만들면서 그 자격요건을 어떻게 설정할 것인가에 관하여는 국가에게 폭넓은 입법재량권이 부여되어 있으므로, 특정 전문자격의 등록취소로 인한 직업선택의 자유에 대한 제한이 과잉금지원칙에 위반되는지 여부를 판단함에 있어서는 다른 방법으로 직업의 자유를 제한하는 경우에 비하여 유연하고 탄력적인 심사가 필요하다(헌재 2021. 10. 28. 2020헌바221).

▶ 의료법 또는 형법 제347조를 위반하여 금고 이상의 형을 선고받은 경우 의료인의 면허를 필요적으로 취소하도록 규정한 의료법 제65조 제1항 단서 제1호 부분은 과잉금지원칙에 반하여 직업선택의 자유를 침해하지 않는다(헌재 2020. 4. 23. 2019헌바118).

▶ 의료인이 아닌 자의 문신시술업을 금지하고 처벌하는 의료법 제27조 제1항 본문 전단 부분 등은 청구인들의 직업선택의 자유를 침해하지 않는다(헌재 2022. 3. 31. 2017헌마1343).

▶ 변호사의 자격이 있는 자에게 더 이상 세무사 자격을 부여하지 않는 구 세무사법 제3조는 시행일 이후 변호사 자격을 취득한 청구인들의 직업선택의 자유를 침해하지 않는다(헌재 2021. 7. 15. 2018헌마279).

Theme

45

▶ 아동학대관련범죄로 형을 선고받아 확정된 자로 하여금 그 형이 확정된 때부터 형의 집행이 종료되거나 집행을 받지 아니하기로 확정된 후 10년 동안 체육시설 및 초·중등교육법 제2조 각 호의 학교를 운영하거나 이에 취업 또는 사실상 노무를 제공할 수 없도록 한 아동복지법 제29조의3 제1항 제17호 등은 청구인들의 직업선택의 자유를 침해한다(헌재 2018. 6. 28. 2017헌마130).

▶ 성인대상 성범죄로 형을 선고받아 확정된 자로 하여금 그 형의 집행을 종료한 날부터 10년 동안 의료기관을 개설하거나 의료기관에 취업할 수 없도록 한 구 아동·청소년의 성보호에 관한 법률 제44조 제1항 등은 청구인들의 직업선택의 자유를 침해한다(헌재 2016. 3. 31. 2013헌마585).

▶ 안경사 면허를 가진 자연인에게만 안경업소의 개설 등을 할 수 있도록 한 구 의료기사 등에 관한 법률 제12조 제1항 등이 과잉금지원칙에 반하여 자연인 안경사와 법인의 직업의 자유를 침해하지 아니한다(헌재 2021. 6. 24. 2017헌가31).

① "성인대상 성범죄"는 그 문언에 비추어 성인 피해자를 범죄대상으로 한 성에 관련된 범죄로서 타인의 성적 자기결정권을 침해하여 가해지는 위법행위 혹은 성인이 연루되어 있는 사회의 건전한 성풍속을 침해하는 위법행위를 일컫는 것으로 보이고, 이러한 범죄들 중에서도 이 사건 법률조항의 입법목적에 비추어, 의료기관 취업을 제한할 필요가 있는 범죄로 해석된다. 이상의 내용을 종합하면 "성인대상 성범죄" 부분은 불명확하다고 볼 수 없어 헌법상 명확성 원칙에 위배되지 않는다(헌재 2016. 3. 31. 2013헌마585).

②③ 헌재 2016. 3. 31. 2013헌마585

④ 이 사건 법률조항이 성범죄 전력만으로 그가 장래에 동일한 유형의 범죄를 다시 저지를 것을 당연시하고, 형의 집행이 종료된 때부터 10년이 경과하기 전에는 결코 재범의 위험성이 소멸하지 않는다고 보며, 각 행위의 죄질에 따른 상이한 제재의 필요성을 간과함으로써, 성범죄 전력자 중 재범의 위험성이 없는 자, 성범죄 전력이 있지만 10년의 기간 안에 재범의 위험성이 해소될 수 있는 자, 범행의 정도가 가볍고 재범의 위험성이 상대적으로 크지 않은 자에게까지 10년 동안 일률적인 취업제한을 부과하고 있는 것은 침해의 최소성 원칙과 법익의 균형성 원칙에 위배된다. 따라서 이 사건 법률조항은 청구인들의 직업선택의 자유를 침해한다(헌재 2016. 3. 31. 2013헌마585).

정답 ①

핵심 기출

다음 사례에서 헌법재판소 결정으로 옳지 않은 것은? 2017 지방직 7급

甲은 21세 여성에 대해 2011. 12. 15. 준강제추행죄를 범하여 300만 원의 벌금형이 2012. 12. 23. 확정된 후 공중보건의사로 임용되어 근무를 하고 있었다. 이후 甲의 근무지 관할 경찰서장은 甲과 관할 지방자치단체장에게 甲이 2012. 2. 1. 시행된 「아동·청소년의 성보호에 관한 법률」에 따라 형의 집행을 종료한 때로부터 10년간 의료기관 취업제한대상자에 해당된다는 통보를 하였다. 이에 관할 지방자치단체장은 甲의 근무지를 비의료기관인 ○○소방안전본부로 변경하는 근무시설 변경조치를 하였다. 이에 甲은 위 법률이 '아동·청소년대상 성범죄'뿐만 아니라 '성인대상 성범죄'를 범한 경우도 취업제한의 대상으로 규율하고 있는 것이 자신의 기본권을 침해한다고 주장하면서 헌법소원심판을 청구하였다.

① '성인대상 성범죄'의 의미에 대해서는 「아동·청소년의 성보호에 관한 법률」에 규정되어 있지 않아, 甲의 범죄가 취업제한의 대상인 성범죄에 해당하는지가 불명확하여 명확성 원칙에 위배된다.

② 甲에 대한 취업제한은 형벌이 아니므로 헌법 제13조 제1항 전단의 형벌불소급원칙이 적용되지 않는다.

③ 甲이 의료기관에 취업할 수 없게 된 것은 일정한 직업을 선택함에 있어 기본권 주체의 능력과 자질에 따른 제한이므로 이른바 '주관적 요건에 의한 좁은 의미의 직업선택의 자유'에 대한 제한에 해당한다.

④ 재범의 위험성 여부를 불문하고 10년간 일률적으로 취업제한을 부과하는 것은 침해의 최소성과 법익의 균형성 원칙에 위반되어 甲의 직업선택의 자유를 침해한다.

✓ 핵심 O·X

01 계속성과 생활수단성을 개념표지로 하는 직업의 개념에 비추어 보면 학업 수행이 본업인 대학생의 경우 방학기간을 이용하여 또는 휴학 중에 학비 등을 벌기 위해 학원강사로서 일하는 행위는 일시적인 소득활동으로서 직업의 자유의 보호영역에 속하지 않는다. ( )

02 직업수행의 자유는 직업결정의 자유에 비하여 상대적으로 그 침해의 정도가 작다고 할 것이므로 이에 대하여는 공공복리 등 공익상의 이유로 비교적 넓은 법률상의 규제가 가능하다. ( )

03 소주판매업자에게 자도소주구입을 강제하는 자도소주구입명령제도는 독과점을 방지하고, 중소기업을 보호한다는 공익적 목적달성을 위한 적합한 수단이므로 소주판매업자의 직업의 자유를 침해하지 않는다. ( )

04 대통령령으로 정하는 공공기관 및 공기업으로 하여금 매년 정원의 100분의 3 이상씩 34세 이하의 청년 미취업자를 채용하도록 한 이른바 '청년할당제'는 35세 이상 미취업자들의 평등권, 직업선택의 자유를 침해한다. ( )

05 직업의 자유는 영업의 자유와 기업의 자유를 포함하고, 이러한 영업 및 기업의 자유를 근거로 원칙적으로 누구나가 자유롭게 경쟁에 참여할 수 있다. ( )

06 직업의 자유는 직장선택의 자유를 포함하며, 직장선택의 자유는 원하는 직장을 제공하여 줄 것을 청구하거나 한번 선택한 직장의 존속보호를 청구할 권리를 보장하는 것이다. ( )

07 복수면허 의료인에게 양방이든 한방이든 하나의 의료기관만을 개설하도록 하는 것은 복수면허 의료인들의 직업의 자유를 침해한다. ( )

08 전문과목을 표시한 치과의원은 그 표시한 전문과목에 해당하는 환자만을 진료하여야 한다고 규정한 「의료법」 제77조제3항은 과잉금지원칙을 위배하여 치과전문의인 청구인들의 직업수행의 자유를 침해한다. ( )

09 법인의 임원이 「학원의 설립·운영 및 과외교습에 관한 법률」을 위반하여 벌금형을 선고받은 경우, 법인의 등록이 효력을 잃도록 규정하는 것은 과잉금지원칙을 위배하여 법인의 직업수행의 자유를 침해한다. ( )

10 헌법 제15조에서 보장하는 직업이란 생활의 기본적 수요를 충족시키기 위하여 행하는 계속적인 소득활동을 의미하고, 성매매는 그것이 가지는 사회적 유해성과는 별개로 성판매자의 입장에서 생활의 기본적 수요를 충족하기 위한 소득활동에 해당함을 부인할 수 없으나, 성매매자를 처벌하는 것은 과잉금지원칙에 반하지 않는다. ( )

11 변호사시험의 응시기회를 법학전문대학원의 석사학위 취득자의 경우 석사학위를 취득한 달의 말일부터 또는 석사학위 취득 예정자의 경우 그 예정기간 내 시행된 시험일부터 5년 내에 5회로 제한한 「변호사시험법」 규정은 응시기회의 획일적 제한으로 청구인들의 직업선택의 자유를 침해한다. ( )

Theme
45

12 외국의 의사·치과의사·한의사 자격을 가진 자에게 예비시험을 치도록 한 것은 사실상 외국에서 학위를 받은 사람이 국내에서 면허를 받는 길을 봉쇄하는 방향으로 악용될 소지가 있으므로 직업선택의 자유를 침해한다.　　　　　(　)

13 인터넷 게임의 결과물의 환전, 즉 게임이용자로부터 게임결과물을 매수하여 다른 게임이용자에게 이윤을 붙여 되파는 것을 영업으로 하는 것은 생활의 기본적 수요를 충족시키는 계속적인 소득활동이 될 수 있으므로, 게임결과물의 환전업은 헌법 제15조가 보장하고 있는 직업에 해당한다.　　　　　(　)

14 어떤 직업의 수행을 위한 전제요건으로서 일정한 주관적 요건을 갖춘 자에게만 그 직업에 종사할 수 있도록 직업선택의 자유를 제한하는 경우에는, 주관적 요건 자체가 그 제한목적과 합리적인 관계가 있어야 한다.　　　　　(　)

15 입법자가 설정한 자격요건을 구비하여 자격을 부여받은 자에게 사후적으로 결격사유가 발생했다고 해서 당연히 그 자격을 박탈할 수 있는 것은 아니다.　　　　　(　)

정답

12 × (직업선택의 자유를 침해하지 않는다)
13 ○
14 ○
15 ○

046 정치적 기본권

📖 **테마 출제경향**

정치적 기본권에서는 국민투표
권과 공무담임권의 보호범위와
관련한 헌재결정을 묻는 문제가
출제되고 있다.

🔎 **테마 출제 키워드**

승인절차, 국민투표권자, 공직
취임권, 승진기회, 승진가능성

헌법 제72조
대통령은 필요하다고 인정할 때에는 외교·국방·통일 기타 국가안위에 관한 중요정책을 국민
투표에 붙일 수 있다.

헌법 제130조
② 헌법개정안은 국회가 의결한 후 30일 이내에 국민투표에 붙여 국회의원선거권자 과반수의 투
표와 투표자 과반수의 찬성을 얻어야 한다.

헌법 제24조
모든 국민은 법률이 정하는 바에 의하여 선거권을 가진다.

헌법 제25조
모든 국민은 법률이 정하는 바에 의하여 공무담임권을 가진다.

헌법 제13조
② 모든 국민은 소급입법에 의하여 참정권의 제한을 받거나 재산권을 박탈당하지 아니한다.

핵심 이론

1 국민투표권

의의	국민이 국가의 특정 사안에 대해 직접 결정권을 행사하는 권리로서, 각종 선거에 서의 선거권 및 피선거권과 더불어 국민의 참정권의 한 내용을 이루는 헌법상 기본권(헌재 2007. 6. 28. 2004헌마644).
법적 성격	헌법 제72조의 중요정책 국민투표와 헌법 제130조의 헌법개정안 국민투표는 대 의기관인 국회와 대통령의 의사결정에 대한 국민의 승인절차에 해당(헌재 2007. 6. 28. 2004헌마644).
국민투표권자	대의기관의 선출주체가 곧 대의기관의 의사결정에 대한 승인주체가 되는 것은 당연한 논리적 귀결이므로, 국민투표권자의 범위는 대통령선거권자·국회의원 선거권자와 일치되어야 함(헌재 2007. 6. 28. 2004헌마644).

2 공무담임권

(1) 의의

입법부, 집행부, 사법부는 물론 지방자치단체 등 국가, 공공단체의 구성원으로서 그
직무를 담당할 수 있는 권리를 말한다(헌재 2006. 2. 23. 2005헌마403).

Theme

46

(2) 보호범위

일반적 범위	공무담임권의 보호영역에는 공직취임의 기회의 자의적인 배제뿐 아니라, 공무원 신분의 부당한 박탈까지 포함되는 것이라고 할 것이다(헌재 2005. 10. 27. 2004헌바41).
승진기회의 보장	승진시험의 응시제한이나 이를 통한 승진기회의 보장 문제는 공직신분의 유지나 업무수행에는 영향을 주지 않는 단순한 내부 승진인사에 관한 문제에 불과하여 공무담임권의 보호영역에 포함된다고 보기는 어렵다(헌재 2007. 6. 28. 2005헌마179).
승진가능성	승진가능성이라는 것은 공직신분의 유지나 업무수행과 같은 법적 지위에 직접 영향을 미치는 것이 아니고 간접적, 사실적 또는 경제적 이해관계에 영향을 미치는 것에 불과하여 공무담임권의 보호영역에 포함된다고 보기는 어렵다(헌재 2010. 3. 25. 2009헌마538).
승진할 때 균등한 기회	승진임용은 신규임용과 함께 공무원을 임용하는 방법 중 하나이므로, 공무담임권은 공직취임의 기회 균등뿐만 아니라 취임한 뒤 승진할 때에도 균등한 기회 제공을 요구한다(헌재 2018. 7. 26. 2017헌마183).
우선 임용될 권리	기능직공무원이 일반직공무원으로 우선 임용될 수 있는 기회의 보장은 공무담임권에서 당연히 파생되는 것으로 볼 수 없다(헌재 2013. 11. 28. 2011헌마565).
퇴직급여 및 재해보상	헌법 제25조의 공무담임권이 공무원의 재임 기간 동안 충실한 공무수행을 담보하기 위하여 공무원의 퇴직급여 및 공무상 재해보상을 보장할 것까지 그 보호영역으로 하고 있다고 보기 어렵다(헌재 2014. 6. 26. 2012헌마459).
내부경선에 참여할 권리	정당의 내부경선에 참여할 권리는 헌법이 보장하는 공무담임권의 내용에 포함된다고 보기 어렵다(헌재 2014. 11. 27. 2013헌마814).
공무수행의 자유	헌법 제25조의 공무담임권의 보호영역에는 일반적으로 공직취임의 기회보장, 신분박탈, 직무의 정지에 관련된 사항이 포함되지만, 특별한 사정도 없이 공무원이 특정의 장소에서 근무하는 것이나 특정의 보직을 받아 근무하는 것을 포함하는 일종의 공무수행의 자유까지 포함된다고 보기 어렵다(헌재 2014. 1. 28. 2011헌마239).

📖 핵심 판례

▶ 재외선거인에게도 대통령선거권과 국회의원선거권이 인정되고 있다. 따라서 재외선거인은 대의 기관을 선출할 권리가 있는 국민으로서 대의기관의 의사결정에 대해 승인할 권리가 있고, 국민 투표권자에는 재외선거인이 포함된다(헌재 2014. 7. 24. 2009헌마256).

▶ 재외선거인의 국민투표권을 제한한 국민투표법 제14조 제1항 중 '그 관할 구역 안에 주민등록이 되어 있는 투표권자 및 재외동포법 제2조에 따른 재외국민으로서 같은 법 제6조에 따른 국내거 소신고가 되어 있는 투표권자' 부분은 재외선거인의 국민투표권을 침해한다(헌재 2014. 7. 24. 2009헌마256 헌법불합치).

▶ 직무를 담당한다는 것은 모든 국민이 현실적으로 그 직무를 담당할 수 있다고 하는 의미가 아니 라, 국민이 공무담임에 관한 자의적이지 않고 '평등한 기회를 보장받음'을 의미한다(헌재 2006. 5. 25. 2004헌바12).

▶ 공무원으로 임용되기 전에 병역의무를 이행한 기간을 승진소요 최저연수에 포함하는 규정을 두 지 않은 지방공무원 임용령 제33조 제2항은 공무담임권을 침해하지 않는다(헌재 2018. 7. 26. 2017헌마1183).

▶ 공무원이 감봉처분을 받은 경우 12월간 승진임용을 제한하는 국가공무원법 제80조 제6항 중 '승 진임용'에 관한 부분 등은 과잉금지원칙을 위반하여 청구인의 공무담임권을 침해하지 않는다(헌 재 2022. 3. 31. 2020헌마211).

▶ 법무부장관이 2020. 7. 9. 공고한 '2021년도 검사 임용 지원 안내' 중 변호사자격을 취득하고 2021년 사회복무요원 소집해제 예정인 사람을 제외한 부분은 '법학전문대학원 졸업연도에 실시 된 변호사시험에 불합격하여 사회복무요원으로 병역의무를 이행하던 중 변호사자격을 취득하고 2021년 소집해제 예정'인 변호사인 청구인의 공무담임권을 침해하지 않는다(헌재 2021. 4. 29. 2020헌마999).

▶ 교육공무원법 제10조의4 중 성인에 대한 성폭력범죄로 벌금 100만 원 이상의 형을 선고받아 그 형이 확정된 사람은 고등교육법 제2조가 규정하는 학교의 교원에 임용될 수 없도록 한 부분은 과잉금지원칙에 반하여 청구인의 공무담임권을 침해한다고 할 수 없다(헌재 2020. 12. 23. 2019 헌마502).

▶ 교육공무원법 제10조의4 중 미성년자에 대하여 성범죄를 범하여 형을 선고받아 확정된 자와 성 인에 대한 성폭력범죄를 범하여 벌금 100만 원 이상의 형을 선고받아 확정된 자는 초·중등교육 법상의 교원에 임용될 수 없도록 한 부분은 과잉금지원칙에 반하여 청구인의 공무담임권을 침해 하지 아니한다(헌재 2019. 7. 25. 2016헌마754).

▶ 판사와 검사의 임용자격을 각각 변호사 자격이 있는 자로 제한하는 법원조직법 제42조 제2항, 검찰청법 제29조 제2호는 청구인들의 공무담임권을 침해하였다고 볼 수 없다(헌재 2020. 10. 29. 2017헌마1128).

Theme

46

② 선거에 의하여 주권자인 국민으로부터 직접 공무담임권을 위임받는 자치단체장의 경우, 그와 같이 공무담임권을 위임한 선출의 정당성이 무너지거나 공무담임권 위임의 본지를 배반하는 직무상 범죄를 저질렀다면, 이러한 경우에도 계속 공무를 담당하게 하는 것은 공무담임권 위임의 본지에 부합된다고 보기 어렵다. 그러므로, 위 두 사유에 해당하는 범죄로 자치단체장이 금고 이상의 형을 선고받은 경우라면, 그 형이 확정되기 전에 해당 자치단체장의 직무를 정지시키더라도 무죄추정의 원칙에 직접적으로 위배된다고 보기 어렵고, 과잉금지의 원칙도 위반하였다고 볼 수 없으나, 위 두 가지 경우 이외에는 금고 이상의 형의 선고를 받았다는 이유로 형이 확정되기 전에 자치단체장의 직무를 정지시키는 것은 무죄추정의 원칙과 과잉금지의 원칙에 위배된다(헌재 2010. 9. 2. 2010헌마418 헌법불합치).

① 헌재 2018. 7. 26. 2017헌마1183

③ 헌재 2008. 6. 26. 2005헌마1275

④ 헌재 2014. 6. 26. 2012헌마459

정답 ②

✎핵심 기출 ||||||||||||||||||||||||||||||||||||||||||||||||||||||||||||||||||||||||||||||||||||

공무담임권에 관한 설명 중 가장 적절한 것은? (다툼이 있는 경우 판례에 의함)

2020 경정승진

① 공무담임권은 공직취임의 기회균등을 요구하지만, 취임한 뒤 승진할 때에도 균등한 기회 제공을 요구하지는 않는다.

② 지방자치단체의 장이 금고 이상의 형을 선고받고 그 형이 확정되지 아니한 경우 부단체장이 그 권한을 대행하도록 규정한 「지방자치법」 조항은 지방자치단체장의 공무담임권을 침해한다.

③ 국방부 등의 보조기관에 근무할 수 있는 기회를 현역군인에게만 부여하고 군무원에게는 부여하지 않는 법률조항은 군무원의 공무담임권을 침해한다.

④ 공무원의 재임기간 동안 충실한 공무수행을 담보하기 위하여 공무원의 퇴직급여 및 공무상 재해보상을 보장할 것까지 공무담임권의 보호영역에 포함된다고 본다.

✓ 핵심 O·X

01 지방자치단체의 장 선거권은 지방의회의원 선거권, 국회의원 선거권 및 대통령 선거권 등과 마찬가지로 헌법 제24조에 의해 보호되는 기본권이다. ( )

02 헌법 제24조는 모든 국민은 '법률이 정하는 바에 의하여' 선거권을 가진다고 규정함으로써 법률유보의 형식을 취하고 있지만, 이것은 국민의 기본권을 법률에 의하여 구체화하라는 뜻이며 선거권을 법률을 통해 구체적으로 실현하라는 의미이다. ( )

03 헌법 제25조의 공무담임권의 보호영역에는 특별한 사정도 없이 공무원이 특정의 장소에서 근무하는 것이나 특정의 보직을 받아 근무하는 것을 포함하는 일종의 '공무수행의 자유'까지 포함되지 않는다. ( )

04 승진가능성이라는 것은 공직신분의 유지나 업무수행과 같은 법적 지위에 직접 영향을 미치는 것이 아니고 간접적, 사실적 또는 경제적 이해관계에 영향을 미치는 것에 불과하여 공무담임권의 보호영역에 포함된다고 보기는 어렵다. ( )

05 공무원의 재임기간 동안 충실한 공무 수행을 담보하기 위하여 공무원의 퇴직급여 및 공무상 재해보상을 보장할 것까지 공무담임권의 보호영역에 포함된다고 보기는 어렵다. ( )

06 공무담임권은 국가 등에게 능력주의를 존중하는 공정한 공직자 선발을 요구할 수 있는 권리라는 점에서 직업선택의 자유보다는 그 기본권의 효과가 현실적 구체적이므로, 공직을 직업으로 선택하는 경우에 있어서 직업선택의 자유는 공무담임권을 통해서 그 기본권보호를 받게 된다고 할 수 있으므로 공무담임권을 침해하는지 여부를 심사하는 이상 이와 별도로 직업선택의 자유 침해 여부를 심사할 필요는 없다. ( )

07 서울교통공사는 공익적인 업무를 수행하기 위한 지방공사이나 서울특별시와 독립적인 공법인으로서 경영의 자율성이 보장되고, 서울교통공사의 직원의 신분도 「지방공무원법」이 아닌 「지방공기업법」과 정관에서 정한 바에 따르는 등, 서울교통공사의 직원이라는 직위가 헌법 제25조가 보장하는 공무담임권의 보호 영역인 '공무'의 범위에는 해당하지 않는다. ( )

08 금고 이상의 형의 선고유예를 받고 그 기간 중에 있는 자를 임용결격사유로 삼고, 위 사유에 해당하는 자가 임용되더라도 이를 당연무효로 하는 구 「국가공무원법」 조항은 입법자의 재량을 일탈하여 청구인의 공무담임권을 침해한다. ( )

09 공무담임권은 국민이 국가나 공공단체의 구성원으로서 직무를 담당할 수 있는 권리를 뜻하고, 여기서 직무를 담당한다는 것은 공무담임에 관하여 능력과 적성에 따라 평등한 기회를 보장받는 것을 의미한다. ( )

10 공무원의 신분이나 직무와 관련이 없는 범죄의 경우에도 퇴직급여 등을 제한하는 것은 공무원범죄를 예방하고 공무원이 재직 중 성실히 근무하도록 유도하는 입법목적을 달성하는 데 적합한 수단이라고 볼 수 없다. ( )

Theme

46

정답
01 ○
02 ○
03 ○
04 ○
05 ○
06 ○
07 ○
08 × (공무담임권을 침해하지 않는다)
09 ○
10 ○

047 청원권

📖 **테마 출제경향**

청원권에서는 청원권의 보호범위, 청원의 방법과 절차, 청원의 처리결과에 대한 구제방법을 묻는 문제가 출제되고 있다. 특히 청원법의 내용을 문제가 출제되므로 개정된 청원법을 체계적으로 정리해 둘 필요가 있다.

🔍 **테마 출제 키워드**

청원기관, 문서, 입법청원, 심판서나 재결서, 의원의 소개

헌법 제26조
① 모든 국민은 법률이 정하는 바에 의하여 국가기관에 문서로 청원할 권리를 가진다.
② 국가는 청원에 대하여 심사할 의무를 진다.

핵심 이론

1 의의

공권력과의 관계에서 일어나는 여러 가지 이해관계, 의견, 희망 등에 관하여 적법한 청원을 한 모든 당사자에게 국가기관이 청원을 수리할 뿐만 아니라 이를 심사하여 청원자에게 그 처리결과를 통지할 것을 요구할 수 있는 권리를 뜻한다(헌재 1997. 7. 16. 93헌마239).

2 내용

(1) 청원기관과 청원사항

청원기관	• 국회 · 법원 · 헌법재판소 · 중앙선거관리위원회, 중앙행정기관(대통령 소속기관과 국무총리 소속기관 포함)과 그 소속기관 • 지방자치단체와 그 소속기관 • 법령에 의하여 행정권한을 가지고 있거나 행정권한을 위임 또는 위탁받은 법인 · 단체 또는 그 기관이나 개인
청원사항	• 피해의 구제 • 공무원의 위법 · 부당한 행위에 대한 시정이나 징계의 요구 • 법률 · 명령 · 조례 · 규칙 등의 제정 · 개정 또는 폐지 • 공공의 제도 또는 시설의 운영 • 그 밖에 청원기관의 권한에 속하는 사항

(2) 청원방법

청원은 청원인의 성명(법인인 경우에는 명칭 및 대표자의 성명)과 주소 또는 거소를 기재하고 서명한 문서(전자정부법에 의한 전자문서 포함)로 하여야 한다(청원법 제9조 제1항).

(3) 반복청원 및 이중청원

청원기관의 장은 동일인이 같은 내용의 청원서를 같은 청원기관에 2건 이상 제출한 반복청원의 경우에는 나중에 제출된 청원서를 반려하거나 종결처리할 수 있고, 종결처리하는 경우 이를 청원인에게 알려야 하며(청원법 제16조 제1항), 동일인이 같은 내용의 청원서를 2개 이상의 청원기관에 제출한 경우 소관이 아닌 청원기관의 장은 청원서를 소관 청원기관의 장에게 이송하여야 한다(청원법 제16조 제2항).

(4) 청원의 처리

심의	청원기관의 장은 청원심의회의 심의를 거쳐 청원을 처리하여야 한다. 다만, 청원심의회의 심의를 거칠 필요가 없는 사항에 대해서는 심의를 생략할 수 있다(청원법 제21조 제1항). 한편 정부에 제출 또는 회부된 정부의 정책에 관계되는 청원의 심사는 국무회의의 심의를 거쳐야 한다(헌법 제89조 15호).
처리기간	청원기관의 장은 청원을 접수한 때에는 특별한 사유가 없으면 90일 이내(공개청원의 공개 여부 결정기간 및 국민의 의견을 듣는 기간 제외)에 처리결과를 청원인(공동청원의 경우 대표자)에게 알려야 한다. 청원기관의 장은 부득이한 사유로 90일 이내에 청원을 처리하기 곤란한 경우에는 60일의 범위에서 한 차례만 처리기간을 연장할 수 있다. 이 경우 그 사유와 처리예정기한을 지체 없이 청원인(공동청원의 경우 대표자)에게 알려야 한다(청원법 제21조 제3항).

(5) 국회와 지방의회에 대한 청원

국회	국회에 청원을 하려는 자는 의원의 소개를 받거나 국회규칙으로 정하는 기간 동안 국회규칙으로 정하는 일정한 수 이상의 국민의 동의를 받아 청원서를 제출하여야 하고(국회법 제123조 제1항), 청원을 소개한 의원은 소관 위원회 또는 청원심사소위원회의 요구가 있을 때에는 청원의 취지를 설명하여야 한다(국회법 제125조 제3항).
지방의회	지방의회에 청원을 하려는 자는 지방의회의원의 소개를 받아 청원서를 제출하여야 하고(지방자치법 제85조 제1항), 청원을 소개한 지방의회의원은 소관 위원회나 본회의가 요구하면 청원의 취지를 설명하여야 한다(지방자치법 제87조 제2항).

Theme

47

핵심 판례

▶ 청원사항의 처리결과에 심판서나 재결서에 준하여 이유를 명시할 것을 요구하는 것은 청원권의 보호범위에 포함되지 아니하므로, 청원 소관관서는 청원법이 정하는 절차와 범위 내에서 청원사항을 성실·공정·신속히 심사하고 청원인에게 그 청원을 어떻게 처리하였거나 처리하려 하는지를 알 수 있는 정도로 결과 통지함으로써 충분하다(헌재 1994. 2. 24. 93헌마213).

▶ 청원이 구체적인 권리행사로서의 성질을 갖지 아니한 단순한 청원인 경우 청원서를 접수한 국가기관은 이를 적정히 처리하여야 할 의무를 부담하나, 그 의무이행은 청원법이 정하는 절차와 범위 내에서 청원사항을 성실·공정·신속히 심사하고 청원인에게 그 청원을 어떻게 처리하였거나 처리하려 하는지를 알 수 있을 정도로 결과 통지함으로써 충분하고, 비록 그 처리내용이 청원인이 기대한 바에 미치지 않는다고 하더라도 헌법소원의 대상이 되는 공권력의 행사 또는 불행사가 있다고 볼 수 없다(헌재 2004. 10. 28. 2003헌마898).

▶ 국가기관이 그 수리한 청원을 받아들여 구체적인 조치를 취할 것인지 여부는 국가기관의 자유재량에 속한다고 할 것일 뿐만 아니라 이로써 청원자의 권리의무, 그 밖의 법률관계에는 하등의 영향을 미치는 것이 아니므로 청원에 대한 심사처리결과의 통지 유무는 행정소송의 대상이 되는 행정처분이라고 할 수 없다(대판 1990. 5. 25. 90누1458).

▶ 의회에 대한 청원에 국회의원의 소개를 얻도록 한 것은 청원 심사의 효율성을 확보하기 위한 적절한 수단이다. 또한 청원은 일반의안과 같이 처리되므로 청원서 제출단계부터 의원의 관여가 필요하고, 의원의 소개가 없는 민원의 경우에는 진정으로 접수하여 처리하고 있으며, 청원의 소개의원은 1인으로 족한 점 등을 감안할 때 이 사건 법률조항이 국회에 청원을 하려는 자의 청원권을 침해한다고 볼 수 없다(헌재 2006. 6. 29. 2005헌마604).

핵심 기출

청원에 대한 설명으로 가장 적절하지 않은 것은? (다툼이 있는 경우 판례에 의함)

2021 경정승진

① 법률·명령·조례·규칙 등의 제정·개정 또는 폐지는 「청원법」상 청원사항에 해당하지 않는다.

② 청원이 「청원법」상 처리기간 이내에 처리되지 아니하는 경우 청원인은 청원을 관장하는 기관에 이의신청을 할 수 있다.

③ 정부에 제출 또는 회부된 정부의 정책에 관계되는 청원의 심사는 국무회의의 심의를 거쳐야 한다.

④ 청원권 행사를 위한 청원사항이나 청원방식, 청원절차 등에 관해서는 입법자가 그 내용을 자유롭게 형성할 재량권을 가지고 있으므로 공무원이 취급하는 사건 또는 사무에 관한 사항의 청탁에 관해 금품을 수수하는 등의 행위를 청원권의 내용으로서 보장할지 여부에 대해서도 입법자에게 폭넓은 재량권이 주어져 있다.

① 법률·명령·조례·규칙 등의 제정·개정 또는 폐지는 청원사항에 해당한다(청원법 제5조 3호).
② 청원법 제22조 제1항
③ 헌법 제89조 15호
④ 헌재 2012. 4. 24. 2011헌바40

정답 ①

✓ 핵심 O·X

01 헌법에서는 청원에 대하여 심사할 의무만을 규정하므로 국가기관은 청원에 대하여 그 결과를 통지하여야 할 의무를 지지 않는다. ( )

02 국회에 청원을 하려는 자는 국회의원의 소개를 얻어서, 지방의회에 청원을 하려는 자는 지방의회의원의 소개를 받아 청원서를 제출하도록 하는 것은 청원권을 침해하지 아니한다. ( )

03 「지방자치법」에 따라 지방의회 위원회가 청원을 심사하여 본회의에 부칠 필요가 없다고 결정하면 그 처리결과를 지방의회 의장에게 보고하고, 지방의회 위원회는 청원한 자에게 이를 알려야 한다. ( )

04 「국회법」에 의한 청원은 일반의안과는 달리 소관 위원회의 심사를 거칠 필요가 없으며 심사절차도 일반의안과 다른 절차를 밟는데, 청원을 소개한 국회의원은 필요할 경우 「국회법」 제125조제3항에 의해 청원의 취지를 설명해야 하고 질의가 있을 경우 답변을 해야 한다. ( )

05 국민이면 누구든지 널리 제기할 수 있는 민중적 청원제도는 재판청구권 기타 준사법적 구제청구와는 그 성질을 달리하므로 청원사항의 처리결과에 심판서나 재결서에 준하여 이유명시를 요구할 수 없다. ( )

06 국민은 법령에 따라 행정 권한을 위임 또는 위탁받은 개인에게 청원을 제출할 수는 없다. ( )

07 국회의장은 청원을 접수하였을 때에는 청원요지서를 작성하여 인쇄하거나 전산망에 입력하는 방법으로 각 국회의원에게 배부하는 동시에 그 청원서를 소관 위원회에 회부하여 심사하게 한다. ( )

08 청원을 소개한 국회의원은 소관 위원회 또는 청원심사소위원회의 요구가 있을 때에는 청원의 취지를 설명하여야 한다. ( )

정답
01 × (결과를 통지할 의무를 진다)
02 ○
03 × (의장)
04 × (청원도 소관 위원회의 심사를 거친다)
05 ○
06 × (제출할 수 있다)
07 ○
08 ○

Theme

47

THEME 048 재판청구권

헌법 제27조

① 모든 국민은 헌법과 법률이 정한 법관에 의하여 법률에 의한 재판을 받을 권리를 가진다.
② 군인 또는 군무원이 아닌 국민은 대한민국의 영역 안에서는 중대한 군사상 기밀·초병·초소·유독음식물공급·포로·군용물에 관한 죄중 법률이 정한 경우와 비상계엄이 선포된 경우를 제외하고는 군사법원의 재판을 받지 아니한다.
③ 모든 국민은 신속한 재판을 받을 권리를 가진다. 형사피고인은 상당한 이유가 없는 한 지체없이 공개재판을 받을 권리를 가진다.
⑤ 형사피해자는 법률이 정하는 바에 의하여 당해 사건의 재판절차에서 진술할 수 있다.

핵심 이론

1 의의

재판이란 사실확정과 법률의 해석적용을 본질로 함에 비추어 볼 때, 헌법상의 재판을 받을 권리란, 법관에 의하여 사실적 측면과 법률적 측면이 적어도 한 차례의 심리검토의 기회는 보장되어야 한다는 것을 의미한다(헌재 1992. 6. 26. 90헌바25).

2 보호범위

국민에게 중요한 사항으로서 '사실확정과 법률의 해석적용'에 관련된 문제이고 사법절차를 통하여 결정되어야 할 만한 속성을 지닌 것이라면 재판청구권의 보호범위에 포함한다(헌재 2010. 4. 29. 2008헌마622).

3 법적 성격

재판청구권은 재판이라는 국가적 행위를 청구할 수 있는 적극적 측면과 헌법과 법률이 정한 법관이 아닌 자에 의한 재판이나 법률에 의하지 아니한 재판을 받지 아니하는 소극적 측면을 아울러 가지고 있다(헌재 1998. 5. 28. 96헌바4).

4 내용

(1) 재판의 범위

대법원의 재판	사건의 경중을 가리지 아니하고 모든 사건에 대하여 대법원을 구성하는 법관에 의한 균등한 재판을 받을 권리를 의미한다거나 또는 상고심재판을 받을 권리를 의미하는 것이라고 할 수는 없다(헌재 1997. 10. 30. 97헌바37).
재심	재심청구권도 입법형성권의 행사에 의하여 비로소 창설되는 법률상의 권리일 뿐, 헌법 제27조 제1항, 제37조 제1항에 의하여 직접 발생되는 기본적 인권은 아니다(헌재 2000. 6. 29. 99헌바66).

(2) 법관에 의한 재판을 받을 권리

헌법과 법률이 정한 자격과 절차에 의하여 임명되고, 물적 독립과 인적 독립이 보장된 법관에 의한 재판을 받을 권리를 의미한다(헌재 1993. 11. 25. 91헌바8).

(3) 법률에 의한 재판을 받을 권리

법률에 의한 재판이라 함은 합헌적인 법률로 정한 내용과 절차에 따라, 즉 합헌적인 실체법과 절차법에 따라 행하여지는 재판을 의미한다(헌재 1995. 10. 26. 94헌바28).

(4) 신속한 재판을 받을 권리

신속한 재판이란 공정하고 적정한 재판을 하는 데 필요한 기간을 넘어 부당하게 지연됨이 없는 재판을 말한다(헌재 2009. 7. 30. 2007헌마732).

(5) 공개재판을 받을 권리

공개재판을 받을 권리란 비밀재판을 배제하고 일반국민의 감시하에 재판의 심리와 판결을 받을 권리를 말한다(헌재 1996. 1. 25. 95헌가5).

(6) 공정한 재판을 받을 권리

우리 헌법에는 비록 명문의 문구는 없으나 "공정한 재판을 받을 권리"를 국민의 기본권으로 보장하고 있음이 명백하며, "공정한 재판을 받을 권리"는 공개된 법정의 법관 앞에서 모든 증거자료가 조사되고 검사와 피고인이 서로 공격·방어할 수 있는 공평한 기회가 보장되는 재판을 받을 권리를 포함한다(헌재 2001. 8. 30. 99헌마496).

핵심 판례

▶ 재판을 받을 권리에 포함되는 재판 : 헌법 제27조는 "모든 국민은 헌법과 법률이 정한 법관에 의하여 법률에 의한 재판을 받을 권리를 가진다."고 규정하여 재판청구권을 보장하고 있고, 이때 재판을 받을 권리에는 민사재판, 형사재판, 행정재판, 헌법재판이 포함된다(헌재 2013. 8. 29. 2011헌마122).

▶ '피고인 스스로 치료감호를 청구할 수 있는 권리'가 헌법상 재판청구권의 보호범위에 포함된다고 보기는 어렵다(헌재 2010. 4. 29. 2008헌마622).

▶ 교정시설 내 수용자와 변호사 사이의 접견교통권의 보장은 헌법상 보장되는 재판청구권의 한 내용 또는 그로부터 파생되는 권리로 볼 수 있다(헌재 2013. 8. 29. 2011헌마122).

▶ 변호사와 접견하는 경우에도 수용자의 접견은 원칙적으로 접촉차단시설이 설치된 장소에서 하도록 규정하고 있는 형의 집행 및 수용자의 처우에 관한 법률 시행령 제58조 제4항은 과잉금지원칙에 위배하여 청구인의 재판청구권을 지나치게 제한하고 있으므로, 헌법에 위반된다(헌재 2013. 8. 29. 2011헌마122 헌법불합치).

▶ 재판청구권과 같은 절차적 기본권에 대한 위헌심사기준 : 재판청구권과 같은 절차적 기본권은 자유권적 기본권 등 다른 기본권의 경우와 비교하여 볼 때 상대적으로 입법자의 광범위한 입법형성권이 인정되므로, 관련 법률에 대한 위헌심사기준은 합리성원칙 내지 자의금지원칙이 적용된다(헌재 2005. 5. 26. 2003헌가7).

▶ '민주화운동 관련자 명예회복 및 보상심의위원회'의 보상금 등 지급결정에 동의한 때 재판상 화해의 성립을 간주함으로써 법관에 의하여 법률에 의한 재판을 받을 권리를 제한하는 민주화보상법 제18조 제2항은 관련자 및 유족의 재판청구권을 침해하지 아니한다(헌재 2018. 8. 30. 2014헌바180).

▶ 우리 헌법상 헌법과 법률이 정한 법관에 의한 재판을 받을 권리는 직업법관에 의한 재판을 주된 내용으로 하는 것이므로 국민참여재판을 받을 권리가 헌법 제27조 제1항에서 규정한 재판을 받을 권리의 보호범위에 속한다고 볼 수 없다(헌재 2009. 11. 26. 2008헌바12).

▶ '전투용에 공하는 시설'을 손괴한 군인 또는 군무원이 아닌 국민이 군사법원에서 재판받도록 하는 구 군사법원법 제2조 제1항 제1호 부분은 비상계엄이 선포된 경우를 제외하고는 '군사시설'에 관한 죄를 범한 군인 또는 군무원이 아닌 일반 국민은 군사법원의 재판을 받지 아니하도록 규정한 헌법 제27조 제2항에 위반되고, 국민이 헌법과 법률이 정한 법관에 의한 재판을 받을 권리를 침해한다(헌재 2013. 11. 28. 2012헌가10).

▶ 법률에 의한 구체적 형성 없이는 신속한 재판을 위한 어떤 직접적이고 구체적인 청구권이 발생하지 아니한다(헌재 1999. 9. 16. 98헌마75).

▶ 영상물에 수록된 19세 미만 성폭력범죄 피해자의 진술에 관하여 조사 과정에 동석하였던 신뢰관계인 내지 진술조력인의 법정진술에 의하여 그 성립의 진정함이 인정된 경우에도 증거능력을 인정할 수 있도록 정한 성폭력처벌법 제30조 제6항 부분은 과잉금지원칙을 위반하여 공정한 재판을 받을 권리를 침해한다(헌재 2021. 12. 23. 2018헌바524).

▶ 별건으로 공소제기 후 확정되어 검사가 보관하고 있는 서류에 대하여 법원의 열람·등사 허용결정이 있었음에도 검사가 청구인에 대한 형사사건과의 관련성을 부정하면서 해당 서류의 열람·등사를 허용하지 아니한 행위는 청구인의 신속하고 공정한 재판을 받을 권리 및 변호인의 조력을 받을 권리를 침해한다(헌재 2022. 6. 30. 2019헌마356).

▶ 피고인인 공탁자가 형사공탁을 할 때 피해자인 피공탁자의 성명·주소·주민등록번호를 기재하도록 한 공탁규칙 제20조 제2항 제5호 부분은 입법형성권의 한계를 일탈하여 피고인의 공정한 재판을 받을 권리를 침해하지 아니한다(헌재 2021. 8. 31. 2019헌마516).

▶ 형사피해자를 약식명령의 고지 대상자에서 제외하고 있는 형사소송법 제452조는 형사피해자의 재판절차진술권을 침해하지 않는다(헌재 2019. 9. 26. 2018헌마1015).

▶ 디엔에이감식시료채취영장 발부 과정에서 채취대상자에게 자신의 의견을 밝히거나 영장 발부 후 불복할 수 있는 절차 등에 관하여 규정하지 아니한 디엔에이법 제8조는 과잉금지원칙을 위반하여 청구인들의 재판청구권을 침해한다(헌재 2018. 8. 30. 2016헌마344 헌법불합치).

▶ 의견제출 기한 내에 감경된 과태료를 자진납부한 경우 해당 질서위반행위에 대한 과태료 부과 및 징수절차는 종료한다고 규정한 질서위반행위규제법 제18조 제2항은 입법형성의 한계를 일탈하여 재판청구권을 침해하였다거나 당사자의 의견제출 권리를 충분히 보장하지 않음으로써 적법절차원칙을 위반하였다고 보기 어렵다(헌재 2019. 12. 27. 2017헌바413).

▶ 교원징계재심위원회의 결정에 대해 학교법인의 제소를 금지하고 있는 교원지위법 조항은 합리적인 이유 없이 학교법인의 제소권한을 부인함으로써 헌법 제11조의 평등원칙에 위배되고, 사립학교 교원에 대한 징계 등 불리한 처분의 적법여부에 관하여 재심위원회의 재심결정이 최종적인 것이 되는 결과 일체의 법률적 쟁송에 대한 재판권능을 법원에 부여한 헌법 제101조 제1항에도 위배되며, 행정처분인 재심결정의 적법여부에 관하여 대법원을 최종심으로 하는 법원의 심사를 박탈함으로써 헌법 제107조 제2항에도 아울러 위배된다(헌재 2006. 2. 23. 2005헌가7).

✎ 핵심 기출

재판을 받을 권리에 대한 설명으로 옳지 않은 것은? (다툼이 있는 경우 판례에 의함)

2021 국가직 7급

① 재판청구권에는 민사재판, 형사재판, 행정재판뿐만 아니라 헌법재판을 받을 권리도 포함되므로, 헌법상 보장되는 기본권인 '공정한 재판을 받을 권리'에는 '공정한 헌법재판을 받을 권리'도 포함된다.

② 헌법 제27조제1항의 재판을 받을 권리는 신분이 보장되고 독립된 법관에 의한 재판의 보장을 주된 내용으로 하므로 국민참여재판을 받을 권리는 헌법 제27조제1항에서 규정하는 재판받을 권리의 보호범위에 속하지 아니한다.

③ 공정한 재판을 받을 권리 속에는 신속하고 공개된 법정의 법관의 면전에서 모든 증거자료가 조사·진술되고 이에 대하여 피고인이 공격·방어할 수 있는 기회가 보장되는 재판, 원칙적으로 당사자주의와 구두변론주의가 보장되어 당사자가 공소사실에 대한 답변과 입증 및 반증을 하는 등 공격, 방어권이 충분히 보장되는 재판을 받을 권리가 포함되어 있다.

④ 형사피해자에게 약식명령을 고지하지 않도록 규정한 것은 형사피해자의 재판절차진술권과 정식재판청구권을 침해하는 것으로서, 입법자가 입법재량을 일탈·남용하여 형사피해자의 재판을 받을 권리를 침해하는 것이다.

④ 형사피해자는 약식명령을 고지받지 않으나, 신청을 하는 경우 형사사건의 진행 및 처리 결과에 대한 통지를 받을 수 있고, 고소인인 경우에는 신청 없이도 검사가 약식명령을 청구한 사실을 알 수 있어, 법원이나 수사기관에 자신의 진술을 기재한 진술서나 탄원서 등을 제출하는 등 의견을 밝힐 수 있는 기회를 가질 수 있다. 따라서 이 사건 고지조항은 형사피해자의 재판절차진술권을 침해하지 않는다(헌재 2019. 9. 26. 2018헌마1015).
① 헌재 2014. 4. 24. 2012헌마2
② 헌재 2009. 11. 26. 2008헌바12
③ 헌재 1998. 12. 24. 94헌바46

정답 ④

Theme
48

✓ 핵심 **O·X**

01 헌법상 재판을 받을 권리의 보호범위에는 배심재판을 받을 권리가 포함되지 아니한다. ( )

02 디엔에이감식시료채취영장 발부 과정에서 채취대상자에게 자신의 의견을 밝히거나 영장 발부 후 불복할 수 있는 절차 등에 관하여 규정하지 아니한 「디엔에이신원확인 정보의 이용 및 보호에 관한 법률」의 조항은 채취대상자들의 재판청구권을 침해한다. ( )

03 헌법 해석상 국회가 선출하여 임명된 헌법재판소의 재판관 중 공석이 발생한 경우에 국회가 공정한 헌법재판을 받을 권리의 보장을 위하여 공석인 재판관의 후임자를 선출하여야 할 구체적 작위의무를 부담한다고 볼 수는 없다. ( )

04 '헌법과 법률이 정한 법관에 의하여 법률에 의한 재판을 받을 권리'가 사건의 경중을 가리지 않고 모든 사건에 대하여 대법원을 구성하는 법관에 의한 재판을 받을 권리를 의미한다거나 또는 상고심재판을 받을 권리를 의미하는 것이라고 할 수는 없다. ( )

05 형사보상의 청구에 대하여 한 보상의 결정에 대하여는 불복을 신청할 수 없도록 하여 형사보상의 결정을 단심재판으로 하도록 하는 것은 형사보상 청구권자의 재판청구권을 침해한다. ( )

06 「인신보호법」상 피수용자인 구제청구자의 즉시항고 제기기간을 3일로 정한 것은 피수용자의 재판청구권을 침해한다. ( )

07 국민참여재판을 받을 권리가 헌법 제27조제1항에서 규정한 헌법과 법률이 정한 법관에 의한 재판을 받을 권리의 보호범위에 속한다고 볼 수 없다. ( )

08 토지수용위원회의 수용재결서를 받은 날로부터 60일 이내에 보상금증감청구소송을 제기하도록 한 「공익사업을 위한 토지 등의 취득 및 보상에 관한 법률」 조항은 보상금증감청구소송을 제기하려는 토지소유자의 재판청구권을 침해한다. ( )

09 우리 헌법상 재판을 받을 권리의 보호범위에는 배심재판을 받을 권리가 포함되지 않는다. ( )

10 심리불속행 상고기각판결의 경우 판결이유를 생략할 수 있도록 규정한 「상고심절차에 관한 특례법」 조항은 헌법 제27조 제1항에서 보장하는 재판청구권 등을 침해하지 않는다. ( )

11 소환된 증인 또는 그 친족 등이 보복을 당할 우려가 있는 경우 재판장은 당해 증인의 인적 사항의 전부 또는 일부를 공판조서에 기재하지 않게 할 수 있고, 이때 증인의 인적사항이 증인신문의 모든 과정에서 공개되지 아니하도록 한 「특정범죄신고자 등 보호법」 조항들 및 피고인을 퇴정시키고 증인신문을 행할 수 있도록 규정한 같은 법 조항들은 피고인의 공정한 재판을 받을 권리를 침해하지 않는다. ( )

정답▶
01 ○
02 ○
03 × (후임자를 선출하여야 할 구체적 작위의무를 부담한다)
04 ○
05 ○
06 ○
07 ○
08 × (재판청구권을 침해하지 않는다)
09 ○
10 ○
11 ○

12 현역병의 군대 입대 전 범죄에 대한 군사법원의 재판권을 규정하고 있는 「군사법원법」 조항은 일반법원에서 재판받을 권리를 봉쇄하므로, 재판청구권을 침해하여 헌법에 위반된다. ( )

13 소환된 증인 또는 그 친족 등이 보복을 당할 우려가 있는 경우, 재판장은 피고인을 퇴정시키고 증인신문을 행할 수 있도록 규정한 「특정범죄신고자 등 보호법」 조항은 피고인의 「형사소송법」 상의 반대신문권을 제한하고 있어 피고인의 공정한 재판을 받을 권리를 침해한다. ( )

14 법관기피신청이 소송의 지연을 목적으로 함이 명백한 경우에 신청을 받은 법원 또는 법관은 결정으로 이를 기각할 수 있도록 규정한 「형사소송법」 제20조 제1항이 헌법상 보장되는 공정한 재판을 받을 권리를 침해하는 것은 아니다. ( )

15 수형자가 국선대리인인 변호사를 접견하는데 교도소장이 그 접견내용을 녹음·기록하였다고 해도 재판을 받을 권리를 침해하는 것은 아니다. ( )

정답
12 × (재판청구권을 침해하지 않는다)
13 × (공정한 재판을 받을 권리를 침해하지 않는다)
14 ○
15 × (재판을 받을 권리를 침해한다)

Theme
48

049 국가배상청구권

테마 출제경향

국가배상청구권에서는 국가배상청구권의 성립요건, 국가배상청구권의 행사 절차와 관련한 대법원 판례 및 헌재결정을 묻는 문제가 출제되고 있다.

테마 출제 키워드

공무원, 직무를 집행하면서, 손해, 위자료, 청구기간

헌법 제29조
① 공무원의 직무상 불법행위로 손해를 받은 국민은 법률이 정하는 바에 의하여 국가 또는 공공단체에 정당한 배상을 청구할 수 있다. 이 경우 공무원 자신의 책임은 면제되지 아니한다.
② 군인·군무원·경찰공무원 기타 법률이 정하는 자가 전투·훈련 등 직무집행과 관련하여 받은 손해에 대하여는 법률이 정하는 보상 외에 국가 또는 공공단체에 공무원의 직무상 불법행위로 인한 배상은 청구할 수 없다.

핵심 이론

1 성립요건

공무원	국가나 지방자치단체는 공무원 또는 공무를 위탁받은 사인(국가배상법 제2조 제1항)
직무를 집행하면서	공무원의 직무에는 권력적 작용만이 아니라 비권력적 작용도 포함되며 단지 행정주체가 사경제주체로서 하는 활동만 제외(대판 2001. 1. 5. 98다39060)
법령에 위반	형식적 의미의 법령에 명시적으로 공무원의 작위의무가 정하여져 있음에도 이를 위반하는 경우만을 의미하는 것은 아니고, 인권존중·권력남용금지·신의성실과 같이 공무원으로서 마땅히 지켜야 할 준칙이나 규범을 지키지 아니하고 위반한 경우를 포함하여 널리 그 행위가 객관적인 정당성을 결여하고 있는 경우도 포함(대판 2012. 7. 26. 2010다95666)
공의 또는 과실	어떠한 행정처분이 후에 항고소송에서 취소되었다고 할지라도 그 기판력에 의하여 당해 행정처분이 곧바로 공무원의 고의 또는 과실로 인한 것으로서 불법행위를 구성한다고 단정할 수 없다(대판 1999. 9. 17. 96다53413).
손해의 발생	위법한 가해행위로 인하여 발생한 재산상의 불이익, 즉 그 위법행위가 없었더라면 존재하였을 재산상태와 그 위법행위가 있은 후의 재산상태의 차이(대판 2018. 9. 28. 2015다69853)

2 행사 절차

상대방	공무원이 공무집행상의 위법행위로 인하여 타인에게 손해를 입힌 경우에는 공무원에게 '고의 또는 중과실이 있는 때'에는 공무원 개인도 불법행위로 인한 손해배상책임을 진다고 할 것이지만, 공무원에게 경과실뿐인 때에는 공무원 개인은 손해배상책임을 부담하지 아니한다(대판 1996. 3. 8. 94다23876).
소송	국가배상법에 따른 손해배상의 소송은 배상심의회에 배상신청을 하지 아니하고도 제기할 수 있다(국가배상법 제9조).

3 양도 금지

생명·신체의 침해로 인한 국가배상을 받을 권리는 양도하거나 압류하지 못한다 (국가배상법 제4조).

4 제한

군인·군무원·경찰공무원 또는 예비군대원이 전투·훈련 등 직무 집행과 관련하여 전사·순직하거나 공상을 입은 경우에 본인이나 그 유족이 다른 법령에 따라 재해보상금·유족연금·상이연금 등의 보상을 지급받을 수 있을 때에는 이 법 및 「민법」에 따른 손해배상을 청구할 수 없다(국가배상법 제2조 제1항 단서).

✍ 핵심 판례

▶ 국가배상청구권의 성립요건으로서 공무원의 고의 또는 과실을 규정함으로써 무과실책임을 인정하지 않은 국가배상법 제2조 제1항 본문 부분은 입법형성의 범위를 벗어나 헌법 제29조에서 규정한 국가배상청구권을 침해한다고 보기는 어렵다(헌재 2015. 4. 30. 2013헌바395).

▶ 5·18민주화운동과 관련하여 보상금 지급 결정에 동의하면 '정신적 손해'에 관한 부분도 재판상 화해가 성립된 것으로 보는 5·18보상법 제16조 제2항 부분이 5·18보상법상 보상금 등의 성격과 중첩되지 않는 정신적 손해에 대한 국가배상청구권의 행사까지 금지하는 것은 국가배상청구권을 침해한다(헌재 2021. 5. 27. 2019헌가17).

▶ '민주화운동 관련자 명예회복 및 보상 심의 위원회'의 보상금 등의 지급결정에 동의한 때 "민주화운동과 관련하여 입은 피해"에 대해 재판상 화해의 성립을 간주하는 민주화보상법 제18조 제2항 중 정신적 손해에 관한 부분은 민주화운동 관련자와 유족의 국가배상청구권을 침해한다(헌재 2018. 8. 30. 2014헌바180).

▶ 특수임무수행자 등이 보상금 등의 지급결정에 동의한 때에는 특수임무수행 또는 이와 관련한 교육훈련으로 입은 피해에 대하여 재판상 화해가 성립된 것으로 보는 특임자보상법 제17조의2 가운데 특수임무수행 또는 이와 관련한 교육훈련으로 입은 피해 중 '정신적 손해'에 관한 부분이 과잉금지원칙을 위반하여 국가배상청구권 또는 재판청구권을 침해한다고 보기 어렵다(헌재 2021. 9. 30. 2019헌가28).

▶ 소멸시효 기산점에 관한 민법 제166조 제1항, 제766조 제2항을 과거사정리법 제2조 제1항 제3호의 '민간인 집단 희생사건', 제4호의 '중대한 인권침해사건·조작의혹사건'에 적용되는 부분 중 불법행위의 피해자가 '손해 및 가해자를 인식하게 된 때'로부터 3년 이내에 손해배상을 청구하도록 하는 것은 불법행위로 인한 손해배상청구에 있어 피해자와 가해자 보호의 균형을 도모하기 위한 것이므로, 과거사정리법 제2조 제1항 제3, 4호에 규정된 사건에 민법 제766조 제1항의 '주관적 기산점'이 적용되도록 하는 것은 합리적 이유가 인정된다. 그러나, 국가가 소속 공무원들의 조직적 관여를 통해 불법적으로 민간인을 집단 희생시키거나 장기간의 불법구금·고문 등에 의한 허위자백으로 유죄판결을 하고 사후에도 조작·은폐를 통해 진상규명을 저해하였음에도 불구하고, 그 불법행위 시점을 소멸시효의 기산점으로 삼는 것은 피해자와 가해자 보호의 균형을 도모하는 것으로 보기 어렵고, 발생한 손해의 공평·타당한 분담이라는 손해배상제도의 지도원리에도 부합하지 않는다. 그러므로 과거사정리법 제2조 제1항 제3, 4호에 규정된 사건에 민법 제166조 제1항, 제766조 제2항의 '객관적 기산점'이 적용되도록 하는 것은 소멸시효제도를 통한 법적 안정성과 가해자 보호만을 지나치게 중시한 나머지 합리적 이유 없이 위 사건 유형에 관한 국가배상청구권 보장 필요성을 외면한 것으로서 입법형성의 한계를 일탈하여 청구인들의 국가배상청구권을 침해한다(헌재 2018. 8. 30. 2014헌바148).

㉠ (×) 생명·신체의 침해로 인한 국가배상을 받을 권리는 양도하거나 압류하지 못한다(국가배상법 제4조).

㉡ (×) 국가나 지방자치단체에 대한 배상신청사건을 심의하기 위하여 법무부에 본부심의회를 둔다. 다만, 군인이나 군무원이 타인에게 입힌 손해에 대한 배상신청사건을 심의하기 위하여 국방부에 특별심의회를 둔다(국가배상법 제10조 ①항). 본부심의회와 특별심의회와 지구심의회는 법무부장관의 지휘를 받아야 한다(국가배상법 제10조③항).

㉢ (○) 대판 2001. 1. 5. 98다39060

㉣ (×) 국가배상법에 의한 손해배상청구에 관한 시간, 노력, 비용의 절감을 도모하여 배상사무의 원활을 기하며 피해자로서도 신속, 간편한 절차에 의하여 배상금을 지급받을 수 있도록 하는 한편, 국고손실을 절감하도록 하기 위한 이 사건 법률조항에 의해 달성되는 공익과, 배상절차의 합리성 및 적정성의 정도, 그리고 한편으로는 배상신청을 하는 국민이 치루어야 하는 수고나 시간의 소모를 비교하여 볼 때, 이 사건 법률조항이 헌법 제37조의 기본권제한의 한계에 관한 규정을 위배하여 국민의 재판청구권을 침해하는 정도에는 이르지 않는다(헌재 2000. 2. 24. 99헌바17).

정답 ③

정답

01 × (손해배상의 소송은 배상심의회에 배상신청을 하지 아니하고도 제기할 수 있다)

02 ○

03 × (사경제주체의 활동은 포함되지 아니한다)

04 × (공무를 수탁받은 사인도 포함된다)

✎ 핵심 **기출** |||||||||||||||||||||||||||||||||||||||||||||||||||||||||||||||||||||

국가배상청구권에 대한 설명으로 옳지 않은 것만을 모두 고르면? (다툼이 있는 경우 판례에 의함)

2018 지방직 7급

㉠ 생명·신체 및 재산의 침해로 인한 국가배상을 받을 권리는 양도하거나 압류하지 못한다.

㉡ 군인이나 군무원이 타인에게 입힌 손해에 대한 배상신청사건을 심의하기 위하여 국방부에 특별심의회를 두며, 특별심의회는 국방부장관의 지휘를 받아야 한다.

㉢ 「국가배상법」이 정한 손해배상청구의 요건인 '공무원의 직무'에는 국가나 지방자치단체의 권력적 작용뿐만 아니라 비권력적 작용도 포함되지만 단순한 사경제의 주체로서 하는 작용은 포함되지 않는다.

㉣ 헌법재판소는 「국가배상법」상의 배상결정전치주의가 법관에 의한 재판을 받을 권리와 신속한 재판을 받을 권리를 침해한다고 하였고, 이에 따라 「국가배상법」상의 배상결정전치주의가 폐지되었다.

① ㉠, ㉡
② ㉢, ㉣
③ ㉠, ㉡, ㉣
④ ㉡, ㉢, ㉣

✓ 핵심 **O·X**

01 「국가배상법」에 따른 손해배상의 소송은 배상심의회에 배상신청을 하여야만 제기할 수 있다. ( )

02 「국가배상법」에 소멸시효에 관한 규정을 두지 않고 소멸시효에 관해서는 「민법」 규정을 준용하도록 한 「국가배상법」 조항은 헌법에 위반되지 않는다. ( )

03 국가배상청구의 요건인 '공무원의 직무'에는 권력적 작용, 비권력적 작용 이외에 사경제주체의 활동도 포함된다. ( )

04 「국가배상법」상 소정의 '공무원'은 국가공무원과 지방공무원에 국한하고, 공무를 수탁받은 사인은 포함되지 않는다. ( )

050 형사보상청구권

> **헌법 제28조**
> 형사피의자 또는 형사피고인으로서 구금되었던 자가 법률이 정하는 불기소처분을 받거나 무죄판결을 받은 때에는 법률이 정하는 바에 의하여 국가에 정당한 보상을 청구할 수 있다.

📖 **테마 출제경향**

형사보상청구권에서는 형사보상청구권의 성립요건, 행사절차와 관련한 형사보상법 및 헌재 결정을 묻는 문제가 출제되고 있다.

🔑 **테마 출제 키워드**

구금, 피의자보상, 피고인보상, 보상청구기간, 보상금지급청구기간

핵심 이론

1 의의

형사피의자 또는 형사피고인으로서 구금되었던 자가 무죄판결 등을 받은 경우에 국가에 대하여 물질적·정신적 피해에 대한 정당한 보상을 청구할 수 있는 권리를 말한다(헌재 2010. 10. 28. 2008헌마514).

2 피고인보상

(1) 요건

재판의 형태	구금 및 형 집행
무죄재판의 확정	• 미결구금 : 판결선고 전 구금(감정유치기간 포함) • 원판결에 의한 구금 : 기결구금 • 형 집행 : 사형, 벌금, 노역장유치, 과료, 몰수, 추징의 집행 • 구치와 구속 : 형 집행이 정지된 자의 보호시설 수용 전의 구치, 형 집행 전의 구인 및 구금
면소판결 등	• 면소 또는 공소기각의 재판을 할 만한 사유가 없었더라면 무죄재판을 받을 만한 현저한 사유가 있었을 경우 • 치료감호의 독립 청구를 받은 피치료감호청구인의 치료감호사건이 범죄로 되지 아니하거나 범죄사실의 증명이 없는 때에 해당되어 청구기각의 판결을 받아 확정된 경우

(2) 보상하지 아니할 수 있는 경우

> • 형법 제9조(형사미성년자) 및 제10조제1항(심신상실)의 사유로 무죄재판을 받은 경우
> • 본인이 수사 또는 심판을 그르칠 목적으로 거짓 자백을 하거나 다른 유죄의 증거를 만듦으로써 기소, 미결구금 또는 유죄재판을 받게 된 것으로 인정된 경우
> • 1개의 재판으로 경합범의 일부에 대하여 무죄재판을 받고 다른 부분에 대하여 유죄재판을 받았을 경우

(3) 청구 및 지급 절차

보상 청구 기간	무죄재판이 확정된 사실을 안 날부터 3년, 무죄재판이 확정된 때부터 5년 이내
관할법원	무죄재판을 한 법원
지급 청구 기간	보상결정이 송달된 후 2년 이내
양도 및 양류 금지	보상청구권 및 지급청구권은 양도하거나 압류할 수 없음.

3 피의자보상

(1) 요건

피의자로 구금	적극적 요건	• 불기소처분 • 불송치결정
	소극적 요건	• 구금된 이후 불기소처분 등의 사유가 있는 경우 • 불기소처분 등이 종국적인 것이 아닌 경우 • 불기소처분이 기소편의주의에 따른 경우

(2) 보상하지 아니할 수 있는 경우

> • 본인이 수사 또는 재판을 그르칠 목적으로 거짓 자백을 하거나 다른 유죄의 증거를 만듦으로써 구금된 것으로 인정되는 경우
> • 구금기간 중에 다른 사실에 대하여 수사가 이루어지고 그 사실에 관하여 범죄가 성립한 경우
> • 보상을 하는 것이 선량한 풍속이나 그 밖에 사회질서에 위배된다고 인정할 특별한 사정이 있는 경우

(3) 청구 및 지급 절차

보상 청구 기간	불기소처분 또는 불송치결정의 고지(告知) 또는 통지를 받은 날부터 3년 이내
지급 청구 기간	보상결정이 송달된 후 2년 이내

🔍 **핵심 판례**

> ▶ 원판결의 근거가 된 가중처벌규정에 대하여 헌법재판소의 위헌결정이 있었음을 이유로 개시된 재심절차에서 공소장의 교환적 변경을 통해 위헌결정된 가중처벌규정보다 법정형이 가벼운 처벌규정으로 적용법조가 변경되어 피고인이 원판결보다 가벼운 형으로 유죄판결이 확정됨에 따라 원판결에 따른 구금형 집행이 재심판결에서 선고된 형을 초과하게 된 경우, 재심판결에서 선고된 형을 초과하여 집행된 구금에 대하여 보상요건을 규정하지 아니한 형사보상법 제26조 제1항은 현저히 자의적인 차별로서 평등원칙을 위반하여 청구인들의 평등권을 침해한다(헌재 2022. 2. 24. 2018헌마998 헌법불합치).
> ▶ 형사보상의 청구에 대하여 한 보상의 결정에 대하여는 불복을 신청할 수 없도록 하여 형사보상의 결정을 단심재판으로 규정한 형사보상법 제19조 제1항은 형사보상청구권 및 재판청구권을 침해한다(헌재 2010. 10. 28. 2008헌마514).

✎ 핵심 기출

형사보상에 관한 설명 중 가장 적절하지 않은 것은? (다툼이 있는 경우 판례에 의함)

2022 제1차 경찰공채

① 형사보상의 청구에 대한 보상의 결정에 대하여는 불복을 신청할 수 없도록 단심재판으로 규정한 「형사보상법」 조항은 형사 보상인용결정의 안정성을 유지하고, 신속한 형사보상절차의 확립을 통해 형사보상에 관한 국가예산 수립의 안정성을 확보하며, 나아가 상급법원의 부담을 경감하고자 하는 데 그 목적이 있으므로 청구인들의 형사보상청구권을 침해하지 않는다.

② 형사보상의 청구를 무죄재판이 확정된 때로부터 1년 이내에 하도록 규정하고 있는 형사보상법 조항은 입법재량의 한계를 일탈하여 청구인의 형사보상청구권을 침해한다.

③ 「형사보상 및 명예회복에 관한 법률」에 따르면 본인이 수사 또는 심판을 그르칠 목적으로 거짓 자백을 하거나 다른 유죄의 증거를 만듦으로써 기소, 미결구금 또는 유죄재판을 받게 된 것으로 인정된 경우에는 법원은 재량으로 보상청구의 전부 또는 일부를 기각할 수 있다.

④ 국가의 형사사법행위가 고의, 과실로 인한 것으로 인정되는 경우에는 국가배상청구 등 별개의 절차에 의하여 인과관계 있는 모든 손해를 배상받을 수 있으므로, 형사보상절차로써 인과관계 있는 모든 손해를 보상하지 않는다고 하여 반드시 부당하다고 할 수는 없다.

① 보상액의 산정에 기초되는 사실인정이나 보상액에 관한 판단에서 오류나 불합리성이 발견되는 경우에도 그 시정을 구하는 불복신청을 할 수 없도록 하는 것은 형사보상청구권 및 그 실현을 위한 기본권으로서의 재판청구권의 본질적 내용을 침해하는 것이라 할 것이고, 나아가 법적안정성만을 지나치게 강조함으로써 재판의 적정성과 정의를 추구하는 사법제도의 본질에 부합하지 아니하는 것이다. 따라서 이 사건 불복금지조항은 형사보상청구권 및 재판청구권을 침해한다고 할 것이다(헌재 2010. 10. 28. 2008헌마514).

② 헌재 2010. 7. 29. 2008헌가4 헌법불합치

③ 형사보상법 제4조

④ 헌재 2010. 10. 28. 2008헌마514

정답 ①

✓ 핵심 O·X

01 형사피의자로 구금되었다가 법률이 정하는 불기소처분을 받은 자는 법률이 정하는 바에 의하여 형사보상청구권을 행사할 수 있다. ( )

02 형사보상을 청구할 수 있는 자가 그 청구를 하지 아니하고 사망하였을 때에는 그 상속인이 이를 청구할 수 있다. ( )

03 1개의 재판으로 경합범의 일부에 대하여 무죄재판을 받고 다른 부분에 대하여 유죄재판을 받았을 경우 법원은 보상청구의 전부를 인용하여야 한다. ( )

04 다른 법률에 따라 손해배상을 받을 자가 같은 원인에 대하여 「형사보상 및 명예회복에 관한 법률」에 따른 보상을 받았을 때에는 그 보상금의 액수를 빼고 손해배상의 액수를 정하여야 한다. ( )

05 형사보상청구는 무죄재판이 확정된 때로부터 1년 이내에 하여야 한다. ( )

06 형사피의자로서 구금되었던 자에게 보상을 하는 것이 선량한 풍속 그 밖에 사회질서에 위배된다고 인정할 특별한 사정이 있는 경우라도 피의자보상의 전부를 지급하여야 한다. ( )

07 보상청구는 무죄재판을 한 법원의 상급법원에 대하여 하여야 한다. ( )

08 보상청구는 무죄재판이 확정된 사실을 안 날부터 3년, 무죄재판이 확정된 때부터 5년 이내에 하여야 한다. ( )

정답
01 ○
02 ○
03 × (보상청구의 전부 또는 일부를 인용하지 아니할 수 있다)
04 ○
05 × (5년 이내)
06 × (피의자보상의 전부를 지급하지 아니할 수 있다)
07 × (무죄재판을 한 법원)
08 ○

051

범죄피해자구조청구권

테마 출제경향

범죄피해자구조청구권에서는 범죄피해자구조청구권의 성립요건, 행사절차와 관련한 범죄피해자 보호법 및 헌재결정을 묻는 문제가 출제되고 있다.

테마 출제 키워드

범죄피해, 구조청구기간, 구조금지급청구기간

> **헌법 제30조**
> 타인의 범죄행위로 인하여 생명·신체에 대한 피해를 받은 국민은 법률이 정하는 바에 의하여 국가로부터 구조를 받을 수 있다.

핵심 이론

1 의의

타인의 범죄행위로 말미암아 생명을 잃거나 신체상의 피해를 입은 국민이나 그 유족이 가해자로부터 충분한 피해배상을 받지 못한 경우에 국가에 대하여 일정한 보상을 청구할 수 있는 권리이며, 그 법적 성격은 생존권적 기본권으로서의 성격을 가지는 청구권적 기본권이다(헌재 2011. 12. 29. 2009헌마354).

2 범죄피해자

- 타인의 범죄행위로 피해를 당한 사람과 그 배우자(사실상의 혼인관계를 포함), 직계친족 및 형제자매
- 범죄피해 방지 및 범죄피해자 구조 활동으로 피해를 당한 사람

3 성립요건

범죄피해	• 대한민국의 영역 안 또는 대한민국의 영역 밖에 있는 대한민국의 선박이나 항공기 안 • 사람의 생명 또는 신체를 해치는 죄에 해당하는 행위 • 사망하거나 장해 또는 중상해
피해배상	• 피해의 전부 또는 일부를 배상받지 못하는 경우 • 자기 또는 타인의 형사사건의 수사 또는 재판에서 고소·고발 등 수사단서를 제공하거나 진술, 증언 또는 자료제출을 하다가 구조피해자가 된 경우

4 신청 및 지급 절차

신청 기간	범죄피해의 발생을 안 날부터 3년, 해당 구조대상 범죄피해가 발생한 날부터 10년
지급 청구 기간	구조결정이 송달된 후 2년 이내
수급권의 보호	양도하거나 담보로 제공하거나 압류할 수 없음.

✍ 핵심 판례

▶ 범죄피해자구조청구권을 인정하는 이유는 크게 국가의 범죄방지책임 또는 범죄로부터 국민을 보호할 국가의 국민보호의무를 다하지 못하였다는 것과 그 범죄피해자들에 대한 최소한의 구제가 필요하다는 데 있다(헌재 2011. 12. 29. 2009헌마354).

▶ 구 범죄피해자구조법 제2조 제1호에서 범죄피해자구조청구권의 대상이 되는 범죄피해의 범위에 관하여 해외에서 발생한 범죄피해는 포함하고 있지 아니한 것이 현저하게 불합리한 자의적인 차별이라고 볼 수 없어 평등원칙에 위배되지 아니한다(헌재 2011. 12. 29. 2009헌마354).

✎ 핵심 [기출]

범죄피해자구조청구권에 관한 설명 중 가장 적절하지 않은 것은? (다툼이 있는 경우 판례에 의함)

2022 경정승진

① 타인의 범죄행위로 인하여 생명·신체에 대한 피해를 받은 국민은 법률이 정하는 바에 의하여 국가로부터 구조를 받을 수 있다.

② 「범죄피해자 보호법」 제17조 제2항의 유족구조금은 사람의 생명 또는 신체를 해치는 죄에 해당하는 행위로 인하여 사망한 피해자 또는 그 유족들에 대한 손해배상을 목적으로 하는 것으로서, 위 범죄행위로 인한 손해를 전보하기 위하여 지급된다는 점에서 불법행위로 인한 적극적 손해의 배상과 같은 종류의 금원이라고 봄이 타당하다.

③ 「범죄피해자 보호법」에 따르면 구조금의 지급신청은 해당 구조 대상 범죄피해의 발생을 안 날부터 3년이 지나거나 해당 구조 대상 범죄피해가 발생한 날부터 10년이 지나면 할 수 없다.

④ 「범죄피해자 보호법」에 따르면 국가는 구조피해자나 유족이 해당 구조대상 범죄피해를 원인으로 하여 손해배상을 받았으면 그 범위에서 구조금을 지급하지 아니한다.

② 범죄피해자구조청구권이라 함은 타인의 범죄행위로 말미암아 생명을 잃거나 신체상의 피해를 입은 국민이나 그 유족이 가해자로부터 충분한 피해배상을 받지 못한 경우에 국가에 대하여 일정한 보상을 청구할 수 있는 권리이며, 그 법적 성격은 생존권적 기본권으로서의 성격을 가지는 청구권적 기본권이라고 할 것이다(헌재 2011. 12. 29. 2009헌마354).
① 헌법 제30조
③ 범죄피해자보호법 제25조 제2항
④ 범죄피해자보호법 제21조 제1항

[정답] ②

Theme
51

✔ 핵심 O·X

01 범죄피해구조금은 국가의 재정에 기반을 두고 있는 바, 구조금청구권의 행사대상을 우선적으로 대한민국의 영역 안의 범죄피해에 한정하고, 향후 구조금의 확대에 따라서 해외에서 발생한 범죄피해의 경우에도 구조를 하는 방향으로 운영하는 것은 입법형성의 재량의 범위 내라고 할 수 있다. ( )

02 대한민국의 영역 안에서 과실에 의한 행위로 사망하거나 장해 또는 중상해를 입은 경우에도 범죄피해자구조청구권이 인정된다. ( )

03 범죄행위 당시 구조피해자와 가해자 사이에 사실상의 혼인관계가 있는 경우에도 구조피해자에게 구조금을 지급한다. ( )

04 범죄피해구조금을 받을 권리는 그 구조결정이 해당 신청인에게 송달된 날부터 1년간 행사하지 아니하면 시효로 인하여 소멸된다. ( )

05 외국인이 구조피해자이거나 유족인 경우에는 해당 국가의 상호보증이 있는 경우에 한하여 범죄피해자구조청구권을 행사할 수 있다. ( )

06 범죄피해자구조청구권은 생명, 신체에 대한 피해를 입은 경우에 적용되는 것은 물론이고 재산상 피해를 입은 경우에도 적용된다. ( )

07 구조대상 범죄피해는 대한민국 영역 안에서 또는 대한민국 영역 밖에서 행하여진 범죄로 인한 피해를 말한다. ( )

08 범죄피해자구조금의 지급신청은 해당 구조대상 범죄피해의 발생을 안 날부터 3년이 지나거나 해당 구조대상 범죄피해가 발생한 날부터 5년이 지나면 할 수 없다. ( )

정답
01 ○
02 × (과실에 의한 경우 범죄피해자구조청구권이 인정되지 않는다)
03 × (구조금을 지급하지 아니한다)
04 × (2년)
05 ○
06 × (재산상 피해를 입은 경우에는 적용되지 않는다)
07 × (대한민국의 영역 안 또는 대한민국의 영역 밖에 있는 대한민국의 선박이나 항공기 안)
08 × (범죄피해가 발생한 날부터 10년)

052 인간다운 생활을 할 권리

헌법 제34조
① 모든 국민은 인간다운 생활을 할 권리를 가진다.

📖 테마 출제경향

인간다운 생활을 할 권리에서는 인간다운 생활을 할 권리의 의의, 법적 성격, 효력에 관한 헌재결정을 묻는 문제가 출제되고 있다.

핵심 이론

🔎 테마 출제 키워드

최소한의 물질적 생활에 필요한 급부, 객관적으로 필요한 최소한의 조치

1 의의

인간다운 생활을 할 권리는 사회권적 기본권의 일종으로서 인간의 존엄에 상응하는 최소한의 물질적인 생활의 유지에 필요한 급부를 요구할 수 있는 권리를 의미한다(헌재 2004. 10. 28. 2002헌마328).

2 법적 성격

인간다운 생활을 할 권리로부터는 인간의 존엄에 상응하는 최소한의 물질적인 생활의 유지에 필요한 급부를 요구할 수 있는 구체적인 권리가 상황에 따라서는 직접 도출될 수 있다고 할 수는 있어도, 동 기본권이 직접 그 이상의 급부를 내용으로 하는 구체적인 권리를 발생케 한다고는 볼 수 없다(헌재 1995. 7. 21. 93헌가14).

3 효력

행위규범과 통제규범	입법부나 행정부에 대하여는 국민소득, 국가의 재정능력과 정책 등을 고려하여 가능한 범위 안에서 최대한으로 모든 국민이 물질적인 최저생활을 넘어서 인간의 존엄성에 맞는 건강하고 문화적인 생활을 누릴 수 있도록 하여야 한다는 행위의 지침 즉 행위규범으로서 작용하지만, 헌법재판에 있어서는 다른 국가기관 즉 입법부나 행정부가 국민으로 하여금 인간다운 생활을 영위하도록 하기 위하여 객관적으로 필요한 최소한의 조치를 취할 의무를 다하였는지를 기준으로 국가기관의 행위의 합헌성을 심사하여야 한다는 통제규범으로 작용하는 것이다(헌재 1997. 5. 29. 94헌마33).
위헌심사의 대상	국가가 행하는 생계보호의 수준이 그 재량의 범위를 명백히 일탈하였는지의 여부, 즉 인간다운 생활을 보장하기 위한 객관적 내용의 최소한을 보장하고 있는지의 여부는 생활보호법에 의한 생계보호급여만을 가지고 판단하여서는 아니 되고 그 외의 법령에 의거하여 국가가 생계보호를 위하여 지급하는 각종 급여나 각종 부담의 감면등을 총괄한 수준을 가지고 판단하여야 한다(헌재 1997. 5. 29. 94헌마33).

핵심 판례

▶ 국가가 인간다운 생활을 보장하기 위한 헌법적 의무를 다하였는지의 여부가 사법적 심사의 대상이 된 경우에는, 국가가 생계보호에 관한 입법을 전혀 하지 아니하였다든가 그 내용이 현저히 불합리하여 헌법상 용인될 수 있는 재량의 범위를 명백히 일탈한 경우에 한하여 인간다운 생활을 할 권리를 보장한 헌법에 위반된다(헌재 1997. 5. 29. 94헌마33).

▶ 1994년도를 기준으로 생활보호대상자에 대한 생계보호급여와 그 밖의 각종 급여 및 각종 부담감면의 액수를 고려할 때, 이 사건 생계보호기준이 청구인들의 인간다운 생활을 보장하기 위하여 국가가 실현해야 할 객관적 내용의 최소한도의 보장에도 이르지 못하였다거나 헌법상 용인될 수 있는 재량의 범위를 명백히 일탈하였다고는 보기 어렵고, 따라서 비록 위와 같은 생계보호의 수준이 일반 최저생계비에 못미친다고 하더라도 그 사실만으로 곧 그것이 헌법에 위반된다거나 청구인들의 행복추구권이나 인간다운 생활을 할 권리를 침해한 것이라고는 볼 수 없다(헌재 1997. 5. 29. 94헌마33).

핵심 기출 |||||||||||||||||||||||||||||||||||||||||||||||||||||||||||||||

인간다운 생활을 할 권리에 관한 설명 중 가장 적절하지 않은 것은? (다툼이 있는 경우 판례에 의함)

2022 제2차 경찰공채

① 인간다운 생활을 할 권리는 자연인의 권리이므로 법인에게는 인정되지 않고, 또한 국민의 권리이므로 원칙적으로 외국인에게는 인정되지 아니한다.

② 인간다운 생활을 할 권리에 관한 헌법상 규정은 모든 국가기관을 기속하지만, 그 기속의 의미는 적극적 형성적 활동을 하는 입법부 또는 행정부의 경우와 헌법재판에 의한 사법적 통제기능을 하는 헌법재판소에 있어서 동일하지 아니하다.

③ 주거환경개선사업 및 주택재개발사업의 시행으로 철거되는 주택의 소유자에 대해서는 임시수용시설의 설치 등을 사업시행자의 의무로 규정한 반면, 도시환경정비사업의 경우에는 이와 같은 규정을 두지 아니한 것은 청구인의 인간다운 생활을 할 권리를 제한한다.

④ 국가가 인간다운 생활을 보장하기 위한 헌법적 의무를 다하였는지의 여부가 사법적 심사의 대상이 된 경우에는, 국가가 최저생활보장에 관한 입법을 전혀 하지 아니하였다든지, 그 내용이 현저히 불합리하여 헌법상 용인될 수 있는 재량의 범위를 명백히 일탈한 경우에 한하여 헌법에 위반된다고 보아야 한다.

③ 도시환경정비사업의 시행으로 인하여 철거되는 주택의 소유자를 위하여 사업시행기간 동안 거주할 임시수용시설을 설치하는 것은 국가에 대하여 최소한의 물질적 생활을 요구할 수 있는 인간다운 생활을 할 권리의 향유와 관련되어 있다고 할 수 없다. 또한, 청구인과 같은 주택의 소유자는 정비사업에 의하여 건설되는 주택을 자신의 선택에 따라 분양받을 수 있는 우선적 권리를 향유하게 되고, 정비사업의 완료 후에는 종전보다 주거환경이 개선된 기존의 생활근거지에서 계속 거주할 수 있으므로 청구인의 주장처럼 생활의 근거를 상실하는 것도 아니다. 그렇다면 이 사건 법률조항이 인간다운 생활을 할 권리를 제한하거나 침해한다고 할 수 없다(헌재 2014. 3. 27. 2011헌바396).

① 헌재 2004. 10. 28. 2002헌마328
② 헌재 1997. 5. 29. 94헌마33
④ 헌재 1997. 5. 29. 94헌마33

정답 ③

✓ 핵심 O·X

01 구치소·치료감호시설에 수용 중인 자에 대하여 「국민기초생활 보장법」에 의한 중복적인 보장을 피하기 위하여 개별가구에서 제외하기로 한 입법자의 판단이 헌법상 용인될 수 있는 재량의 범위를 일탈하여 인간다운 생활을 할 권리와 보건권을 침해한다고 볼 수 없다. ( )

02 「공무원연금법」에 따른 퇴직연금일시금을 지급받은 사람 및 그 배우자를 기초연금 수급권자의 범위에서 제외하는 것은 한정된 재원으로 노인의 생활안정과 복리향상이라는 「기초연금법」의 목적을 달성하기 위한 것으로서 합리성이 인정되므로 인간다운 생활을 할 권리를 침해한다고 볼 수 없다. ( )

정답
01 ○
02 ○

Theme
52

053 사회보장수급권

테마 출제경향

사회보장수급권에서는 사회보장수급권의 법적 성격, 사회보장수급권의 내용, 특히 사회보험청구권 및 사회보상청구권과 관련한 헌재결정을 묻는 문제가 출제되고 있다.

테마 출제 키워드

공무원연금, 의료보험, 기초생활수급자, 국가유공자, 출퇴근재해

헌법 제32조

⑥ 국가유공자·상이군경 및 전몰군경의 유가족은 법률이 정하는 바에 의하여 우선적으로 근로의 기회를 부여받는다.

헌법 제34조

② 국가는 사회보장·사회복지의 증진에 노력할 의무를 진다.

③ 국가는 여자의 복지와 권익의 향상을 위하여 노력하여야 한다.

④ 국가는 노인과 청소년의 복지향상을 위한 정책을 실시할 의무를 진다.

⑤ 신체장애자 및 질병·노령 기타의 사유로 생활능력이 없는 국민은 법률이 정하는 바에 의하여 국가의 보호를 받는다.

핵심 이론

1 의의

사회적 위험으로 인하여 요보호상태에 있는 개인이 인간의 존엄에 상응한 인간다운 생활을 영위하기 위하여 국가에 대해 일정한 내용의 적극적 급부를 요구할 수 있는 권리를 말한다.

2 법적 성격

사회적 기본권의 성격을 가지는 사회보장수급권은 국가에 대하여 적극적으로 급부를 요구하는 것이므로 헌법규정만으로는 이를 실현할 수 없고, 법률에 의한 형성을 필요로 한다(헌재 2001. 9. 27. 2000헌마342).

3 내용

사회보험	• 경제적 약자에게 질병·상해 등 상당한 재산상의 부담이 되는 사고가 발생한 경우 그 위험부담을 국가적인 보험기술을 통하여 다수인에게 분산시키는 사회보장제도 • 의료보험, 국민연금, 공무원연금, 군인연금, 교원연금, 산업재해보험
공적부조	• 현실적으로 생활불능상태에 있거나 생계유지가 곤란한 사람에게 국가가 최종적인 생활보장수단으로서 각출을 요건으로 하지 아니하고 최저생활에 필요한 급여를 제공하는 제도 • 기초연금 등

사회보상	국가유공자가 상해 또는 사망하거나 노동능력을 상실함으로써 본인이나 유족의 생활이 곤궁하게 된 경우 본인이나 부양가족 또는 유족의 의료와 생활을 보장하기 위한 제도
사회복지	공적부조대상자 등 요보호자가 자립의 생활능력을 계발하는 데 필요한 지원을 하는 국가적 활동

⚖ 핵심 판례

▶ 사회보험료를 형성하는 2가지 중요한 원리는 '보험의 원칙'과 '사회연대의 원칙'이다. 보험의 원칙이란 소위 등가성의 원칙이라고도 하는데, 이는 보험료와 보험급여 간의 등가원칙을 말한다. 사회연대의 원칙은 국민들에게 최소한의 인간다운 생활을 보장해야 할 국가의 의무를 부과하는 사회국가원리에서 나온다. 보험료의 형성에 있어서 사회연대의 원칙은 보험료와 보험급여 사이의 개별적 등가성의 원칙에 수정을 가하는 원리일 뿐만 아니라, 사회보험체계 내에서의 소득의 재분배를 정당화하는 근거이며, 보험의 급여수혜자가 아닌 제3자인 사용자의 보험료 납부의무(이질부담)를 정당화하는 근거이기도 하다. 또한 사회연대의 원칙은 사회보험에의 강제가입의무를 정당화하며, 재정구조가 취약한 보험자와 재정구조가 건전한 보험자 사이의 재정조정을 가능하게 한다(헌재 2001. 8. 30. 2000헌마668).

▶ 국민연금과 직역연금은 원래 가입자와 재원이 다르고, 국민연금과 직역연금의 가입기간을 흠결 없이 연계하여야 할 입법의무가 헌법상 도출된다고 보기 어려운 점, 연금연계법 공포일 전에 직역연금에서 국민연금으로 이동한 경우 연계신청이 허용되지 않아 연금수급권을 취득하지 못하더라도 퇴직일시금과 반환일시금을 지급받을 수 있는 점 등을 고려하면, 연금연계법 공포일 전에 직역연금에서 국민연금으로 이동한 경우에 연계신청을 허용하지 않는다고 하여 현저히 자의적이거나 인간다운 생활을 보장하기 위하여 필요한 최소한도의 내용마저 보장하지 않는 것이라고 할 수 없으므로, 연금연계법 부칙조항이 연금연계법 공포일 전에 직역연금에서 국민연금으로 이동한 사람의 인간다운 생활을 할 권리를 침해한다고 볼 수 없다(헌재 2015. 2. 26. 2013헌바419).

▶ 공무원연금법상의 각종 급여는 기본적으로 모두 '사회보장적 급여로서의 성격'을 가짐과 동시에 '공로보상 내지 후불임금으로서의 성격'도 함께 가지며 특히 퇴직연금수급권은 경제적 가치 있는 권리로서 헌법 제23조에 의하여 보장되는 재산권으로서의 성격을 가진다(헌재 2005. 6. 30. 2004헌바42).

▶ 분할연금제도를 도입하면서 그 시행 전에 이혼한 사람들도 소급하여 분할연금 수급권자가 될 수 있도록 한다면, 분할연금 수급권자에게 지급하여야 할 분할연금을 포함하여 이미 퇴직연금을 지급한 경우나 퇴직연금 수급자가 이미 사망하여 퇴직연금이 소멸된 경우 등 과거에 이미 형성된 법률관계에 중대한 영향을 미쳐 법적 안정성이 훼손될 우려가 크다. 지급적용대상 조항은 이러한 문제를 방지하기 위하여 개정 법률의 적용대상을 제한한 것으로 충분히 납득할 이유가 있다. 따라서 2015년 개정 공무원연금법에 분할연금제도를 신설하면서, 그 지급적용 대상을 개정법 시행일 이후에 이혼한 사람으로 한정한 것은 입법재량의 범위를 벗어난 현저히 불합리한 차별이라고 보기 어려우므로, 지급적용대상 조항은 청구인의 평등권을 침해하지 아니한다(헌재 2018. 4. 26. 2016헌마54).

▶ 퇴직연금 수급자가 유족연금을 함께 받게 된 경우 그 유족연금액의 2분의 1을 빼고 지급하도록 하는 구 공무원연금법 제45조 제4항 부분이 청구인의 인간다운 생활을 할 권리 및 재산권을 침해하였다고 볼 수 없다(헌재 2020. 6. 25. 2018헌마865).

▶ 공무원이거나 공무원이었던 사람이 재직 중의 사유로 금고 이상의 형을 받거나 형이 확정된 경우 퇴직급여 및 퇴직수당의 일부를 감액하여 지급함에 있어 그 이후 형의 선고의 효력을 상실하게 하는 특별사면 및 복권을 받은 경우를 달리 취급하는 규정을 두지 아니한 구 공무원연금법 제64조 제1항 제1호 등은 재산권 및 인간다운 생활을 할 권리를 침해한다고 볼 수 없어 헌법에 위반되지 아니한다(헌재 2020. 4. 23. 2018헌바402).

▶ 업무상 재해에 통상의 출퇴근 재해를 포함시키는 개정 법률조항을 개정법 시행 후 최초로 발생하는 재해부터 적용하도록 하는 산재보험법 부칙 제2조 부분이 신법 조항의 소급적용을 위한 경과규정을 두지 않음으로써 개정법 시행일 전에 통상의 출퇴근 사고를 당한 비혜택근로자를 보호하기 위한 최소한의 조치도 취하지 않은 것은, 산재보험의 재정상황 등 실무적 여건이나 경제상황 등을 고려한 것이라고 하더라도, 그 차별을 정당화할 만한 합리적인 이유가 있는 것으로 보기 어렵고, 이 사건 헌법불합치결정의 취지에도 어긋난다. 따라서 심판대상조항은 헌법상 평등원칙에 위반된다(헌재 2019. 9. 26. 2018헌바218).

▶ 기초연금법 제3조 제3항 제1호 중 '공무원연금법 제42조에 따른 퇴직연금일시금을 받은 사람과 그 배우자에게는 기초연금을 지급하지 아니한다'는 부분이 인간다운 생활을 할 권리를 침해한다고 볼 수 없다(헌재 2018. 8. 30. 2017헌바197).

▶ 국가의 재정부담을 늘리지 않으면서도 보훈보상대상자 유족의 실질적인 생활보호에 충실할 수 있는 방안이 존재하는 상황에서, 부모에 대한 보상금 지급에 있어서 예외 없이 오로지 1명에 한정하여 지급해야 할 필요성이 크다고 볼 수 없고, 직업이나 보유재산에 따라 연장자가 경제적으로 형편이 더 나은 경우에도 그 보다 생활이 어려운 유족을 배제하면서까지 연장자라는 이유로 보상금을 지급하는 것은 보상금 수급권이 갖는 사회보장적 성격에 부합하지 아니한다(헌재 2018. 6. 28. 2016헌가14 헌법불합치).

▶ 2014년 개정된 '독립유공자예우에 관한 법률'은 대통령령으로 정하는 생활수준 등을 고려하여 손자녀 1명에게 보상금을 지급하도록 한바, 유족의 생활 안정과 복지 향상을 도모하기 위하여 보상금이 가장 필요한 손자녀에게 보상금을 지급하여 보상금 수급권의 실효성을 보장하면서 아울러 국가의 재정부담 능력도 고려하였다. 아울러 2018년 개정된 독립유공자법은 독립유공자법 제12조에 따른 보상금을 받지 아니하는 손자녀에게 생활안정을 위한 지원금을 지급할 수 있도록 한바, 보상금을 지급받지 못하는 손자녀들에 대한 생활보호 대책을 마련하고 독립유공자법에 따른 보훈에 있어 손자녀간의 형평성도 고려하였다. 위와 같은 사정을 종합해 볼 때, 독립유공자예우법 제12조 제2항 제1호 중 '손자녀 1명에 한정하여 보상금을 지급하는 부분' 및 같은 조 제4항 제1호 중 '나이가 많은 손자녀를 우선하는 부분'에 나타난 입법자의 선택이 명백히 그 재량을 일탈한 것이라고 보기 어려우므로 심판대상조항은 청구인의 평등권을 침해하지 아니한다(헌재 2018. 6. 28. 2015헌마304).

▶ 국가의 재정부담능력 등 때문에 이 사건 수당의 지급 총액이 일정액으로 제한될 수밖에 없다고 하더라도, 그 범위 내에서 생활정도에 따라 이 사건 수당을 적절히 분할해서 지급한다면 이 사건 수당의 지급취지를 살리면서도 1명에게만 지급됨으로 인해 발생하는 불합리를 해소할 수 있다. 따라서 이 사건 법률조항이 6·25 전몰 군경자녀 중 1명에 한정하여 이 사건 수당을 지급하도록 하고 수급권자의 수를 확대할 수 있는 어떠한 예외도 두지 않은 것에는 합리적 이유가 있다고 보기 어렵다. 그리고 6·25 전몰 군경자녀 중 나이가 많은 자를 이 사건 수당의 선순위 수급권자로 정하는 것은 이 사건 수당이 가지는 사회보장적 성격에 부합하지 아니하고, 나이가 많다는 우연한 사정을 기준으로 이 사건 수당의 지급순위를 정하는 것으로 합리적인 이유가 없다. 따라서 이 사건 법률조항은 나이가 적은 6·25 전몰 군경자녀의 평등권을 침해한다(헌재 2021. 3. 25. 2018헌가6 헌법불합치).

▶ 65세 미만의 비교적 젊은 나이인 경우, 자립 욕구나 자립지원의 필요성이 높고, 질병의 치료효과나 재활의 가능성이 높은 편이므로 노인성 질병이 발병하였다고 하여 곧 사회생활이 객관적으로 불가능하다거나, 가내에서의 장기요양의 욕구·필요성이 급격히 증가한다고 평가할 것은 아니다. 그럼에도 65세 미만의 장애인 가운데 일정한 노인성 질병이 있는 사람의 경우 일률적으로 활동지원급여 신청자격을 제한한 데에 합리적 이유가 있다고 보기 어려우므로 65세 미만의 일정한 노인성 질병이 있는 사람의 장애인 활동지원급여 신청자격을 제한하는 '장애인활동 지원에 관한 법률' 제5조 제2호 본문 부분은 평등원칙에 위반된다(헌재 2020. 12. 23. 2017헌가22 헌법불합치).

✎ 핵심 [기출]

사회보장수급권에 관한 설명 중 가장 적절하지 않은 것은? (다툼이 있는 경우 판례에 의함)

2016 경정승진

① 「공무원연금법」상 퇴직연금의 수급자가 「사립학교교직원연금법」 제3조의 학교기관으로부터 보수 기타 급여를 지급받고 있는 경우, 그 기간 중 퇴직연금의 지급을 정지하도록 한 것은 기본권 제한의 입법한계를 일탈한 것으로 볼 수 없다.

② 휴직자에게 직장가입자의 자격을 유지시켜 휴직전월의 표준보수월액을 기준으로 보험료를 부과하는 것은 사회국가원리에 위배되지 않는다.

③ 「공무원연금법」상의 연금수급권은 국가에 대하여 적극적으로 급부를 요구하는 것이므로 헌법규정만으로는 실현될 수 없고, 법률에 의한 형성을 필요로 한다.

④ 국민연금의 급여수준은 납입한 연금보험료의 금액을 기준으로 결정하여야 하며, 한 사람의 수급권자에게 여러 종류의 수급권이 발생한 경우에는 중복하여 지급해야 한다.

④ 급여에 필요한 재원은 한정되어 있고, 인구의 노령화 등으로 급여대상자는 점점 증가하고 있어 급여수준은 국민연금재정의 장기적인 균형이 유지되도록 조정되어야 할 필요가 있으므로 한 사람의 수급권자에게 여러 종류의 연금의 수급권이 발생한 경우 그 연금을 모두 지급하는 것보다는 일정한 범위에서 그 지급을 제한하여야 할 필요성이 있고 국민연금의 급여수준은 수급권자가 최저생활을 유지하는데 필요한 금액을 기준으로 결정해야 할 것이지 납입한 연금보험료의 금액을 기준으로 결정하거나 여러 종류의 수급권이 발생하였다고 하여 반드시 중복하여 지급해야 할 것은 아니므로, 이 사건 법률조항이 수급권자에게 2 이상의 급여의 수급권이 발생한 때 그 자의 선택에 의하여 그 중의 하나만을 지급하고 다른 급여의 지급을 정지하도록 한 것은 공공복리를 위하여 필요하고 적정한 방법으로서 헌법 제37조 제2항의 기본권 제한의 입법적 한계를 일탈한 것으로 볼 수 없고, 또 합리적인 이유가 있으므로 평등권을 침해한 것도 아니다(헌재 2000. 6. 1. 97헌마190).

① 헌재 2000. 6. 29. 98헌바106

② 헌재 2003. 6. 26. 2001헌마699

③ 헌재 1999. 4. 29. 97헌마333

[정답] ④

✓ 핵심 **O·X**

01 65세 미만의 일정한 노인성 질병이 있는 사람의 장애인 활동 지원급여 신청자격을 제한하는 「장애인활동 지원에 관한 법률」 제5조 제2호 본문 중 '「노인장기요양보험법」 제2조 제1호에 따른 노인 등' 가운데 '65세 미만의 자로서 치매 뇌혈관성질환 등 대통령령으로 정하는 노인성 질병을 가진 자'에 관한 부분은 합리적 이유가 있다고 할 것이므로 평등원칙에 위반되지 않는다. ( )

02 업무상 질병으로 인한 업무상 재해에 있어 업무와 재해 사이의 상당인과관계에 대한 입증책임을 이를 주장하는 근로자나 그 유족에게 부담시키는 「산업재해보상보험법」 규정이 근로자나 그 유족의 사회보장수급권을 침해한다고 볼 수 없다. ( )

03 「형의 집행 및 수용자의 처우에 관한 법률」 및 「치료감호법」에 의한 구치소·치료감호시설에 수용 중인 자는 당해 법률에 의하여 생계유지의 보호와 의료적 처우를 받고 있으므로 이러한 자에 대하여 「국민기초생활 보장법」에 의한 중복적인 보장을 피하기 위하여 개별가구에서 제외하기로 한 입법자의 판단이 헌법상 용인될 수 있는 재량의 범위를 일탈하여 인간다운 생활을 할 권리를 침해한다고 볼 수 없다.

( )

04 근로자가 사업주의 지배관리 아래 출퇴근하던 중 발생한 사고로 부상 등이 발생한 경우에만 업무상 재해로 인정하는 「산업재해 보상보험법」 규정은 도보나 자기 소유 교통수단 또는 대중교통수단 등을 이용하여 출퇴근하는 산업재해보상보험 가입 근로자를 합리적 이유 없이 자의적으로 차별하는 것이 아니므로 헌법상 평등원칙에 위배되지 않는다. ( )

05 지방자치단체장은 특정 정당을 정치적 기반으로 하여 선거에 입후보할 수 있고 선거에 의하여 선출되는 공무원이라는 점에서 헌법 제7조 제2항에 따라 신분보장이 필요하고 정치적 중립성이 요구되는 공무원에 해당한다고 보기 어려우므로 헌법 제7조의 해석상 지방자치단체장을 위한 퇴직급여제도를 마련하여야 할 입법적 의무가 도출된다고 볼 수 없다. ( )

정답
01 × (평등원칙에 위반된다)
02 ○
03 ○
04 × (평등원칙에 위배된다)
05 ○

054 교육을 받을 권리

헌법 제31조
① 모든 국민은 능력에 따라 균등하게 교육을 받을 권리를 가진다.
② 모든 국민은 그 보호하는 자녀에게 적어도 초등교육과 법률이 정하는 교육을 받게 할 의무를 진다.
③ 의무교육은 무상으로 한다.

테마 출제경향

교육을 받을 권리에서는 교육을 받을 권리의 의의 및 법적 성격과 교육을 받을 권리의 개별적 내용과 관련한 헌재결정을 묻는 문제가 출제되고 있다.

테마 출제 키워드

능력에 따라 균등한 교육을 받을 권리, 무상의 의무교육을 받을 권리, 부모의 자녀교육권

핵심 이론

1 의의

교육을 받을 권리는 통상 국가에 의한 교육조건의 개선·정비와 교육기회의 균등한 보장을 적극적으로 요구할 수 있는 권리를 말한다(헌재 1992. 11. 12. 89헌마88).

2 법적 성격

교육을 받을 권리는 국민이 능력에 따라 균등하게 교육받을 것을 공권력에 의하여 부당하게 침해받지 않을 권리와 국민이 능력에 따라 균등하게 교육받을 수 있도록 국가가 적극적으로 배려하여 줄 것을 요구할 수 있는 권리로 구성되는바, 전자는 자유권적 기본권의 성격이, 후자는 사회권적 기본권의 성격이 강하다(헌재 2008. 4. 24. 2007헌마1456).

3 내용

(1) 능력에 따라 균등한 교육을 받을 권리

평등권으로서 교육을 받을 권리는 '취학의 기회균등', 즉 각자의 능력에 상응하는 교육을 받을 수 있도록 학교 입학에 있어서 자의적 차별이 금지되어야 한다는 차별금지원칙을 의미한다(헌재 2017. 12. 28. 2016헌마649).

(2) 무상의 의무교육을 받을 권리

취지	국가는 학부모가 경제적 여건에 관계없이 교육의 의무를 이행할 수 있도록 제3항에서는 의무교육은 무상으로 할 것을 원칙으로 천명하여 국가에 의무교육을 실시할 수 있는 인적·물적 여건을 마련할 의무를 부과하였다(헌재 2012. 8. 23. 2010헌바220).
무상의 범위	의무교육에 있어서 무상의 범위에는 의무교육이 실질적이고 균등하게 이루어지기 위한 본질적 항목으로, 수업료나 입학금의 면제, 학교와 교사 등 인적·물적 시설 및 그 시설을 유지하기 위한 인건비와 시설유지비, 신규시설투자비 등의 재원 부담으로부터의 면제가 포함된다 할 것이며, 그 외에도 의무교육을 받는 과정에 수반하는 비용으로서 의무교육의 실질적인 균등보장을 위해 필수불가결한 비용은 무상의 범위에 포함된다(헌재 2012. 4. 24. 2010헌바164).
경비부담자	헌법 제31조 제2항, 제3항으로부터 직접 의무교육 경비를 중앙정부로서의 국가가 부담하여야 한다는 결론은 도출되지 않으며, 그렇다고 하여 의무교육의 성질상 중앙정부로서의 국가가 모든 비용을 부담하여야 하는 것도 아니다(헌재 2005. 12. 22. 2004헌라3).

(3) 부모의 자녀교육권

학부모는 자녀의 개성과 능력을 고려하여 자녀의 학교교육에 관한 전반적인 계획을 세우고, 자신의 인생관·사회관·교육관에 따라 자녀를 교육시킬 권리가 있다(헌재 2016. 11. 24. 2012헌마854).

(4) 청소년의 학습권

학습자로서의 청소년은 교육을 받음에 있어서 자신의 인격, 특히 성향이나 능력을 자유롭게 발현할 수 있는 권리가 있다. 따라서 청소년은 국가의 교육권한과 부모의 교육권의 범주 내에서 자신의 교육에 관하여 스스로 결정할 권리, 즉 자유롭게 교육을 받을 권리를 가진다(헌재 2019. 4. 11. 2017헌바140).

🔧 핵심 판례

▶ 헌법 제31조 제1항은 취학의 기회에 있어서 고려될 수 있는 차별기준으로 '능력'을 제시함으로써, 능력 이외의 다른 요소에 의한 차별을 원칙적으로 제한하고 있다. 여기서 '능력'이란 '수학능력'을 의미하고 교육제도에서 '수학능력'은 개인의 인격발현과 밀접한 관계에 있는 인격적 요소이며, 학교 입학에 있어서 고려될 수 있는 합리적인 차별기준을 의미한다(헌재 2017. 12. 28. 2016헌마649).

▶ 고등학교 퇴학일부터 검정고시 공고일까지의 기간이 6개월 이상이 되지 않은 사람은 고졸검정고시에 응시할 수 없도록 규정한 '초·중등교육법 시행규칙' 제35조 제6항 제2호 본문 부분은 고등학교를 자진퇴학한 청구인들의 교육을 받을 권리를 침해한다고 볼 수 없다(헌재 2022. 5. 26. 2020헌마1512).

▶ 교육을 받을 권리가 국가에 대하여 특정한 교육제도나 시설의 제공을 요구할 수 있는 권리를 뜻하는 것은 아니므로, 청구인이 이 사건 도서관에서 도서를 대출할 수 없거나 열람실을 이용할 수 없더라도 청구인의 교육을 받을 권리가 침해된다고 볼 수 없다(헌재 2016. 11. 24. 2014헌마977).

▶ 의무교육 대상인 중학생의 학부모에게 급식관련비용 일부를 부담하도록 하는 구 학교급식법 제8조 제1항 후단 등은 입법형성권의 범위를 넘어 헌법상 의무교육의 무상원칙에 반하는 것으로 보기는 어렵다(헌재 2012. 4. 24. 2010헌바164).

▶ 무상의 중등교육을 받을 권리는 법률에서 중등교육을 의무교육으로서 시행하도록 규정하기 전에는 헌법상 권리로서 보장되는 것은 아니다(헌재 1991. 2. 11. 90헌가27).

▶ 학교가 학생에 대해 불이익 조치를 할 경우 해당 학생의 학부모가 의견을 제시할 권리는 자녀교육권의 일환으로 보호된다(헌재 2013. 10. 24. 2012헌마832).

▶ 자녀교육권을 실질적으로 보장하기 위해서는 자녀의 교육에 필요한 정보가 제공되어야 하는바 학부모는 교육정보에 대한 알 권리를 가진다. 이러한 정보 속에는 자신의 자녀를 가르치는 교원이 어떠한 자격과 경력을 가진 사람인지는 물론 어떠한 정치성향과 가치관을 가지고 있는 사람인지에 대한 정보도 포함되는 것이므로, 교원의 교원단체 및 노동조합 가입에 관한 정보도 알 권리의 한 내용이 될 수 있다(헌재 2011. 12. 29. 2010헌마293).

▶ 학교폭력예방법 제17조 제1항은 학교폭력 가해학생에 대하여 취할 수 있는 조치로서 출석정지 조치 등을 병과할 수 있도록 규정하면서 출석정지 조치에 대해서는 그 기간의 제한을 두지 않은 것은 청구인들의 자유롭게 교육을 받을 권리, 즉 학습의 자유를 침해하지 않는다(헌재 2019. 4. 11. 2017헌바140).

① 의무교육무상에 관한 헌법 제31조 제3항은 교육을 받을 권리를 보다 실효성 있게 보장하기 위하여 의무교육 비용을 학령아동의 보호자 개개인의 직접적 부담에서 공동체 전체의 부담으로 이전하라는 명령일 뿐이고 의무교육의 비용을 오로지 국가 또는 지방자치단체의 예산, 즉 조세로 해결해야 함을 의미하는 것은 아니다(헌재 2008. 9. 25. 2007헌가1).

② '교육을 받을 권리'란, 국민이 위 헌법규정을 근거로 하여 직접 특정한 교육제도나 학교시설을 요구할 수 있는 권리라기보다는 모든 국민이 능력에 따라 균등하게 교육을 받을 수 있는 교육제도를 제공해야 할 국가의 의무를 규정한 것이다(헌재 2000. 4. 27. 98헌가16).

③ 헌재 2017. 12. 28. 2016헌마649

④ 헌재 2003. 11. 27. 2003헌바39

정답 ①

✏ **핵심** **기출** ||||||||||||||||||||||||||||||||||||||||||||||||||||||||||||||||||||||||

교육을 받을 권리에 대한 설명으로 옳은 것은? (다툼이 있는 경우 판례에 의함)

2021 지방직 7급

① 헌법 제31조제3항의 의무교육 무상의 원칙은 교육을 받을 권리를 보다 실효성 있게 보장하기 위하여 의무교육 비용을 학령아동의 보호자 개개인의 직접적 부담에서 공동체 전체의 부담으로 이전하라는 명령일 뿐, 의무교육의 비용을 오로지 국가 또는 지방자치단체의 예산으로 해결해야 함을 의미하는 것은 아니다.

② 헌법 제31조의 교육을 받을 권리는 국민이 국가에 대해 직접 특정한 교육제도나 학교시설을 요구할 수 있는 기본권이며, 자신의 교육환경을 최상 혹은 최적으로 만들기 위해 타인의 교육시설 참여 기회를 제한할 것을 청구할 수 있는 기본권이기도 하다.

③ 헌법 제31조제4항에서 보장하고 있는 대학의 자율성에 따라 대학은 학생의 선발 및 전형 등 대학입시제도를 자율적으로 마련할 수 있으므로, 국립교육대학교 등이 검정고시 출신자의 수시모집 지원을 제한하는 것은 수시모집에 지원하려는 검정고시 출신자의 균등하게 교육을 받을 권리를 침해하는 것이 아니다.

④ 헌법 제31조제1항에서 보장되는 교육의 기회균등권은 모든 국민에게 균등한 교육을 받게 하고 특히 경제적 약자가 실질적인 평등교육을 받을 수 있도록 국가에게 적극적 정책을 실현할 것을 요구하므로, 헌법 제31조제1항으로부터 국민이 직접 실질적 평등교육을 위한 교육비를 청구할 권리가 도출된다.

✓ 핵심 O·X

01 학교의 급식활동은 의무교육에 있어서 필수불가결한 교육 과정이고 이에 소요되는 경비는 의무교육의 실질적인 균등보장을 위한 본질적이고 핵심적인 항목에 해당하므로, 급식에 관한 경비를 전면무상으로 하지 않고 그 일부를 학부모의 부담으로 정하고 있는 것은 의무교육의 무상원칙에 위배된다. ( )

02 교육을 받을 권리가 국가에 대하여 특정한 교육제도나 시설의 제공을 요구할 수 있는 권리를 뜻하는 것은 아니므로, 대학의 구성원이 아닌 사람이 대학도서관에서 도서를 대출할 수 없거나 열람실을 이용할 수 없더라도 교육을 받을 권리가 침해된다고 볼 수 없다. ( )

03 고시 공고일을 기준으로 고등학교에서 퇴학된 날로부터 6월이 지나지 아니한 자를 고등학교 졸업학력 검정고시를 받을 수 있는 자의 범위에서 제외하는 것은, 국민의 교육을 받을 권리 중 그 의사와 능력에 따라 균등하게 교육받을 것을 국가로부터 방해받지 않을 권리, 즉 자유권적 기본권을 제한하는 것이므로, 그 제한에 대하여는 과잉금지원칙에 따른 심사를 하여야 한다. ( )

04 조례에 의한 규제가 지역 여건이나 환경 등 그 특성에 따라 다르게 나타나는 것은 헌법이 지방자치단체의 자치입법권을 인정한 이상 당연히 예상되는 결과이나, 고등학생들이 학원 교습시간과 관련하여 자신들이 거주하는 지역의 학원조례조항으로 인하여 다른 지역 주민들에 비하여 더한 규제를 받게되었다면 평등권이 침해되었다고 볼 수 있다. ( )

05 헌법은 초등교육과 중등교육을 의무교육으로 실시하도록 명문으로 규정하고 있다. ( )

06 개발사업지역에서 100세대 규모 이상의 주택건설용 토지를 조성·개발하거나 공동주택을 건설하는 사업자에 대하여 학교용지부담금을 부과하는 것은 헌법상 의무교육의 무상원칙에 위배되지 않는다. ( )

07 서울대학교 재학생이 재학 중인 학교의 법적 형태를 법인이 아닌 공법상 영조물인 국립대학으로 유지하여 줄 것을 요구할 권리는 학생의 교육받을 권리에 포함되지 아니한다. ( )

08 대학수학능력시험을 한국교육방송공사(EBS) 수능교재 및 강의와 연계하여 출제하기로 한 '2018학년도 대학수학능력시험 시행 기본계획'은 헌법 제31조 제1항의 능력에 따라 균등하게 교육을 받을 권리를 직접 제한한다고 보기는 어렵다. ( )

09 '부모의 자녀에 대한 교육권'은 비록 헌법에 명문으로 규정되어 있지는 아니하지만, 이는 모든 인간이 국적과 관계없이 누리는 양도할 수 없는 불가침의 인권이다. ( )

10 학교 내·외의 교육영역에서 국가는 헌법 제31조에 의하여 원칙적으로 독립된 독자적인 교육권한을 부여받았고, 학교 밖의 교육영역에서는 원칙적으로 부모의 교육권보다 국가의 교육권한이 우위를 차지한다. ( )

Theme

54

정답
01 × (의무교육의 무상원칙에 위배되지 않는다)
02 ○
03 ○
04 × (평등권이 침해되었다고 볼 수 없다)
05 × (초등교육과 법률이 정하는 교육)
06 ○
07 ○
08 ○
09 ○
10 × (부모의 교육권이 국가의 교육권한보다 우위)

055

교육제도

테마 출제경향

교육제도에서는 교육의 기본원칙과 교육제도의 내용과 관련한 헌재결정을 묻는 문제가 출제되고 있다.

테마 출제 키워드

사립학교의 자율성, 대학의 자치, 교사의 수업권, 교원지위법정주의

> **헌법 제31조**
> ④ 교육의 자주성·전문성·정치적 중립성 및 대학의 자율성은 법률이 정하는 바에 의하여 보장된다.
> ⑥ 학교교육 및 평생교육을 포함한 교육제도와 그 운영, 교육재정 및 교원의 지위에 관한 기본적인 사항은 법률로 정한다.

핵심 이론

1 교육의 기본원칙

(1) 사립학교의 자율성

설립자가 사립학교를 자유롭게 운영할 자유는 헌법 제10조에서 보장되는 행복추구권의 한 내용을 이루는 일반적인 행동의 자유권과 모든 국민의 능력에 따라 균등하게 교육을 받을 권리를 규정하고 있는 헌법 제31조 제1항 그리고 교육의 자주성·전문성·정치적 중립성 및 대학의 자율성을 규정하고 있는 헌법 제31조 제4항에 의하여 인정되는 기본권의 하나이다(헌재 2001. 1. 18. 99헌바63).

(2) 대학의 자율성

의의	대학의 자율성 즉, 대학의 자치란 대학이 그 본연의 임무인 연구와 교수를 외부의 간섭 없이 수행하기 위하여 인사·학사·시설·재정 등의 사항을 자주적으로 결정하여 운영하는 것(헌재 2013. 11. 28. 2007헌마1189)
법적 성격	교육의 자주성이나 대학의 자율성은 헌법 제22조 제1항이 보장하고 있는 학문의 자유의 확실한 보장수단으로 꼭 필요한 것으로서 이는 대학에게 부여된 헌법상의 기본권(헌재 1998. 7. 16. 96헌바33)
주체	대학의 자치의 주체를 기본적으로 대학으로 본다고 하더라도 교수나 교수회의 주체성이 부정된다고 볼 수는 없고, 가령 학문의 자유를 침해하는 대학의 장에 대한 관계에서는 교수나 교수회가 주체가 될 수 있고, 또한 국가에 의한 침해에 있어서는 대학 자체 외에도 대학 전구성원이 자율성을 갖는 경우도 있을 것이므로 문제되는 경우에 따라서 대학, 교수, 교수회 모두가 단독, 혹은 중첩적으로 주체가 될 수 있다(헌재 2006. 4. 27. 2005헌마1047).
내용	대학의 자율은 대학시설의 관리·운영만이 아니라 전반적인 것이라야 하므로 연구와 교육의 내용, 그 방법과 대상, 교과과정의 편성, 학생의 선발과 전형 및 특히 교원의 임면에 관한 사항도 자율의 범위에 속한다(헌재 2006. 4. 27. 2005헌마1119).

2 교육제도

(1) 협의의 교육제도 법정주의

학교교육의 중요성에 비추어 교육에 관한 기본정책 또는 기본방침 등 교육에 관한 기본적 사항을 국민의 대표기관인 국회가 직접 입법절차를 거쳐 제정한 형식적 의미의 법률로 규정하게 함으로써 국민의 교육을 받을 권리가 행정기관에 의하여 자의적으로 무시되거나 침해당하지 않도록 하고, 교육의 자주성과 중립성을 유지하고자 하는 데에 그 의의가 있다(헌재 2019. 4. 11. 2018헌마221).

(2) 교원 지위 법정주의

헌법 제31조 제6항을 근거로 하여 제정되는 법률에는 교원의 신분보장·경제적·사회적 지위보장 등 교원의 권리에 해당하는 사항뿐만 아니라 국민의 교육을 받을 권리를 저해할 우려가 있는 행위의 금지 등 교원의 의무에 관한 사항도 당연히 규정할 수 있는 것이므로 결과적으로 교원의 기본권을 제한하는 사항까지도 규정할 수 있다. 다만 입법자가 법률로 정하여야 할 교원지위의 기본적 사항에는 교원의 신분이 부당하게 박탈되지 않도록 하는 최소한의 보호의무에 관한 사항이 포함된다(헌재 2003. 2. 27. 2000헌바26).

⚖ 핵심 판례

▶ 교사의 수업권은 교사의 지위에서 생겨나는 직권인데, 그것이 헌법상 보장되는 기본권이라고 할 수 있느냐에 대하여서는 이를 부정적으로 보는 견해가 많으며, 설사 헌법상 보장되고 있는 학문의 자유 또는 교육을 받을 권리의 규정에서 교사의 수업권이 파생되는 것으로 해석하여 기본권에 준하는 것으로 간주하더라도 수업권을 내세워 수학권을 침해할 수는 없으며 국민의 수학권의 보장을 위하여 교사의 수업권은 일정범위 내에서 제약을 받을 수밖에 없는 것이다(헌재 1992. 11. 12. 89헌마88).

▶ 대학의 자치란 연구·교수활동의 담당자인 교수가 그 핵심주체라 할 것이나, 연구·교수활동의 범위를 좁게 한정할 이유가 없으므로 학생, 직원 등도 포함될 수 있다. 대학 본연의 기능인 학술의 연구나 교수, 학생선발·지도 등과 관련된 교무·학사행정의 영역에서는 대학구성원의 결정이 우선한다고 볼 수 있으나, 학교법인으로서도 설립 목적을 구현하는 차원에서 조정적 개입은 가능하다고 할 것이고, 우리 법제상 학교법인에게만 권리능력이 인정되므로 각종 법률관계의 형성이나 법적 분쟁의 해결에는 법인이 대학을 대표하게 될 것이다. 한편, 대학의 재정, 시설 및 인사 등의 영역에서는 학교법인이 기본적인 윤곽을 결정하되, 대학구성원에게는 이러한 영역에 대하여 일정 정도 참여권을 인정하는 것이 필요하다(헌재 2013. 11. 28. 2007헌마1189).

▶ 교수나 교수회에게 대학총장 후보자 선출에 참여할 권리가 있고 이 권리는 대학의 자치의 본질적인 내용에 포함된다고 할 것이므로 결국 헌법상의 기본권으로 인정할 수 있다(헌재 2006. 4. 27. 2005헌마1047).

▶ 대학의 장을 구성원들의 참여에 따라 자율적으로 선출한 이상, 하나의 보직에 불과한 단과대학장의 선출에 다시 한 번 대학교수들이 참여할 권리가 대학의 자율에서 당연히 도출된다고 보기 어렵다(헌재 2014. 1. 28. 2011헌마239).

Theme

55

① 대학의 재정, 시설 및 인사 등의 영역에서는 학교법인이 기본적인 윤곽을 결정하되, 대학구성원에게는 이러한 영역에 대하여 일정 정도 참여권을 인정하는 것이 필요하다(헌재 2013. 11. 28. 2007헌마1189).
② 헌재 2015. 12. 23. 2014헌마1149
③ 헌재 2013. 11. 28. 2007헌마1189
④ 학교법인의 이사회 등에 외부인사를 참여시키는 것은 다양한 이해관계자의 참여를 통해 개방적인 의사결정을 보장하고, 외부의 환경 변화에 민감하게 반응함과 동시에 외부의 감시와 견제를 통해 대학의 투명한 운영을 보장하기 위한 것이며, 대학 운영의 투명성과 공공성을 높이기 위해 정부도 의사형성에 참여하도록 할 필요가 있는 점, 사립학교의 경우 이사와 감사의 취임 시 관할청의 승인을 받도록 하고, 관련법령을 위반하는 경우 관할청이 취임 승인을 취소할 수 있도록 하고 있는 점 등을 고려하면, 외부인사 참여조항은 대학의 자율의 본질적인 부분을 침해하였다고 볼 수 없다(헌재 2014. 4. 24. 2011헌마612).

정답 ①

핵심 기출 ||||||||||||||||||||||||||||||||||||||||||||||||||||||||||||||||||||||||||||||||||

대학의 자치에 관한 설명 중 가장 적절하지 않은 것은? (다툼이 있는 경우 판례에 의함)

2022 제1차 경찰공채

① 대학 본연의 기능인 학술의 연구나 교수, 학생선발 지도 등과 관련된 교무 학사행정의 영역에서는 대학구성원의 결정이 우선한다고 볼 수 있으나, 대학의 재정, 시설 및 인사 등의 영역에서는 학교법인이 기본적인 윤곽을 결정하게 되므로, 대학구성원에게는 이러한 영역에 대한 참여권이 인정될 여지가 없다.

② 헌법 제31조 제4항이 규정하는 교육의 자주성 및 대학의 자율성은 헌법 제22조 제1항이 보장하는 학문의 자유의 확실한 보장을 위해 꼭 필요한 것으로서 대학에 부여된 헌법상 기본권인 대학의 자율권이므로, 국립대학인 청구인도 이러한 대학의 자율권의 주체로서 헌법소원심판의 청구인능력이 인정된다.

③ 대학의 자율성 즉, 대학의 자치란 대학이 그 본연의 임무인 연구와 교수를 외부의 간섭 없이 수행하기 위하여 인사·학사·시설·재정 등의 사항을 자주적으로 결정하여 운영하는 것을 말한다. 따라서 연구·교수활동의 담당자인 교수가 그 핵심주체라 할 것이나, 연구·교수 활동의 범위를 좁게 한정할 이유가 없으므로 학생, 직원 등도 포함될 수 있다.

④ 이사회와 재경위원회에 일정 비율 이상의 외부인사를 포함하는 내용 등을 담고 있는 구 「국립대학법인 서울대학교 설립 운영에 관한 법률」 규정의 이른바 '외부인사 참여조항'이 대학의 자율의 본질적인 부분을 침해하였다고 볼 수 없다.

✔ 핵심 O·X

01 대학의 자치의 주체를 기본적으로 대학으로 본다고 하더라도 교수나 교수회의 주체성이 부정된다고 볼 수는 없고, 가령 학문의 자유를 침해하는 대학의 장에 대한 관계에서는 교수나 교수회가 주체가 될 수 있다. ( )

02 대학의 장이 단과대학장을 보할 때 그 대상자의 추천을 받거나 선출의 절차를 거치지 아니하고, 해당 단과대학 소속 교수 또는 부교수 중에서 직접 지명하도록 하고 있는 것은 대학의 자율성을 침해하는 것이다. ( )

03 대학의 자율의 구체적인 내용은 법률이 정하는 바에 의하여 보장되며, 국가는 헌법 제31조제6항에 따라 학교제도에 관한 전반적인 형성권과 규율권을 부여받는데, 규율의 정도는 그 시대와 각급 학교의 사정에 따라 다를 수밖에 없다. ( )

04 대학의 장 후보자를 추천할 때 해당 대학 교원의 합의된 방식과 절차에 따라 직접선거로 선정하는 경우, 해당 대학은 선거관리에 관하여 그 소재지를 관할하는 「선거관리위원회법」에 따른 구·시·군선거관리위원회에 선거관리를 위탁하여야 한다. ( )

05 대학의 자율성은 헌법 제22조 제1항에서 보장하는 학문의 자유의 확실한 보장수단으로 꼭 필요한 것으로서 대학에게 부여된 헌법상의 기본권이다. ( )

06 대학의 자율은 대학시설의 관리·운영만이 아니라 전반적인 것이라야 하므로 연구와 교육의 내용, 그 방법과 대상, 교과과정의 편성, 학생의 선발과 전형뿐만 아니라 교원의 임면에 관한 사항도 자율의 범위에 속한다. ( )

07 대학자치의 주체는 원칙적으로 교수 기타 연구자 조직이나 학생과 학생회도 학습활동과 직접 관련된 학생회 활동 기타 자치활동의 범위 내에서 그 주체가 될 수 있다고 보아야 한다. ( )

08 국립대학도 국가의 간섭 없이 인사·학사·시설·재정 등 대학과 관련된 사항들을 자주적으로 결정하고 운영할 자유를 가지며, 이러한 대학의 자율성은 원칙적으로 대학 자체의 계속적 존립에까지 미친다. ( )

Theme
55

정답
01 ○
02 × (대학의 자율성을 침해하지 않는다)
03 ○
04 ○
05 ○
06 ○
07 ○
08 × (대학 자체의 계속적 존립에까지 미치지 아니한다)

056

근로의 권리

■ 테마 출제경향

근로의 권리에서는 근로의 권리의 개념, 근로의 권리의 법적 성격과 주체, 근로의 권리의 내용과 관련한 헌재결정을 묻는 문제가 출제되고 있다.

🔎 테마 출제 키워드

일할 자리에 관한 권리, 일할 환경에 관한 권리, 해고예고제도, 최저임금, 근로조건기준법정주의

헌법 제32조

① 모든 국민은 근로의 권리를 가진다. 국가는 사회적·경제적 방법으로 근로자의 고용의 증진과 적정임금의 보장에 노력하여야 하며, 법률이 정하는 바에 의하여 최저임금제를 시행하여야 한다.

② 모든 국민은 근로의 의무를 진다. 국가는 근로의 의무의 내용과 조건을 민주주의원칙에 따라 법률로 정한다.

③ 근로조건의 기준은 인간의 존엄성을 보장하도록 법률로 정한다.

④ 여자의 근로는 특별한 보호를 받으며, 고용·임금 및 근로조건에 있어서 부당한 차별을 받지 아니한다.

⑤ 연소자의 근로는 특별한 보호를 받는다.

⑥ 국가유공자·상이군경 및 전몰군경의 유가족은 법률이 정하는 바에 의하여 우선적으로 근로의 기회를 부여받는다.

핵심 이론

의의	엄격한 의미에서 근로의 권리는 사회적 기본권으로서, 국가에 대하여 직접 일자리(직장)를 청구하거나 일자리에 갈음하는 생계비의 지급청구권을 의미하는 것이 아니라, 고용증진을 위한 사회적·경제적 정책을 요구할 수 있는 권리에 그친다(헌재 2002. 11. 28. 2001헌바50).
법적 성격과 주체	근로의 권리가 '일할 자리에 관한 권리'만이 아니라 '일할 환경에 관한 권리'도 함께 내포하고 있는바, 후자는 인간의 존엄성에 대한 침해를 방어하기 위한 자유권적 기본권의 성격도 갖고 있어 건강한 작업환경, 일에 대한 정당한 보수, 합리적인 근로조건의 보장 등을 요구할 수 있는 권리 등을 포함한다고 할 것이므로 외국인 근로자라고 하여 이 부분에까지 기본권 주체성을 부인할 수는 없다(헌재 2007. 8. 30. 2004헌마670).
내용	• 국가의 고용증진의무 • 적정임금보장 • 근로조건기준법정주의

⚖ 핵심 판례

▶ 근로의 권리는 국가의 개입·간섭을 받지 않고 자유로이 근로를 할 자유와, 국가에 대하여 근로의 기회를 제공하는 정책을 수립해 줄 것을 요구할 수 있는 권리 등을 기본적인 내용으로 하고 있고, 이때 근로의 권리는 근로자를 개인의 차원에서 보호하기 위한 권리로서 개인인 근로자가 근로의 권리의 주체가 되는 것이고, 노동조합은 그 주체가 될 수 없는 것으로 이해되고 있다(헌재 2009. 2. 26. 2007헌바27).

▶ 근로기준법 제23조 제1항의 부당해고제한은 근로관계의 존속을 좌우하는 해고에 있어서 정당한 이유를 요구함으로써 사용자에 의한 일방적인 부당해고를 예방하는 역할을 하므로 근로조건을 이루는 중요한 사항에 해당하며, 근로의 권리의 내용에 포함된다(헌재 2019. 4. 11. 2017헌마820).

▶ 근로의 권리는 사회적 기본권으로서, 국가에 대하여 직접 일자리(직장)를 청구하거나 일자리에 갈음하는 생계비의 지급청구권을 의미하는 것이 아니라, 고용증진을 위한 사회적·경제적 정책을 요구할 수 있는 권리에 그친다. 근로의 권리를 직접적인 일자리 청구권으로 이해하는 것은 사회주의적 통제경제를 배제하고, 사기업 주체의 경제상의 자유를 보장하는 우리 헌법의 경제질서 내지 기본권규정들과 조화될 수 없다. 따라서 근로의 권리로부터 국가에 대한 직접적인 직장 존속청구권을 도출할 수도 없다(헌재 2002. 11. 28. 2001헌바50).

▶ 근로자가 퇴직급여를 청구할 수 있는 권리도 헌법상 바로 도출되는 것이 아니라 퇴직급여법 등 관련 법률이 구체적으로 정하는 바에 따라 비로소 인정될 수 있는 것이다(헌재 2011. 7. 28. 2009헌마408).

▶ 최저임금제도는 근로조건의 핵심적 부분인 임금과 관련된 사항일 뿐만 아니라, 근로자에 대하여 임금의 최저수준을 보장하여 근로자의 생활안정을 꾀하는 데 그 일차적인 목적이 있다. 따라서 최저임금은 인간의 존엄성을 보장하기 위한 최소한의 근로조건에 해당하며, 이에 관한 권리는 근로의 권리의 내용에 포함된다(헌재 2021. 12. 23. 2018헌마629).

▶ 근로자가 최저임금을 청구할 수 있는 권리도 헌법상 바로 도출되는 것이 아니라 최저임금법 등 관련 법률이 구체적으로 정하는 바에 따라 비로소 인정될 수 있다(헌재 2012. 10. 25. 2011헌마307).

▶ 근로조건이라 함은 임금과 그 지불방법, 취업시간과 휴식시간, 안전시설과 위생시설, 재해보상 등 근로계약에 의하여 근로자가 근로를 제공하고 임금을 수령하는 것에 관한 조건들로서, 근로조건에 관한 기준을 법률로써 정한다는 것은 근로조건에 관하여 법률이 최저한의 제한을 설정한다는 의미이다(헌재 2011. 7. 28. 2009헌마408).

▶ 근로기준법 등에 규정된 연차유급휴가는 근로자의 건강하고 문화적인 생활의 실현에 이바지할 수 있도록 여가를 부여하는 데 그 목적이 있으므로 이는 인간의 존엄성을 보장하기 위한 합리적인 근로조건에 해당한다. 따라서 연차유급휴가에 관한 권리는 인간의 존엄성을 보장받기 위한 최소한의 근로조건을 요구할 수 있는 권리로서 근로의 권리의 내용에 포함된다(헌재 2008. 9. 25. 2005헌마586).

▶ 매월 1회 이상 정기적으로 지급하는 상여금 등 및 복리후생비의 일부를 최저임금에 산입하도록 한 최저임금법 조항은 입법재량의 범위를 일탈하여 청구인 근로자들의 근로의 권리를 침해한다고 볼 수 없다(헌재 2021. 12. 23. 2018헌마629).

▶ 근로자 4명 이하 사용 사업장에 적용될 근로기준법 조항을 정하고 있는 근로기준법 시행령 제7조 등이 정당한 이유 없는 해고를 금지하는 제23조 제1항(부당해고제한조항)과 노동위원회 구제절차에 관한 제28조 제1항(노동위원회 구제절차)을 근로자 4명 이하 사용 사업장에 적용되는 조항으로 나열하지 않은 것은 청구인의 근로의 권리를 침해하지 아니한다(헌재 2019. 4. 11. 2017헌마820).

Theme

56

④ 퇴직급여제도는 사회보장적 급여의 성격과 근로자의 장기간 복무 및 충실한 근무를 유도하는 기능을 갖고 있으므로, 해당 사업 또는 사업장에의 전속성이나 기여도가 낮은 일부 근로자를 한정하여 사용자의 부담이 요구되는 퇴직급여 지급대상에서 배제한 것이 입법형성권의 한계를 일탈하여 명백히 불공정하거나 불합리한 판단이라 볼 수는 없다. 소정근로시간이 1주간 15시간 미만인 이른바 '초단시간근로'는 일반적으로 임시적이고 일시적인 근로에 불과하여, 해당 사업 또는 사업장에 대한 기여를 전제로 하는 퇴직급여제도의 본질에 부합한다고 보기 어렵다. 소정근로시간이 짧은 경우에는 고용이 단기간만 지속되는 현실에 비추어 볼 때에도, '소정근로시간'을 기준으로 해당 사업 또는 사업장에 대한 전속성이나 기여도를 판단하도록 규정한 것 역시 합리성을 상실하였다고 보기도 어렵다. 따라서 심판대상조항은 헌법 제32조 제3항에 위배되는 것으로 볼 수 없다(헌재 2021. 11. 25. 2015헌바334).

① 헌재 1991. 7. 22. 89헌가106

② 헌재 2002. 11. 28. 2001헌바50

③ 헌재 2021. 12. 23. 2018헌마629

정답 ④

✎ 핵심 **기출** ||||||||||||||||||||||||||||||||||||||||||||||||||||

근로의 권리에 관한 설명 중 가장 적절하지 않은 것은? (다툼이 있는 경우 판례에 의함)

2022 제2차 경찰공채

① 헌법 제32조 및 제33조에 각 규정된 근로기본권은 근로자의 근로조건을 개선함으로써 그들의 경제적·사회적 지위의 향상을 기하기 위한 것으로서 자유권적 기본권으로서의 성격보다는 생존권 내지 사회적 기본권으로서의 측면이 보다 강한 것으로서 그 권리의 실질적 보장을 위해서는 국가의 적극적인 개입과 뒷받침이 요구되는 기본권이다.

② 근로의 권리는 사회적 기본권으로서 국가에 대하여 직접 일자리를 청구하거나 일자리에 갈음하는 생계비의 지급을 청구할 수 있는 권리를 의미하는 것이 아니라 고용증진을 위한 사회적 경제적 정책을 요구할 수 있는 권리에 그치며, 근로의 권리로부터 국가에 대한 직접적인 직장존속청구권이 도출되는 것도 아니다.

③ 매월 1회 이상 정기적으로 지급하는 상여금 등 및 복리후생비의 일부를 새롭게 최저임금에 산입하도록 한 최저임금법상 산입조항은 헌법상 용인될 수 있는 입법재량의 범위를 명백히 일탈하였다고 볼 수 없으므로 근로자들의 근로의 권리를 침해하지 아니한다.

④ 퇴직급여제도가 갖는 사회보장적 급여의 성격과 근로자의 장기간 복무 및 충실한 근무를 유도하는 기능을 감안하더라도, 소정근로시간이 1주간 15시간 미만인 이른바 '초단시간근로자'에 대해 퇴직급여제도 적용대상에서 제외하는 것은 "근로조건의 기준은 인간의 존엄성을 보장하도록 법률로 정하도록 규정"한 헌법 제32조 제3항에 위배된다.

✓ 핵심 O·X

01 월급근로자로서 6개월이 되지 못한 자를 해고예고제도의 적용예외 사유로 규정하고 있는 「근로기준법」 조항은 근무기간이 6개월 미만인 월급근로자의 근로의 권리를 침해하고 평등원칙에 위배된다. ( )

02 헌법은 여자 및 연소자 근로의 특별한 보호와 최저임금제의 시행에 관하여 규정하고 있다. ( )

03 근로의 권리로부터 국가에 대한 직접적인 직장존속청구권을 도출할 수는 없다. ( )

04 헌법 제32조 제1항의 근로의 권리는 국가에 대하여 근로의 기회를 제공하는 정책을 수립해줄 것을 요구할 수 있는 권리도 내포하므로 노동조합도 그 주체가 될 수 있다. ( )

05 근로관계 종료 전 사용자로 하여금 근로자에게 해고예고를 하도록 하는 것은 개별 근로자의 인간 존엄성을 보장하기 위한 최소한의 근로조건 가운데 하나에 해당하므로, 해고예고에 관한 권리는 근로의 권리의 내용에 포함된다. ( )

06 연차유급휴가는 근로자의 건강하고 문화적인 생활의 실현에 이바지할 수 있도록 여가를 부여하는 데 그 목적이 있는 것으로, 인간의 존엄성을 보장하기 위한 합리적인 근로조건에 해당하므로 연차유급휴가에 관한 권리는 근로의 권리의 내용에 포함된다. ( )

07 헌법에서는 국가유공자의 유가족, 상이군경의 유가족 및 전몰군경의 유가족은 법률이 정하는 바에 의하여 우선적으로 근로의 기회를 부여받는다고 규정하고 있다. ( )

08 근로자가 최저임금을 청구할 수 있는 권리는 헌법상 바로 도출되는 것이 아니라 「최저임금법」 등 관련 법률이 구체적으로 정하는 바에 따라 비로소 인정될 수 있다. ( )

09 일용근로자로서 3개월을 계속 근무하지 아니한 자를 해고예고제도의 적용제외사유로 규정하고 있는 「근로기준법」 규정은 일용근로자인 청구인의 근로의 권리를 침해하지 않는다. ( )

10 근로의 권리는 국민의 권리이므로 외국인은 그 주체가 될 수 없는 것이 원칙이나, 근로의 권리 중 일할 환경에 관한 권리에 대해서는 외국인의 기본권 주체성을 인정할 수 있다. ( )

Theme 56

정답
01 ○
02 ○
03 ○
04 × (노동조합은 그 주체가 될 수 없다)
05 ○
06 ○
07 ○
08 ○
09 ○
10 ○

057

근로3권

테마 출제경향

근로3권에서는 근로3권의 법적 성격, 근로3권의 내용, 근로3권의 제한에 관한 헌재결정을 묻는 문제가 출제되고 있다.

테마 출제 키워드

소극적 단결권, 단체협약체결권, 공무원과 교원의 근로3권

헌법 제33조
① 근로자는 근로조건의 향상을 위하여 자주적인 단결권·단체교섭권 및 단체행동권을 가진다.
② 공무원인 근로자는 법률이 정하는 자에 한하여 단결권·단체교섭권 및 단체행동권을 가진다.
③ 법률이 정하는 주요방위산업체에 종사하는 근로자의 단체행동권은 법률이 정하는 바에 의하여 이를 제한하거나 인정하지 아니할 수 있다.

핵심 이론

1 의의

자본주의사회에서 경제적 약자인 근로자들이 근로조건의 향상을 위하여 자주적으로 조직체를 결성하고, 교섭하며, 단체행동을 할 수 있는 권리를 말한다(헌재 2015. 5. 28. 2013헌마671).

2 법적 성격

근로자가 자주적으로 단결하여 근로조건의 유지·개선과 근로자의 복지증진 기타 사회적·경제적 지위의 향상을 도모함을 목적으로 단체를 자유롭게 결성하고, 이를 바탕으로 사용자와 근로조건에 관하여 자유롭게 교섭하며, 때로는 자신의 요구를 관철하기 위하여 단체행동을 할 수 있는 자유를 보장하는 자유권적 성격과 사회·경제적으로 열등한 지위에 있는 근로자로 하여금 근로자단체의 힘을 배경으로 그 지위를 보완·강화함으로써 근로자가 사용자와 실질적으로 대등한 지위에서 교섭할 수 있도록 해주는 기능을 부여하는 사회권적 성격도 함께 지닌 기본권이다(헌재 1998. 2. 27. 94헌바13).

3 내용

단결권	의의	근로자가 근로조건의 유지·개선과 근로자의 경제적·사회적 지위의 향상을 도모하기 위하여 자주적으로 노동조합을 결성하고, 가입하여 활동할 수 있는 권리
	유형	근로자의 단결권은 단결할 자유만을 가리킬 뿐이고, 단결하지 아니할 자유 이른바 소극적 단결권은 이에 포함되지 않는다(헌재 1999. 11. 25. 98헌마141).
단체교섭권		노동조합이 근로자들이 근로조건의 향상을 위하여 사용자나 사용자단체와 자주적으로 교섭하는 권리
단체행동권		노동조합이 사용자에게 파업·태업 등의 수단으로 업무의 정상적인 운영을 저해하여 요구 조건을 받아들이도록 압력을 가할 수 있는 쟁의권

4 제한

(1) 헌법 제37조 제2항에 의한 제한

헌법 제33조 제1항에서는 근로자의 단결권·단체교섭권 및 단체행동권을 보장하고 있는바, 특수경비원에 대해서는 단체행동권 등 근로3권의 제한에 관한 개별적 제한 규정을 두고 있지 않다고 하더라도 헌법 제37조 제2항의 일반유보조항에 따른 기본권제한의 원칙에 의하여 특수경비원의 근로3권 중 하나인 단체행동권을 제한할 수 있다(헌재 2009. 10. 29. 2007헌마1359).

(2) 공무원에 대한 제한

헌법 제33조 제2항에서는 "공무원인 근로자는 법률이 정하는 자에 한하여 단결권·단체교섭권 및 단체행동권을 가진다."고 규정하여 공무원인 근로자에 대하여는 일정한 범위의 공무원에 한하여서만 노동3권을 향유할 수 있도록 함으로써 기본권의 주체에 관한 제한을 두고 있다. 공무원인 근로자 중 법률이 정하는 자 이외의 공무원에게는 그 권리행사의 제한뿐만 아니라 금지까지도 할 수 있는 법률제정의 가능성을 헌법에서 직접 규정하고 있다는 점에서 헌법 제33조 제2항은 특별한 의미가 있다(헌재 2008. 12. 26. 2005헌마971).

핵심 판례

▶ 근로3권 중 단결권에는 개별 근로자가 노동조합 등 근로자단체를 조직하거나 그에 가입하여 활동할 수 있는 개별적 단결권뿐만 아니라 근로자단체가 존립하고 활동할 수 있는 집단적 단결권도 포함된다(헌재 2015. 5. 28. 2013헌마671).

▶ 근로자가 노동조합을 결성하지 아니할 자유나 노동조합에 가입을 강제당하지 아니할 자유, 그리고 가입한 노동조합을 탈퇴할 자유는 근로자에게 보장된 단결권의 내용에 포섭되는 권리로서가 아니라 헌법 제10조의 행복추구권에서 파생되는 '일반적 행동의 자유' 또는 제21조 제1항의 '결사의 자유'에서 근거를 찾을 수 있다(헌재 2005. 11. 24. 2002헌바95).

▶ 헌법이 '단체협약체결권'을 명시하여 규정하고 있지 않다고 하더라도 근로조건의 향상을 위한 근로자 및 그 단체의 본질적인 활동의 자유인 '단체교섭권'에는 단체협약체결권이 포함되어 있다(헌재 1998. 2. 27. 94헌바13).

▶ 사용자가 노동조합의 운영비를 원조하는 행위를 부당노동행위로 금지하는 노동조합법 제81조 제4호 부분은 노동조합의 단체교섭권을 침해한다(헌재 2018. 5. 31. 2012헌바90 헌법불합치).

▶ 노조전임자의 급여를 지원하는 행위를 금지하는 노동조합법 제81조 제4호 본문 부분은 과잉금지원칙에 위배되어 기업의 자유를 침해하지 않는다(헌재 2022. 5. 26. 2019헌바341).

▶ 공항·항만 등 국가중요시설의 경비업무를 담당하는 특수경비원에게 경비업무의 정상적인 운영을 저해하는 일체의 쟁의행위를 금지하는 경비업법 제15조 제3항은 과잉금지원칙에 위배되지 아니하므로, 헌법에 위반되지 아니한다(헌재 2009. 10. 29. 2007헌마1359).

▶ 청원경찰의 복무에 관하여 국가공무원법 제66조 제1항을 준용함으로써 노동운동을 금지하는 청원경찰법 제5조 제4항 부분은 국가기관이나 지방자치단체 이외의 곳에서 근무하는 청원경찰인 청구인들의 근로3권을 침해하는 것이다(헌재 2017. 9. 28. 2015헌마653 헌법불합치).

▶ 헌법 제33조 제2항이 직접 '법률이 정하는 자'만이 노동3권을 향유할 수 있다고 규정하고 있어서 '법률이 정하는 자' 이외의 공무원은 노동3권의 주체가 되지 못하므로, 노동3권이 인정됨을 전제로 하는 헌법 제37조 제2항의 과잉금지원칙은 적용이 없는 것으로 보아야 할 것이다(헌재 2008. 12. 26. 2005헌마971).

▶ 교원노조법의 적용대상을 초·중등교육법 제19조 제1항의 교원이라고 규정함으로써, 고등교육법에서 규율하는 대학교원들의 단결권을 인정하지 않는 교원노조법 제2조 본문은 헌법에 위반된다(헌재 2018. 8. 30. 2015헌가38 헌법불합치).

✎ 핵심 기출

근로3권에 대한 설명으로 옳지 않은 것은? (다툼이 있는 경우 헌법재판소 결정에 의함)

2017 5급 공채(행정)

① 노동조합을 설립할 때에 행정관청에 설립신고서를 제출하도록 하고 그 요건을 충족하지 못하는 경우 설립신고서를 반려하도록 규정하고 있는 노동조합법 규정은 노동조합법상 요구되는 요건만 충족하면 노동조합의 설립이 자유롭다는 점에서 헌법에서 금지하는 결사에 대한 허가제에 해당하지 않는다.

② 근로자가 노동조합을 결성하지 아니할 자유나 노동조합에 가입을 강제당하지 아니할 자유는 단결권의 내용에 포섭되는 것이 아니라, 일반적 행동자유권 또는 결사의 자유에서 그 근거를 찾을 수 있다.

③ 교원의 노동조합 설립 및 운영 등에 관한 법률의 적용을 받는 교원의 범위를 초·중등학교에 재직 중인 교원으로 한정하고 있는 것은 전국교직원노동조합 및 해직 교원들의 단결권을 침해하지 아니한다.

④ 노동조합이 당해 사업장에 종사하는 근로자의 3분의 2 이상을 대표하고 있을 때에는 근로자가 그 노동조합의 조합원이 될 것을 고용조건으로 하는 단체협약의 체결을 부당노동행위의 예외로 하는 법률규정은, 노동조합의 적극적 단결권이 근로자 개인의 단결하지 않을 자유보다 중시된다고 할 수 없고 노동조합에게 위와 같은 조직강제권을 부여하는 것은 근로자의 단결하지 아니할 자유의 본질적인 내용을 침해하는 것이므로 근로자의 단결권을 보장한 헌법에 위반된다.

④ 이 사건 법률조항은 단체협약을 매개로 하여 특정 노동조합에의 가입을 강제함으로써 근로자의 단결선택권과 노동조합의 집단적 단결권(조직강제권)이 충돌하는 측면이 있으나, 이러한 조직강제를 적법·유효하게 할 수 있는 노동조합의 범위를 엄격하게 제한하고 지배적 노동조합의 권한남용으로부터 개별근로자를 보호하기 위한 규정을 두고 있는 등 전체적으로 상충되는 두 기본권 사이에 합리적인 조화를 이루고 있고 그 제한에 있어서도 적정한 비례관계를 유지하고 있으며, 또 근로자의 단결선택권의 본질적인 내용을 침해하는 것으로도 볼 수 없으므로, 근로자의 단결권을 보장한 헌법 제33조 제1항에 위반되지 않는다(헌재 2005. 11. 24. 2002헌바95).

① 헌재 2012. 3. 29. 2011헌바53

② 헌재 2005. 11. 24. 2002헌바95

③ 헌재 2015. 5. 28. 2013헌마671

정답 ④

✔ 핵심 O·X

01 교섭창구단일화제도는 노동조합의 교섭력을 담보하여 교섭의 효율성을 높이고 통일적인 근로조건을 형성하기 위한 불가피한 제도라는 점에서 노동조합의 조합원들이 향유할 단체교섭권을 침해한다고 볼 수 없다. ( )

02 단결권은 '사회적 보호기능을 담당하는 자유권' 또는 '사회권적 성격을 띤 자유권'으로서의 성격을 가지고 있다. ( )

03 청원경찰의 복무에 관하여 「국가공무원법」 제66조제1항을 준용함으로써 노동운동을 금지하는 「청원경찰법」 제5조제4항 중 「국가공무원법」 제66조제1항 가운데 '노동운동' 부분을 준용하는 부분은 국가기관이나 지방자치단체 이외의 곳에서 근무하는 청원경찰의 근로3권을 침해한다. ( )

04 「교원의 노동조합 설립 및 운영 등에 관한 법률」에 의하면 사립학교 교원은 단결권과 단체교섭권이 인정되고 단체행동권이 금지되지만, 국·공립학교 교원은 근로3권이 모두 부인된다. ( )

05 헌법 제33조에 의하면 일반 근로자의 근로3권은 주요 방위산업체 근로자의 단체행동권을 제외하고는 원칙적으로 제한되어서는 아니 되고, 다만 법률이 정한 자 이외의 공무원이 근로3권의 주체가 되지 못할 뿐이다. 따라서 청원경찰의 경우 그 업무가 갖는 강한 공공성을 이유로 단체행동권을 제한할 수는 있으나, 단결권·단체교섭권까지 부인할 수는 없다. ( )

06 근로자에게 보장된 단결권의 내용에는 단결할 자유뿐만 아니라 노동조합을 결성하지 아니할 자유나 노동조합에 가입을 강제당하지 아니할 자유, 그리고 가입한 노동조합을 탈퇴할 자유도 포함된다. ( )

07 교원노조를 설립하거나 가입하여 활동할 수 있는 자격을 초·중등교원으로 한정함으로써 교육공무원이 아닌 대학교원에 대해서 근로기본권의 핵심인 단결권조차 전면적으로 부정한 법률조항은 그 입법목적의 정당성을 인정하기 어렵고, 수단의 적합성 역시 인정할 수 없다. ( )

08 공항·항만 등 국가중요시설의 경비업무를 담당하는 특수경비원에게 경비업무의 정상적인 운영을 저해하는 일체의 쟁의행위를 금지하는 「경비업법」의 해당 조항은 특수경비원의 단체행동권을 박탈하여 근로3권을 규정하고 있는 헌법 제33조 제1항에 위배된다. ( )

Theme

57

058 환경권과 보건권

📖 **테마 출제경향**

환경권에서는 환경권의 법적 성격과 입법형성권, 환경권의 내용과 관련한 대법원 판례 및 헌재결정을, 보건권에서는 보건권의 내용과 침해 여부에 관한 헌재결정을 묻는 문제가 출제되고 있다.

🔍 **테마 출제 키워드**

종합적 기본권, 구체화적 법률, 입증책임의 완화

> **헌법 제35조**
> ① 모든 국민은 건강하고 쾌적한 환경에서 생활할 권리를 가지며, 국가와 국민은 환경보전을 위하여 노력하여야 한다.
> ② 환경권의 내용과 행사에 관하여는 법률로 정한다.
> ③ 국가는 주택개발정책등을 통하여 모든 국민이 쾌적한 주거생활을 할 수 있도록 노력하여야 한다.
>
> **헌법 제36조**
> ② 국가는 모성의 보호를 위하여 노력하여야 한다.
> ③ 모든 국민은 보건에 관하여 국가의 보호를 받는다.

핵심 이론

1 환경권

(1) 의의

건강하고 쾌적한 생활을 유지하는 조건으로서 양호한 환경을 향유할 권리이고, 생명·신체의 자유를 보호하는 토대를 이루며, 궁극적으로 '삶의 질' 확보를 목표로 하는 권리를 말한다(헌재 2008. 7. 31. 2006헌마711).

(2) 법적 성격

환경권을 행사함에 있어 국민은 국가로부터 건강하고 쾌적한 환경을 향유할 수 있는 자유를 침해당하지 않을 권리를 행사할 수 있고, 일정한 경우 국가에 대하여 건강하고 쾌적한 환경에서 생활할 수 있도록 요구할 수 있는 권리가 인정되기도 하는바, 환경권은 그 자체 '종합적 기본권'으로서의 성격을 지닌다(헌재 2008. 7. 31. 2006헌마711).

(3) 입법형성권

환경권의 내용과 행사는 법률에 의해 구체적으로 정해지는 것이기는 하나, 이 헌법조항의 취지는 특별히 명문으로 헌법에서 정한 환경권을 입법자가 그 취지에 부합하도록 법률로써 내용을 구체화하도록 한 것이지 환경권이 완전히 무의미하게 되는데도 그에 대한 입법을 전혀 하지 아니하거나, 어떠한 내용이든 법률로써 정하기만 하면 된다는 것은 아니다(헌재 2008. 7. 31. 2006헌마711).

(4) 내용

보호대상	건강하고 쾌적한 환경에서 생활할 권리를 보장하는 환경권의 보호대상이 되는 환경에는 자연 환경뿐만 아니라 인공적 환경과 같은 생활환경도 포함된다. 그러므로 일상생활에서 소음을 제거·방지하여 정온한 환경에서 생활할 권리는 환경권의 한 내용을 구성한다(헌재 2008. 7. 31. 2006헌마711).
쾌적한 주거생활권	헌법은 제35조 제3항에서 국가는 주택정책개발을 통하여 모든 국민이 쾌적한 주거생활을 할 수 있도록 노력해야 한다고 규정한다. 따라서 국가는 노인의 특성에 적합한 주택정책을 복지향상차원에서 개발하여 노인으로 하여금 쾌적한 주거활동을 할 수 있도록 노력하여야 할 의무를 부담한다(헌재 2016. 6. 30. 2015헌바46).

(5) 효력

일정한 경우 국가는 사인인 제3자에 의한 국민의 환경권 침해에 대해서 적극적으로 기본권 보호조치를 취할 의무를 진다(헌재 2008. 7. 31. 2006헌마711).

2 보건권

의의	국민이 자신의 건강을 유지하는 데 필요한 국가적 급부와 배려를 요구할 수 있는 권리(헌재 2009. 2. 26. 2007헌마1285)
내용	헌법 제36조 제3항은 보건에 관한 권리를 규정하고 있고, 이에 따라 국가는 국민의 건강을 소극적으로 침해하여서는 아니 될 의무를 부담하는 것에서 한 걸음 더 나아가 적극적으로 국민의 보건을 위한 정책을 수립하고 시행하여야 할 의무를 부담한다(헌재 1995. 4. 20. 91헌바11).

⚖ 핵심 판례

▶ 헌법 제35조 제1항에서 정하고 있는 환경권에 관한 규정만으로는 그 권리의 주체·대상·내용·행사방법 등이 구체적으로 정립되어 있다고 볼 수 없고, 환경정책기본법 제6조도 그 규정 내용 등에 비추어 국민에게 구체적인 권리를 부여한 것으로 볼 수 없다(대판 2006. 3. 16. 2006두330).

▶ 일정한 경우 국가는 사인인 제3자에 의한 국민의 환경권 침해에 대해서도 적극적으로 기본권 보호조치를 취할 의무를 지나, 헌법재판소가 이를 심사할 때에는 국가가 국민의 기본권적 법익 보호를 위하여 적어도 적절하고 효율적인 최소한의 보호조치를 취했는가 하는 이른바 "과소보호금지원칙"의 위반 여부를 기준으로 삼아야 한다(헌재 2008. 7. 31. 2006헌마711).

▶ 환경권은 명문의 법률규정이나 관계 법령의 규정 취지 및 조리에 비추어 권리의 주체, 대상, 내용, 행사 방법 등이 구체적으로 정립될 수 있어야만 인정되는 것이므로, 사법상의 권리로서의 환경권을 인정하는 명문의 규정이 없는데도 환경권에 기하여 직접 방해배제청구권을 인정할 수 없다(대판 1997. 7. 22. 96다56153).

▶ 일정한 한약서에 수재된 처방에 해당하는 품목의 한약제제를 안전성·유효성 심사대상에서 제외하고 있는 '한약(생약)제제 등의 품목허가·신고에 관한 규정'(식품의약품안전처고시)은 국민의 보건권에 관한 국가의 보호의무를 위반하지 아니하고, 청구인들의 보건권을 침해하지 아니한다(헌재 2018. 5. 31. 2015헌마181).

Theme

58

✎ 핵심 기출 ┃┃

환경권에 관한 설명 중 가장 적절하지 않은 것은? (다툼이 있는 경우 판례에 의함)

2022 제1차 경찰공채

① 「공직선거법」이 정온한 생활환경이 보장되어야 할 주거지역에서 출근 또는 등교 이전 및 퇴근 또는 하교 이후 시간대에 확성장치의 최고출력 내지 소음을 제한하는 등 사용 시간과 사용지역에 따른 수인한도 내에서 확성장치의 최고출력 내지 소음 규제기준에 관한 규정을 두지 아니한 것은 청구인의 건강하고 쾌적한 환경에서 생활할 권리를 침해한다.

② 독서실과 같이 정온을 요하는 사업장의 실내소음 규제기준을 만들어야 할 입법의무가 헌법의 해석상 곧바로 도출된다고 보기는 어렵다.

③ 환경권의 내용과 행사는 법률에 의해 구체적으로 정해지는 것이기는 하나(헌법 제35조 제2항), 이 헌법조항의 취지는 특별히 명문으로 헌법에서 정한 환경권을 입법자가 그 취지에 부합하도록 법률로써 내용을 구체화하도록 한 것이지 환경권이 완전히 무의미 하게 되는데도 그에 대한 입법을 전혀 하지 아니하거나, 어떠한 내용이든 법률로써 정 하기만 하면 된다는 것은 아니다.

④ 국가가 국민의 건강하고 쾌적한 환경에서 생활할 권리에 대한 보호의무를 다하지 않았 는지 여부를 헌법재판소가 심사할 때에는 국가가 이를 보호하기 위하여 적어도 적절하 고 효율적인 최소한의 보호조치를 취하였는가 하는 이른바 '과잉입법금지원칙' 내지 '비례의 원칙'의 위반 여부를 기준으로 삼아야 한다.

④ 국가가 국민의 건강하고 쾌적한 환경에서 생활할 권리 에 대한 보호의무를 다하지 않았는지 여부를 헌법재판 소가 심사할 때에는 국가가 이를 보호하기 위하여 적어 도 적절하고 효율적인 최소 한의 보호조치를 취하였는 가 하는 이른바 '과소보호금 지원칙'의 위반 여부를 기준 으로 삼아야 한다(헌재 2019. 12. 27. 2018헌마730).

① 헌재 2019. 12. 27. 2018헌 마730 헌법불합치

② 헌재 2017. 12. 28. 2016헌 마45

③ 헌재 2008. 7. 31. 2006헌 마711

정답 ④

✓ 핵심 O·X

01 모든 국민은 보건에 관하여 국가의 보호를 받는다. ( )

02 국가는 국민의 건강을 소극적으로 침해하여서는 아니 될 의무를 부담하는 것에서 한 걸음 더 나아가 적극적으로 국민의 보건을 위한 정책을 수립하고 시행하여야 할 의무를 부담한다. ( )

03 헌법 제10조, 제36조 제3항에 따라 국가는 국민의 생명·신체의 안전이 위협받거나 받게 될 우려가 있는 경우 국민의 생명·신체의 안전을 보호하기에 필요한 적절하고 효율적인 조치를 취하여 그 침해의 위험을 방지하고 이를 유지할 포괄적 의무를 진다. ( )

04 국민의 보건에 관한 권리는 국민이 자신의 건강을 유지하는데 필요한 국가적 급부와 배려까지 요구할 수 있는 권리를 포함하는 것은 아니다. ( )

05 우리 헌법은 1948년 제헌헌법에서 "가족의 건강은 국가의 특별한 보호를 받는다."라고 규정한 이래 1962년 제3공화국 헌법에서 "모든 국민은 보건에 관하여 국가의 보호를 받는다."라고 정하여 현행 헌법까지 이어져 오고 있다. ( )

06 치료감호 청구권자를 검사로 한정하고, 피고인의 치료감호 청구권을 따로 인정하지 않은 구 치료감호법 조항은 국민의 보건에 관한 권리를 침해하는 것이다. ( )

07 국가의 국민보건에 관한 보호의무를 명시한 헌법 제36조 제3항에 의한 권리를 헌법소원을 통하여 주장할 수 있는 자는 직접 자신의 보건이나 의료문제가 국가에 의해 보호받지 못하고 있는 의료 수혜자적 지위에 있는 국민이라고 할 것이므로, 의료시술자적 지위에 있는 안과의사가 자기 고유의 업무범위를 주장하여 다투는 경우에는 위 헌법규정을 원용할 수 없다. ( )

08 무면허 의료행위를 일률적, 전면적으로 금지하고 이를 위반한 경우 그 치료결과에 관계없이 형사처벌을 받게 하는 의료법 조항은 헌법 제10조가 규정하는 인간으로서의 존엄과 가치를 보장하고 헌법 제36조 제3항이 규정하는 국민보건에 관한 국가의 보호의무를 다하고자 하는 것으로서, 국민의 생명권, 건강권, 보건권 및 그 신체활동의 자유 등을 보장하는 규정이지, 이를 제한하는 규정이라고 할 수 없다. ( )

정답
01 ○
02 ○
03 ○
04 × (국가적 급부와 배려까지 요구할 수 있는 권리를 포함한다)
05 ○
06 × (보건에 관한 권리를 침해하지 않는다)
07 ○
08 ○

Theme

58

박문각 경찰
테마기출
박충신 헌법

초판인쇄 | 2022. 12. 12. **초판발행** | 2022. 12. 15. **편저자** | 박충신
발행인 | 박 용 **발행처** | (주)박문각출판 **등록** | 2015년 4월 29일 제2015-000104호
주소 | 06654 서울시 서초구 효령로 283 서경 B/D 4층 **팩스** | (02)584-2927
전화 | 교재 문의 (02)6466-7202, 동영상 문의 (02)6466-7201

저자와의
협의하에
인지생략

정가 15,000원
ISBN 979-11-6704-990-2